Alfonso Alonso Parga
(Coordinador)
Beatriz Becerro de Bengoa Vallejo
Ricardo Becerro de Bengoa Vallejo
Marta Elena Losa Iglesias

PREGÚNTAME SOBRE EL CONFLICTO

El Modelo de Eficacia en la Resolución de Conflictos

EDITORIAL EOS

Avda. Reina Victoria, 8 - 2ª Planta- 28003 - MADRID - Telf.: 91 554 12 04 - Fax: 91 554 12 03 - www.eos.es

COLECCIÓN: Gestión Emocional
DIRECTORA DE LA COLECCIÓN: Ana Martínez Dorado

Avda. Reina Victoria, 8. 2ª planta. 28003 MADRID

ISBN: 978-84-9727-629-0
Depósito Legal: M-5286-2016

Preimpresión: Ubica-t Soluciones Creativas
Impresión: CIMAPRESS

Printed in Spain - Made in Spain

Relación de autores

Alfonso Alonso Parga (Coordinador)

En la actualidad es SOCIO-DIRECTOR de la empresa 5D y del Centro de Psicología y Coaching.

Con más de 20 años de experiencia en consultaría, desarrollo, coaching y formación en habilidades directivas, sobre todo en gestión de conflictos, negociación, liderazgo, trabajo en equipo y comunicación. Desarrollando programas de RRHH en empresas tanto públicas como privadas, en prácticamente todos los sectores.

Doctor en Gestión de Conflictos por la Universidad Rey Juan Carlos; Licenciado en Psicología Industrial por la Universidad Complutense; Máster en PRL con las especialidades de Ergonomía, Seguridad e Higiene por el CEF; EXECUTIVE COACH acreditado por ICF como PCC; Coach personal y ejecutivo, sistémico y de equipos por ICE COACHING; Psicólogo experto en coaching (PsEC®) por el Colegio oficial de psicólogos de Madrid.

Colaborador habitual en prensa y radio. Lleva la sección de "Sport& Management" en la revista Capital Humano sobre temas vinculados al deporte, coaching y a las habilidades directivas. En la revista Observatorio de RRHH escribe en la sección "Diario de un coach". Profesor de distintos máster en la Universidad Autónoma de Madrid. Ponente habitual en distintas universidades tanto públicas como privadas sobre temas de RRHH.

Beatriz Becerro de Bengoa Vallejo

Doctora en Psicología por la Universidad Rey Juan Carlos. Especialista en Terapia Psicológica de Orientación Gestalt. Máster en Prevención de Riesgos Laborales, con las especialidades de Higiene, Ergonomía y Psicosociología.

Co-autora del libro "La importancia en la disposición jerárquica de los valores como factor diferenciador entre adolescentes españoles e inmigrantes". Colaboradora en la Revista de Capital Humano, sobre temas de Gestión de Conflictos. Ha participado en prensa y radio. Miembro del Consejo editorial y coordinadora de la sección de la revista "Salud mental en el trabajo".

Colaborador honorario de la Universidad Rey Juan Carlos. Ponente en la II Reunión Internacional de expertos sobre Promoción de Salud en la Escuela, en el VI Congreso Internacional de Expertos en Salud Escolar y en universidades como la Universidad Rey Juan Carlos y la Universidad Camilo José Cela.

Experta y responsable del sistema de evaluación de personal del grupo Adecco en España, formando a responsables de Selección y Directores Regionales en "Evaluación de Personal y Selección". Proyectos de selección y creación de Test y Cuestionarios, colaborando en la creación de nuevas pruebas de selección de personal.

Profesora de distintos máster en la Universidad Autónoma de Madrid. Psicóloga y coach en consulta privada.

Forma parte de la Comisión de Psicología y Coaching del Colegio Oficial de Psicólogos de Madrid. Miembro Comisión de Psicología y Coaching del Colegio Oficial de Psicólogos de Madrid y de la División de Psicología del Trabajo, de las Organizaciones y de los Recursos Humanos (PTORH).

Ricardo Becerro de Bengoa Vallejo

Doctor of Podiatric Medicine. New York College of Podiaitric Medicine. New York. USA. Doctor por la Universidad de Alcalá. Madrid. España. Doctor of Human Letters (Honoris Causa). New York College of Podiaitric Medicine. New York. USA.

Fellow. Royal College of Physicians and Surgeons of Glasgow. Director del Departamento de Estudios Internacionales del New York College of Podiatric Medicine. New York, USA. Profesor Titular de Universidad. Universidad Complutense de Madrid.

Acreditado a Catedrático de Universidad por la Agencia de Evaluación de la calidad del Profesorado. España.

Dos tramos de Investigación reconocidos por el Ministerio de Educación. Más de 80 publicaciones internacionales de alto impacto incluidas en Journal Citation Reports. Más de 120 publicaciones en revistas nacionales.

Marta Elena Losa Iglesias

Profesora Titular de Universidad adscrita al Departamento de Enfermería de la Universidad Rey Juan Carlos. Diplomada en enfermería (Universidad de Oviedo, 1998) y Graduada en enfermería (Universidad Católica de Murcia, 2010). Diplomada en podología (UCM, 1992). Bachelor in Bussines administration (Souther California University. USA, 1994). Master in Bussines administration (Souther California University. USA, 1999). Licenciada en Antropología social y cultural (UCAM, 2000). Doctora por la Univeridad de Oviedo, 2007. Doctor Honoris Causa in Human letters por el New York College of Podiatric Medicine, adscrito a Columbia University, 2009.

Experiencia en la formación de pre y postgrado en el área de conocimiento enfermería (podología): dirección, coordinación y docencia en cursos de formación a profesionales en ejercicio, tanto en España, como fuera de ella.

Directora de departamento universitario en podología (UEM). Secretaria académica de facultad de CS de la salud UEM. Co-directora del departamento de estudios internacionales en España del New York College of Podiatric Medicine. Participando de forma activa en procesos de calidad y desarrollo de planes de estudios de pregrado y postgrado en podología (Libro blanco de la ANECA para podología). Vicedecana de Relaciones Internacionales y Política Social (URJC), 2011. Directora del Departamento de Enfermería, Ginecología y Obstetricia, pediatría y psiquiatría en la URJC, 2011.

Directora de tesis. Experiencia investigadora en el área, con 12 proyectos de investigación. Patentes con trasferencia a sector productivo. Autora de 12 libros y publicaciones en revistas científicas nacionales y extranjeras.

ÍNDICE

ÍNDICE DE FIGURAS

PRÓLOGO

Escribo, con mucho gusto, este prólogo a un estudio que me ha enseñado, ampliado y concretado conocimientos en el campo en que los autores, con claridad y competencia explican, delimitan y aclaran. Lo hago desde mi ya larga docencia universitaria en la campo de la Psicología (y en concreto de la clínica). Tan larga que, en mi inicio profesional, solamente se balbuceaba este abordaje del conflicto desde el poder. Mis estudios de psicología en New York y Paris, no abarcaban todo lo que, posteriormente, iba a aparecer como literatura de este tema tan actual e importante.

El hombre es una manojo de necesidades que se regulan, no a través de los instintos, como en los animales, sino por medio de la palabra; del diálogo que nos da identidad en el yo-tú, "nosotros".

Además de las necesidades básicas, el ser humano tiene las de: amor, pertenencia y poder.

Amor: amar y ser amado, considerado afectivamente.

Comprender: explicarme un universo vital (laboral), entenderme y entender.

Crear: dejar huella; se útil.

Pero el hombre, la mujer no son seres individuales aislados. La persona es un "ser en relación": es relación y de ahí surge el conflicto porque necesita otras dimensiones básicas que acontecerán con los otros:

- Inclusión.
- Control.
- Afecto.

Ser alguien en medio de otros, con los otros o contra los otros.

Necesidad de vivir mi parcela de poder que limita al norte, sur, este y oeste con el poder de los otros (motivaciones e intereses).

Sentirse cerca o lejos: en comunión o distancia, arriba o abajo. Iguales, sí pero con diferentes roles.

Estas son las necesidades personales y sociales que se podrán manejar con mayor o menor coherencia, tolerar su ocasional frustración y buscar su realización.

Los autores del libro que prologamos hablan de ello y apuntan sabiamente al deseo que pasa por las necesidades y las supera convirtiéndose en lo específicamente humano.

Estamos plenamente de acuerdo con el eco-personalismo (eco, del griego "oikos": casa común). El ser humano es el centro. Todo lo demás debe estar ordenado a dar al hombre ese protagonismo que le otorga su condición.

También es verdad (y se subraya a través de toda la obra) que el conflicto forma parte, no sólo de la vida social, laboral, sino también de la personal. De su resolución dependerá una calidad de vida que haga honor a la condición humana, social, grupal, planetaria: necesidades y deseos. El deseo tiene una consciencia del bien y del mal; del bien común y del particular.

El deseo es mimético, en la cultura "pos", posmoderna (y en toda cultura), el paradigma cultural nos influye y moldea. Factores como la competitividad, ideología y dinero, están omnipresentes en los conflictos. Son grandes ídolos que, superando la humana necesidad nos hacen conflictivos, con nosotros mismos, con los demás y con los valores que se salvan del terremoto cultural actual. Yo no suscribiría que "estamos condenados a entendernos", sino: "llamados a entendernos".

Señalan, muy acertadamente, los profundos autores: la habilidad y la actitud. Si van de la mano, la actitud éticamente correcta, y axiológica dictarán con mayor probabilidad de éxito el camino a las partes en conflicto.

También se habla en el libro de las emociones. Gran importancia de los sentimientos. La inteligencia emocional ayudará exorcizando el miedo y el protagonismo impositivo a la solución de los conflictos.

Poder es una importante parte de la realidad (en ocasiones, desmesurada) entre partes encontradas o desencontradas.

La psicología del encuentro, del diálogo no sólo es dimensión de la ciencia, sino, mucho más, del ser humano.

Autocontrol y bien común ensanchan nuestra visión, inmediatamente parcial y con vocación más universal, en el difícil arte de gestionar el conflicto.

Gracias, Beatriz, Ricardo, Marta y Alfonso por vuestra lúcida, clara y profunda aportación a esta diaria cita con el conflicto del que tenemos que salir, "vivos" y "vivificadores".

El diálogo inteligente abre puertas a un entendimiento que se basa en el respeto, equidad y justicia.

Agradezco la instructiva lectura de este libro que me servirá mucho en mi aportación luminosa a conflictos que vivo, (y vivimos), institucionales, laborales y vitales.

José Antonio García-Monge

Profesor universitario emérito
de Psicología y Ciencias Humanas y Sociales

INTRODUCCIÓN

Este libro realiza un análisis meticuloso, exhaustivo, así como crítico, centrado en el concepto del conflicto para poder comprenderlo y aprender a prevenir y gestionarlo correctamente.

Los autores, desde su amplia experiencia en empresas tanto públicas como privadas, así como desde la docencia en distintas universidades, hacen una recopilación y análisis de los conflictos desde el ámbito profesional y académico, diseccionando en todas sus facetas y correlaciones la amplitud del significado y praxis de los mismos.

A través de una metodología sencilla y lógica, el libro propone las claves para saber el momento actual en el que se encuentra la persona en el conflicto, ofreciendo, de una forma sistémica, un compendio de recursos no tratados por otros autores. Y así, se esclarece cómo hay que actuar en el conflicto.

Este libro parte de una visión organizacional de la visión del conflicto, adentrándose en las definiciones del mismo que realizan varios autores; si bien es cierto que además del campo organizacional lo que expone se puede aplicar a otros ámbitos, como el campo de la salud, el personal, el familiar o el deportivo, entre otros.

Los autores recogen distintos tipos de tipología desde varias perspectivas, teniendo en cuenta también las corrientes existentes para explicar la evolución del conflicto, estudiando sus fases según los diferentes autores. También se muestra un análisis del conflicto desde diferentes puntos de vista, como el rol, el patrón, la interdependencia, las necesidades, los intereses, el posicionamiento, etc.

El conflicto se interpreta de forma productiva ("lo que aproxima al objetivo marcado") e improductiva ("lo que se aleja del objetivo marcado"), incluyéndose las formas de actuación frente al conflicto. Por otro lado, en el texto se alude a las actitudes frente al conflicto y sus pautas para su intervención.

Por último, mencionar un nuevo Modelo de Eficacia en la Resolución de Conflictos, el cual parte de la inquietud de los autores y la búsqueda de nuevas vías para la resolución de conflictos. Este modelo (MERC), incorpora una visión tomando como referencia los puntos cardinales que consisten en los objetivos, necesidades, intereses y posicionamiento. Dando lugar, a través del análisis del conflicto, a nueve zonas diferenciadas, para concluir con la línea de eficacia.

Luis Picazo Martínez

Vocal de la Junta de Gobierno del Colegio Oficial del Psicólogos de Madrid

INTRODUCCIÓN A LA GESTIÓN DEL CONFLICTO 1

El mundo se encuentra en constante cambio y a lo largo de la historia se ha ido transformando, de tal forma que en pocos años la tecnología hará que el cambio sea abismal. Fusiones y adquisiciones empresariales han impulsado esos avances, dando un giro a la situación laboral de sus trabajadores. Es obvio que el progreso en sí conlleva una transformación, y este a su vez genera un tipo de conflicto ante la incertidumbre, por ello es importante conocer cómo están formados los grupos en una organización, el tipo de relaciones que se generan, así como los niveles jerárquicos que se establecen. Está comprobado que los resultados son mayores cuando existe la asignación de alguno de los miembros, para mantener al grupo cohesionado, así se facilita la resolución de las diferencias de opinión generando la gestión de los recursos materiales y humanos hacia un mismo objetivo y, en definitiva, una sana y eficaz gestión de conflictos.

1. Introspección social

Tal y como explica Drucker (2002): «Cada pocos siglos, en la historia de Occidente se produce una súbita transformación. Se cruza lo que llamé una "divisoria". En el espacio de unas cuantas décadas, la sociedad se reestructura a sí misma; cambia su visión del mundo, sus valores básicos, su estructura política y social, sus artes y sus instituciones clave. Cincuenta años más tarde, hay un nuevo mundo y quienes nacen entonces no pueden siquiera imaginar el mundo en el que vivieron sus abuelos y en el que nacieron sus padres».

2. Fusiones y adquisiciones

Thomas et al (2007) explica, «las fusiones y adquisiciones siempre han sido uno de los mecanismos más populares para hacer crecer una empresa».

La consultora Hay Group, con un total de 115 autores, escribió el *"Factbook Recursos Humanos"* (2003) donde aclaran que prácticamente no pasa un día en el que la noticia de una fusión o una adquisición no se refleje en las noticias. Las fusiones y adquisiciones de empresas forman parte del panorama empresarial actual, y varias suelen ser las razones que impulsan a las empresas a concentrarse, bien a través de una fusión o bien a través de una adquisición... Las razones principales son: 1) cambios en los mercados, 2) mayor disponibilidad de capitales, 3) mayor número de empresas a la venta, y 4) menor regulación.

Todas estas razones favorecen las fusiones y adquisiciones, pero no son su causa fundamental. ¿Por qué las empresas compran empresas o se fusionan para crear empresas más grandes? En principio, los motivos de cualquier fusión, compra, combinación o alianza entre empresas se produce para aumentar su potencial y para generar el efecto comúnmente conocido como 1+1=3.

Dependiendo del tamaño de las empresas fusionadas, suele considerarse un tiempo prudencial para evaluar resultados, un período de dos años a partir del inicio del proceso. Muchos estudios se han realizado sobre los resultados de las fusiones y adquisiciones de compañía y su impacto en los resultados al cabo de ese período, y las conclusiones son siempre bastante desalentadoras. Entre un 50% y un 80% de los procesos de fusión y adquisición de compañías resultan fallidos, en relación con los resultados financieros, comerciales y de eficiencia esperados.

Técnicamente hablando, las fusiones y adquisiciones de empresas son procesos diferentes. Una fusión es "la unión voluntaria y gradual de dos entidades diferentes", mientras que una adquisición tiene lugar cuando una organización adquiere suficientes acciones como para controlar la gestión de otra organización o empresa. Las adquisiciones pueden ser "amistosas" (cuando se acepta la oferta por parte del vendedor), "contestadas" (cuando se utiliza el mercado de valores para adquirir las acciones en contra de la voluntad del núcleo dominante).

El proceso de fusión o adquisición de compañías suele comenzar, en el período de maduración de la decisión, en pequeños equipos de personas, normalmente menos incluso de 5 personas. De acuerdo con estudios realizados por McManus y Hergert (1998) la mayoría de esas personas que participan en la génesis de la decisión de fusión o adquisición suelen ser estrategas, financieros y abogados, estando muy raramente presentes profesionales del área de recursos humanos.

En ese período de decisión, una fusión o una adquisición suele ser un asunto financiero o de conveniencia estratégica, y donde la selección de la compañía a adquirir o con la que fusionarse suele estar directamente vinculada con el precio, el potencial de las economías de escala o los ratios previstos de mejora de productividad.

Dado que las personas son el activo menos medible de la organización, normalmente suele ser un aspecto que no se considera en el momento de decidir una fusión o una adquisición.

3. Diversidad cultural dentro de una organización

Con tanta diversidad cultural dentro de una empresa, debido a que las fusiones están al orden del día y, sobre todo, por el proceso de globalización, que cada vez va en aumento, las discrepancias o conflictos se van acrecentando. Habida cuenta de que cada persona, con su correspondiente cultura, utiliza un código distinto para interpretar las conversaciones y los problemas de forma diferente.

Además de esta apreciación, continúa explicando la consultora Hay Group:

«Con independencia del proceso de fusión o adquisición que se lleve a cabo, el impacto que se produce sobre las personas que trabajan en ambas organizaciones suele ser enorme. Por un lado, para los empleados de la empresa que adquiere, la operación suele significar un reconocimiento de su buena labor y una mayor confianza en el futuro, mientras que para los empleados de la compañía adquirida, la operación suele representar un fracaso y el temor por el futuro se suele extender. En el caso de las fusiones, casi nunca suelen producirse fusiones absolutamente paritarias, por lo que las consideraciones anteriores son válidas entre los empleados de las empresas fusionadas».

4. La realidad del conflicto en la empresa

Según Serrano (2005) en el prólogo del libro *"Gestión del Conflicto, negociación y mediación"*. «El interés de estudiar el conflicto, se explica por la misma estructura de nuestras organizaciones y sociedades. El conflicto es una realidad de nuestra vida social; también, que es preciso dotarse de formas civilizadas y aceptables de resolución de dichos conflictos.

Lo que se ha pasado a llamar "globalización", como fenómeno propio y explicativo de buena parte de nuestra realidad social y económica, tiene su repercusión en lo que estamos tratando. Porque globalización significa, entre otras cosas, la constatación de una interdependencia mucho más acentuada y mucho más determinante de las dinámicas individuales y propias. Y ya sabemos que la interdependencia es uno de los ejes posibilitadores de los conflictos.

Cuanto más interdependientes sean los grupos y las organizaciones, cuanto más abiertas sean las sociedades, en la medida que la movilidad social se muestre como un dato cada vez más presente, el conflicto pasará de ser una anécdota a convertirse en un hecho estructural. Los conflictos son consecuencia de la misma interacción social y, a medida que ésta vaya siendo más compleja, estaremos abocados a una mayor presencia de situaciones conflictivas. El reto consistirá en poseer instrumentos adecuados para hacerles frente de manera positiva».

5. Conflicto y cambio en la organización

El argumento parece claro. El progreso es imposible sin cambio, y detrás de todo cambio siempre hay un conflicto, más o menos explícito, más o menos percibido como tal, pero conflicto al fin y al cabo.

Según estos datos, todo apunta a que se está favoreciendo un entorno más competitivo en la organización. Por lo tanto, las disputas aumentan.

Éstas, se realizan en relación a las decisiones que se van tomando en la organización, y afectan a los trabajadores que conforman la misma. Es decir, los directivos, los mandos intermedios y los colaboradores.

6. Niveles de organización

Para hablar de la gestión de conflictos es clave conocer cómo se forman los grupos. Tal y como se aprecia a continuación en la Figura 1, cuantos más miembros conformen el grupo, el número de relaciones que se producen van aumentando. Esto se debe a una clara diferencia entre el crecimiento lineal en relación al número de miembros, frente al número de relaciones donde el crecimiento es geométrico.

Número de miembros	2	3	4	5	...	N crecimiento lineal
		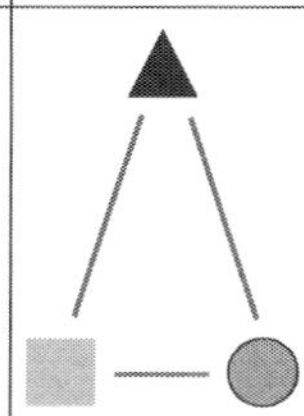	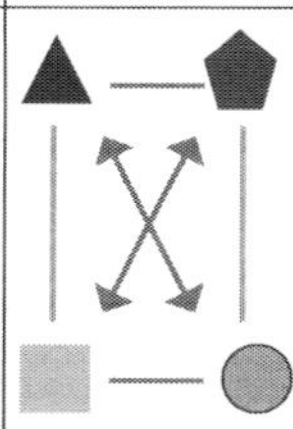	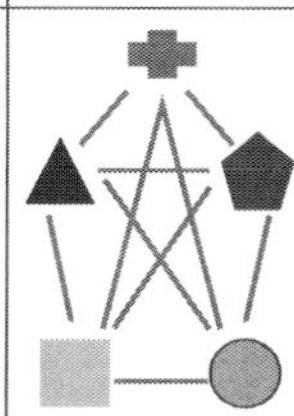		
Número de relaciones	1	3	6	10	...	(fórm.) crecimiento geométrico

Fuente: Viviane Launer, (2007) del libro *"Coaching. Un camino hacia nuestros éxitos"*.

Figura 1. **Cómo se forman los grupos**

Bronowski (1973) afirmó: «Nos unimos en familias, las familias en grupos de parentesco, estos grupos en clanes, los clanes en tribus y las tribus en naciones. Ésta es la más primitiva revelación de la jerarquía organizativa, capa sobre capa, que une el presente con el pasado de la existencia humana».

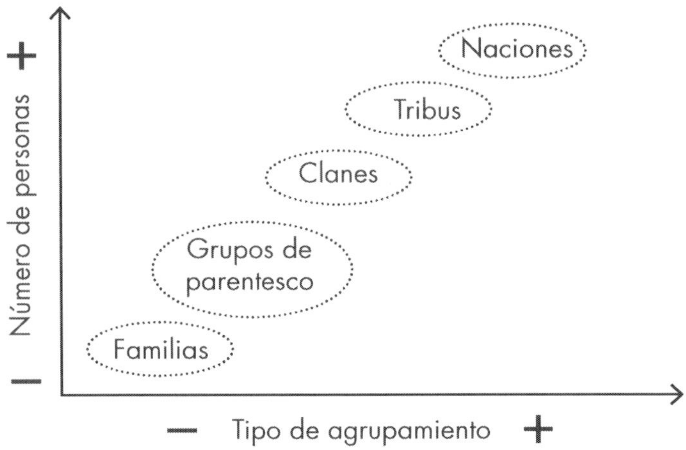

Fuente: Adaptación sobre la afirmación de Bronowski.

Figura 2. **Jerarquía organizativa**

Wren (2008) siguiendo con este razonamiento expuso: «Al formar grupos y vivir con sus congéneres para atender tanto las necesidades económicas como las sociales, precisaban normas y medios para asegurar la viabilidad de la organización. Formaban unidades políticas elementales con códigos acordados que regían la conducta económica, social, política y, a menudo, la religiosa. De estas necesidades económicas, políticas y sociales comunes surgió la actividad organizada. La gente descubrió las ventajas de participar y cooperar con otros para conseguir sus objetivos personales. Las organizaciones han evolucionado tanto como los humanos. Las personas se dieron cuenta de que podían ampliar sus habilidades al trabajar con otros y por tanto podían satisfacer sus propias necesidades. La introducción de distintas competencias y habilidades en el grupo les llevó a reconocer que algunos eran mejores que otros en determinados trabajos. Las tareas del grupo estaban diferenciadas, es decir, había una división del trabajo para aprovechar estas distintas capacidades. Una vez dividido el trabajo, se tuvo que llegar a algún tipo de acuerdo sobre cómo estructurar e interrelacionar las diferentes tareas para conseguir los objetivos del grupo. Lógicamente, el grupo también estratificó las tareas y desarrolló una jerarquía de autoridad y poder. Quizás la asignación de trabajos la llevaba a cabo el más fuerte, el mayor o el más elocuente del grupo, que se convirtió en el primer líder. En cualquier caso, el grupo debía conseguir una unidad de acuerdo sobre qué debía hacerse, cómo y quién sería responsable de la realización.

El grupo descubrió que los resultados se conseguían más fácilmente si se le asignaba a alguien la tarea de mantener al grupo cohesionado en su camino hacia el objetivo. Alguien debía resolver las diferencias de opinión, decidir la estrategia y la coordinación y mantener la estructura de actividades y relaciones orientada hacia el objetivo. Esta aparición de las actividades de la gestión, distinta a las actividades de acción, se convirtió en esencial para todo tipo de esfuerzo cooperativo. La gestión como actividad siempre ha existido para conseguir los objetivos de las personas a través del esfuerzo organizado, porque facilita las actividades de los individuos en grupos organizados, y surge cuando las personas buscan cooperar para conseguir objetivos. Las personas han mejorado su comprensión del arte de ordenar los recursos físicos y humanos hacia un objetivo. Este arte es lo que llamamos "gestión"». En este sentido, nos damos cuenta de que el gestor nace por la necesidad de ir optimizando los recursos y por el bien común de la sociedad.

7. El surgimiento del emprendedor

Por otra parte, Richard Cantillon (1755) en su libro Essay on the Nature of Commerce, previo a la Revolución Industrial y publicado algunos años después de su muerte, utiliza la palabra emprendedor de manera muy libre. "Emprendedor" (entrepreneur) según el autor «Puede ser un comerciante o un terrateniente, pero igualmente puede ser un capitalista que emplea mano de obra; en todos los casos, sin embargo, el papel del emprendedor es claramente el de alguien que toma decisiones en condiciones de incertidumbre».

Jean Baptiste Say (1803) define el emprendedor como que «necesita una combinación de cualidades morales que no suelen darse juntas. Juicio, perseverancia y conocimiento del mundo así como de los negocios. Al emprendedor se le exige estimar con una exactitud tolerante la importancia del producto específico. La cantidad probable de la demanda y los medios de su producción, a veces, debe emplear un gran número de manos; otras, comprar o pedir las materias primas, contratar trabajadores, encontrar consumidores y prestar una atención rigurosa al orden y a la economía; en una palabra, debe poseer el arte de la superintendencia y de la administración».

Say observa que algunos emprendedores eran dueños de la empresa, pero mucho más a menudo sólo tenían una participación, compartida con otros o formando una sociedad. El emprendedor se convertía así en gestor para otros y asumía un riesgo adicional combinando los factores de tierra, trabajo y capital. Por asumir el riesgo añadido de combinar los tres factores tradicionales de producción, el emprendedor se convertía en el cuarto factor de producción y recibía por gestionar una recompensa adicional al retorno sobre el capital personal invertido. Al crecer la organización, una persona sola no podía dirigir y controlar todas las actividades y fue necesario delegar algunas actividades al nivel de dirección inferior. Estos subdirectores fueron los primeros gestores que no eran propietarios, sino que eran asalariados con la responsabilidad de tomar decisiones dentro de un marco mucho más amplio de políticas establecidas por el empresario. En este momento, se empiezan a formar distintos niveles en función de la responsabilidad o de sus funciones.

8. Los niveles jerárquicos

Wren (2008), comenta cómo van surgiendo los escalados o niveles jerárquicos cuando se empiezan a crear las primeras fábricas, ya que «el sistema fabril emergente planteó problemas de gestión diferentes a aquellos que existían anteriormente. La competencia seguía exigiendo crecimiento, pero el factor que lo retrasó fue la falta de un cuerpo de gestores cualificados que pudieran enfrentarse a los problemas de las grandes fábricas. Por lo tanto, el tamaño de las primeras empresas estaba, a menudo, limitado al número de personas que el empresario podía supervisar personalmente. El resultado fue una línea de progreso dual para el sistema industrial: por un lado, la tecnología y el capital hicieron posible una mayor escala de producción y las fuerzas competitivas hicieron imperativo un mayor tamaño; por otro lado, la ampliación de las operaciones creó una miríada de problemas administrativos».

El mismo autor entiende y aclara que los niveles jerárquicos en la organización, surgen por la propia necesidad del crecimiento de la organización, con los problemas que conlleva, «además de los problemas de encontrar, formar y motivar a los trabajadores, también era complicado encontrar gestores cualificados. Al crecer las organizaciones, la habilidad del propietario-empresario para supervisar a sus empleados disminuía y apareció un nivel intermedio de supervisión».

9. Los gestores de la organización

Además, explica cómo gestionaban los gestores: «los gestores asalariados, es decir, aquellos por debajo del empresario en el nivel de gestión, eran normalmente trabajadores analfabetos a los que se promocionaba porque mostraban un mayor grado de destreza técnica o tenían la habilidad de mantener la disciplina. Generalmente, se les pagaba sólo un poco más que a los otros trabajadores... Sin formación en los pormenores de la gestión, los gestores actuaban por sí mismos en el desarrollo de un estilo de liderazgo. Los problemas se descubrían y se solucionaban *ad hoc* en cada caso y sólo unos pocos gestores podían aprender de las experiencias de otros para solucionar problemas o dirigir al personal... Los empresarios frecuentemente utilizaban a parientes en las posiciones de gestión, presumiblemente basándose en la asunción de que se podía confiar más en ellos o que actuarían para preservar su herencia potencial. Esta práctica también proporcionaba formación que ayudaría a asegurar la propiedad y mantendría el control en la familia para la siguiente generación. [...] La segunda y tercera generación descendiente del empresario fundador cambió su estilo para dar más estatus a los gestores asalariados. Tendían a delegar más y dependían más de los gestores asalariados». Toda esta interacción interpersonal en la organización hizo que se que se empezara con la especialización, y la función de mando o gestión fue haciéndose más prioritaria y demandada. «Con más departamentos llegó la necesidad de otro nivel de gestión que coordinara el trabajo cuando pasaba de un estadio a otro. La consecuencia fue el crecimiento organizativo escalado, creando una jerarquía de gestión más alta y procedimientos y sistemas más elaborados para integrar los esfuerzos».

10. La dirección en la empresa

Drucker (2002), define el director como «el elemento dinámico y vivificante de todo negocio. Sin su guía, los "recursos de la producción" siguen siendo recursos y no se convierten nunca en producción. En un sistema económico de competencia, sobre todo, la calidad y el desempeño de los gerentes determinan el éxito de un negocio y, más aún, su supervivencia, porque constituyen la única ventaja que puede tener una empresa dentro de ese sistema». Continúa diciendo que, «el management constituye un grupo distinto y prominente en la sociedad industrial. Ya no hablamos de "capital" y "trabajo", sino de "management" y "trabajo". Las "responsabilidades del capital" han desaparecido de nuestro vocabulario junto con los "derechos del capital"; oímos hablar en cambio, de las "responsabilidades del management" y (frase singularmente desafortunada) las "prerrogativas o privilegios del management". Además, estamos erigiendo un sistema de "educación para el management" comprensivo y distinto».

También entiende que la dirección seguirá siendo «una institución básica y dominante, quizá mientras la civilización occidental sobreviva, porque no sólo se funda en la naturaleza del sistema industrial moderno y en las necesidades de las empresas comerciales modernas... sino que también es la expresión de ciertas creencias básicas de la sociedad occidental».

11. El management

Tratar el concepto de management es asentar las bases de un elemento de cohesión, dinamizador y potenciador que determina el éxito de un negocio. Su misión es fomentar los puntos fuertes de los miembros de la organización y hacer irrelevante sus debilidades, de esta forma se podrá llegar a los resultados esperados en cuanto a la gestión del conflicto. El management es expresión de la creencia en la posibilidad de tener control sobre la subsistencia del hombre mediante la organización sistemática de los recursos económicos. Es expresión de la creencia de que la mutación en lo económico puede convertirse en la máquina más poderosa para propulsar el progreso humano y la justicia social. El management es el órgano de la sociedad encargado específicamente de hacer productivos los recursos, es decir, responsable del progreso económico organizado y, por lo tanto, refleja el espíritu básico de esta era. Es una institución indispensable y ello explica por qué, una vez engendrado, creció tan rápidamente y con tan poca oposición.

Drucker entiende que «a pesar de su importancia crucial, su gran campo de acción y su espectacular encumbramiento, el management es la menos conocida y menos comprendida de nuestras instituciones básicas. Aun quienes actúan en una empresa desconocen frecuentemente qué hace su encargado de management y qué debería estar haciendo, cómo procede y por qué, tanto si realiza una labor acertada, como si no. En realidad, la imagen típica de lo que ocurre "en la oficina del frente" o en "el piso catorce" que se forma en las mentes de muchos empleados normalmente cuerdos, bien informados e inteligentes (incluyendo a menudo a personas que desempeñan cargos gerenciales y especializados) guarda una noble semejanza con la imagen que tenían de África los geógrafos medievales, que se la representaban como la tierra hollada por el ogro de un solo ojo. ¿Qué es entonces el management? ¿Qué hace?

Hay dos respuestas populares. Una dice que el management es la gente que está arriba, con lo que la palabra "management" queda como un eufemismo que designa al patrón.

La otra define al gerente como alguien que dirige el trabajo de otros y que, según puntualiza un dicho, "realiza su trabajo haciendo que otras personas realicen el suyo".

En el mejor de los casos, éstos son meros esfuerzos para decidirnos quién pertenece al management... No tratan de decirnos qué es el management y qué hace. Estas preguntas sólo pueden contestarse mediante el análisis de la función del management, porque este es un órgano y los órganos solamente pueden describirse y definirse según sus funciones.

El management es el órgano específico de la empresa comercial. Siempre que hablamos de la decisión de una empresa... hablamos en realidad de una decisión del management, de un acto del management, de una conducta del management. La empresa puede decidir, actuar y comportarse solamente como lo hagan sus gerentes –de por sí, la empresa no tiene existencia efectiva–. Y toda empresa comercial, no importa cuál sea su estructura legal, debe tener un management para estar viva y en funcionamiento».

MANAGEMENT

Control sobre la subsistencia del hombre mediante la organización sistemática de los recursos económicos

El responsable del progreso económico organizado

El espíritu básico de esta Era

Creencia de que la mutación en lo económico propulsará el progreso humano y la justicia social

Órgano de la sociedad encargado de hacer productivos los recursos

Órgano específico de la empresa comercial

Figura 3. **El management**

Drucker (2002) establece los orígenes y el desarrollo del management haciendo una reflexión desde el conocimiento de las personas, sobre todo el que entiende como el conocimiento avanzado, es decir, el especializado, diciendo que por sí mismo no produce nada. Y lo explica de la siguiente forma: «una empresa moderna, y no de las mayores, puede emplear más de diez mil personas altamente calificadas, que representan más de sesenta áreas diferentes de conocimientos: ingenieros de todo tipo, proyectistas, expertos en mercadotecnia, economistas, estadistas, psicólogos, planificadores, contables, especialistas en recursos humanos..., todos trabajando juntos. Ninguno sería efectivo sin el management. No hay que preguntarse qué vino primero: si la explosión educativa de los últimos cien años o el management que utiliza productivamente este conocimiento. El management y la empresa modernos no existirían sin la base de conocimientos que han forjado las sociedades desarrolladas. Ahora bien, de igual modo, es el management –y sólo él– el que dota de eficacia a este conocimiento y a la gente instruida. La aparición del management ha transformado el saber, de ornamento y lujo sociales, en el verdadero capital de cualquier economía. [...] Adam Smith señalaba que un país o región tardarían varios cientos de años en desarrollar una tradición de trabajo y adquirir experiencia en las capacidades manuales y directivas necesarias para producir y vender un producto dado, fuera este de textiles de algodón o violines.

Sin embargo, durante la Primera Guerra Mundial, un gran número de personas no capacitadas y preindustriales se convirtieron, en muy poco tiempo, en trabajadores productivos. Para conseguirlo, las empresas comenzaron en Estados Unidos y en Reino Unido, a aplicar el management científico, desarrollado por Frederick W. Taylor entre 1885 y 1910, al adiestramiento sistemático de los trabajadores industriales. Analizaban las tareas y las dividían para cada individuo en operaciones simples que pudieran ser aprendidas con rapidez. Fuertemente desarrollado en la Segunda Guerra Mundial, el adiestramiento fue luego recogido por los japoneses y, veinte años después, por los surcoreanos, que hicieron de él la base del fenomenal desarrollo de sus países. Durante los veinte y treinta, el management fue aplicado a muchas otras áreas y aspectos de la empresa de fabricación. Así por ejemplo, para combinar las ventajas de ser grande y de ser pequeño, apareció en las empresas la descentralización.

La contabilidad pasó de la teneduría de libros al análisis y control. La planificación superó los "gráficos de Gantt", diseñados en 1917 y 1918 para planificar la producción de guerra utilizando la lógica analítica y las estadísticas, con las que la cuantificación convierte la experiencia y la intuición en definiciones, información y diagnóstico.

La mercadotecnia evolucionó como resultado de aplicar los conceptos del management a la distribución y a la venta. Por otra parte, en época tan temprana como mediados de los años veinte y principios de los treinta, algunos pioneros americanos del management – entre ellos Thomas Watson Sr. en IBM, Robert E. Wood en Sears-Roebuck y Elton Mayo en la Escuela de Negocios de Harvard– comenzaron a preguntarse cómo organizar la fabricación. Llegaron a la conclusión de que la línea de montaje era un compromiso a corto plazo. Pese a su tremenda productividad, resultaba económicamente insatisfactoria por su inflexibilidad, su pobre utilización de los recursos humanos y hasta por su ingeniería insuficiente. Comenzaron a reflexionar y a experimentar sobre lo que llegaría a ser la "automatización" como modo de organizar el proceso de fabricación y sobre el trabajo en equipo, los círculos de calidad y la organización basada en la información como método para dirigir los recursos humanos. Cada una de esas innovaciones de management suponía la aplicación del conocimiento al trabajo, la sustitución de las conjeturas, la fuerza muscular y el esfuerzo por el sistema y la información. Cada una, por utilizar el término de Frederick Taylor, reemplazaba un "trabajo más duro" por un "trabajo más inteligente".

El poderoso efecto de esos cambios se hizo patente durante la Segunda Guerra Mundial. Hasta muy al final, los alemanes fueron, con mucho, los mejores estrategas. Con unas líneas interiores mucho más cortas, necesitaban pocas tropas de apoyo y podían combatir vigorosamente a sus enemigos. Con todo, los aliados consiguieron la victoria gracias al management. Estados Unidos, con la quinta parte de población del conjunto de todos los demás beligerantes, tenía casi tantos hombres en pie de guerra como éstos, pero producían más cantidad de material de guerra que todos los demás juntos y organizaron el transporte de dicho material hasta frentes tan apartados como China, Rusia, la India, África y Europa occidental. No hay que extrañarse, por lo tanto, de que al terminar la guerra casi todo el mundo hubiera acabado entendiendo el valor del management. Así, el management aparecía como un tipo diferente e identificable de trabajo, que podría ser estudiado y desarrollarse como una disciplina, como sucedió en todos los países que gozaron de liderazgo económicamente durante el período posterior a la guerra.

Después de la Segunda Guerra Mundial, comenzó a entenderse que el management no es sólo management de la empresa, sino que resulta aplicable a cualquier esfuerzo humano que lleva a cabo, en una organización, gente de diversos conocimientos y capacidades. Necesita aplicarse a las instituciones del "sector terciario", como hospitales, universidades, escuelas, organizaciones artísticas y agencias sociales que, desde la Segunda Guerra Mundial, han crecido en Estados Unidos con mayor rapidez que las empresas o la actividad pública. Aun cuando la necesidad de dirigir voluntarios o inversiones crecientes pueda diferenciar a los directivos sin ánimo de beneficio de los que sí lo tienen, la mayoría de las responsabilidades –entre ellas, la definición de una estrategia y de objetivos adecuados, el desarrollo del personal, la evaluación de la eficacia y la organización de servicios de mercadotecnia– son las mismas. El management se ha convertido, en todo el mundo, en la nueva función social».

Otra reflexión de Drucker relacionada con el management es que «cualquier organización nueva, sea una empresa, una iglesia, un sindicato o un hospital, se colapsa si carece de management. No innovar es la razón principal de la decadencia de las organizaciones existentes. No saber cómo dirigir es la razón principal para el fracaso de las recién llegadas». En este sentido, la gestión de conflictos es clave para el buen funcionamiento del mando o directivo. Además, acusa a los directivos o mandos ya que «no han reconocido el hecho de que representan poder y este ha de ser responsable y legítimo. No han reconocido lo mucho que esto importa».

Acaba haciéndose la pregunta: Pero ¿qué es el management?, para establecer un conjunto de principios esenciales:

«El management se refiere al hombre. Su misión es hacer a la gente capaz de eficacia conjunta, para hacer sus puntos fuertes eficaces y sus debilidades irrelevantes. En esto consiste toda la organización y ésta es la razón de que el management constituya el factor crítico y determinante. En nuestro tiempo, prácticamente todos, en especial las personas cualificadas, estamos empleados en instituciones, grandes o pequeñas, empresariales o no, donde se aplica el management. Nuestras formas de vida dependen del management. Nuestra capacidad para contribuir a la sociedad depende también en gran parte del management de las organizaciones en las que trabajamos, empleando nuestras aptitudes, dedicación y esfuerzo.

Puesto que el management está comprometido con la integración de las personas en un proyecto común, se encuentra profundamente inserto en la cultura. Lo que hacen los mánagers en Alemania, Gran Bretaña, Estados Unidos, Japón o Brasil es exactamente lo mismo. Cómo hacerlo puede ser diferente por completo. Por ello, uno de los retos básicos a que deben enfrentarse los mánagers de un país en vías de desarrollo es encontrar e identificar aquellos elementos de su propia tradición, historia y cultura que puedan utilizarse como bloques para construir el management. La diferencia entre el éxito económico de Japón y el retraso relativo de la India se explica ampliamente por el hecho de que los dirigentes japoneses han sido capaces de trasplantar a su propio suelo cultural los conceptos de management importados y de hacerlos crecer.

Cada empresa debe comprometerse con objetivos comunes y valores compartidos. Sin este compromiso, no hay empresa, sólo hay una pandilla. La empresa debe tener objetivos simples, claros y uniformes y éstos han de ser públicos y reafirmarse continuamente. La misión de la organización tiene que ser suficientemente clara e importante para proporcionar una visión común. La primera función del management es pensar, elaborar y dar ejemplo en cuanto a los fines, valores y objetivos.

El management debe ser asimismo capaz de desarrollar la empresa y a cada uno de sus miembros a medida que cambian las necesidades y las oportunidades. Cada empresa es una institución de aprendizaje y enseñanza. La formación y el desarrollo deben llevarse a cabo en todos los niveles y no terminan nunca.

Cada empresa se compone de gente con diferentes capacidades y conocimientos, que realiza tipos diversos de trabajo. Debe construirse sobre la comunicación y la responsabilidad individual. Todos los miembros necesitan conocer lo que deben llevar a cabo y estar seguros de que sus compañeros conocen y comprenden su propósito. Todos tienen que saber qué necesitan de los demás y estar seguros de que los otros, a su vez, saben lo que se espera de ellos.

Los resultados obtenidos no son, por sí mismos, una medida adecuada de la eficacia del management y de la empresa. La posición en el mercado, la innovación, la productividad, el desarrollo del personal, la calidad y los resultados financieros son cruciales para la eficacia de la organización y su supervivencia. Las instituciones sin fines de lucro necesitan asimismo medir cierto número de áreas específicas de su misión. Lo mismo que el ser humano necesita una diversidad de comprobaciones para evaluar su salud y su eficacia. Dicha eficacia ha de construirse en la empresa y en su management, ha de medirse –o al menos juzgarse– y ha de mejorarse continuamente.

Por último, lo más importante que hay que recordar sobre cada empresa es que los resultados sólo se dan hacia el exterior. El management es, en definitiva, lo que tradicionalmente suele llamarse arte "liberal", porque se refiere a los fundamentos del saber, conocimiento de uno mismo, prudencia y liderazgo; "arte", porque es práctica y aplicación. Los mánagers aprovechan todos los conocimientos y hallazgos de las humanidades y de las ciencias sociales, de la psicología y de la filosofía, de la economía y de la historia, de las ciencias físicas y de la ética. Pero orientan este saber hacia la eficacia y logros –para curar a un paciente, enseñar, construir un puente, diseñar un programa de software.

Por estas razones, el management será cada vez más la disciplina y la práctica a partir de la cual las "humanidades" adquirirán, de nuevo, reconocimiento, influencia y relevancia».

Para Drucker (2002) «durante e inmediatamente después de la Segunda Guerra Mundial, un gerente era definido como "alguien que es responsable del trabajo de unos subordinados". Un gerente, en otras palabras, era un "jefe" y gestión, era jerarquía y poder: ésta es probablemente la definición que mucha gente tiene en mente cuando se habla de gerentes y gestión. La definición justa es "un gerente es responsable de la aplicación y el rendimiento del saber"».

Considerar al trabajador en todos sus niveles jerárquicos, es básico para el buen o mal funcionamiento de una organización. Si no van alineados dichos niveles con las metas establecidas por la organización, no se llegará a los resultados esperados.

La medida en que individuos y grupos consideran que sus propias metas quedan satisfechas al lograr las de la organización es el grado de integración de metas. La verdadera integración, como la llama Douglas McGregor (1960), ocurre cuando todos comparten las metas de la organización (Hersey, Blanchard y Johnson 1998).

En los primeros estudios sobre management, se hacía un análisis dando mayor relevancia al directivo. De hecho, uno de los factores que reviste una gran importancia en el proceso de trabajo, puesto que influye sobre todas las demás variables sobre el devenir de la organización, es la dirección. Esta es la razón por la que los teóricos, investigadores y prácticos han dirigido toda su atención a los procesos de dirección en la organización. En este sentido están los trabajos de Clark & Mc Cabe 1970; Dachrodt 1976; Day & Stogdill 1972; Degelmann 1972; Fiedler, Chemers & Mahar 1976; Gebert 1976; Graen, Dansereau & Minami 1972; Green & Mitchell 1979; Haccoun, Haccoun & Sallay 1978; Hollander 1974; Howat & London 1980; Hunt & Larson 1977; Jenkins 1947; Jeserich & Opgenoorth 1977; Kipnis & Consentino 1969; Mann 1965; Mitchell & Green 1978; Mitchell & Wood 1980; Nealey & Fiedler 1968; Neuberger 1971, 1972, 1976, 1977; Rice, Richter-Bender & Vitters 1980; Rohmert 1971; Seidel 1977; Staehle 1973; Ulich 1971; Vorwerg 1971; Vroom 1976; y Yukl & Kanuk 1979.

ORÍGENES Y DESARROLLO DEL MANAGEMENT

Período 1885-1920 (1ª Guerra Mundial 14-18)

Personas no capacitadas

Management Científico
Impulsor Frederick W. Taylor

Trabajadores productivos

Transformar y dividir tareas en operaciones simples
Aprendizaje rápido

En poco tiempo se pasa de un estado a otro

Período 1920-1930

El Management se aplica a más áreas de la empresa y fabricación

Se combinan las ventajas de ser grande y de ser pequeño, dando origen a empresas descentralizadas	Paso de la contabilidad al análisis y control	En planificación: paso de los Gráficos Gantt a la lógica analítica y estadística	Paso de la mercadotecnia a la distribución y la venta	Elton Mayo: paso del compromiso a corto plazo (automatización) al largo plazo (automotivación)

Período 1939-1945 (2ª Guerra Mundial)

El Management como disciplina de estudio

EEUU tiene la capacidad de producir más y organizar mejor la logística

Período 1945 en adelante

El Management se entiende como aplicable a todo tipo de instituciones y empresas

A través de:
- Definición de estrategia y objetivos
- Desarrollo de personal
- Evaluación de la eficacia y organización

- Se refiere al hombre y la cultura
- La misión es hacer a la persona capaz de eficacia conjunta
- La función es pensar, elaborar y dar ejemplo en los objetivos y valores
- Los resultados obtenidos no son en sí mismos una medida adecuada

Figura 4. **Orígenes y desarrollo del management**

El conflicto 2

1. Definición etimológica

El estudio sobre el conflicto ha dado y seguirá dando muchos matices en cuanto a su definición y su forma de entenderlo.

La palabra conflicto deriva del latín *conflictus* significando «para atacar juntos». El Diccionario de la Lengua Española, de la Real Academia, en su vigésima segunda edición, define conflicto en su primera acepción como: "combate, lucha, pelea", en su segunda como "enfrentamiento armado", en su tercera como "apuro, situación desgraciada y de difícil salida", en su cuarta como "problema, cuestión, materia de discusión", en su quinta, desde un enfoque psicológico como "coexistencia de tendencias contradictorias en el individuo, capaces de generar angustia y trastornos neuróticos", en su sexta definición como "momento en que la batalla es más dura y violenta". Por último, hace mención a conflicto colectivo, definiéndolo como "en las relaciones laborales, el que enfrenta a representantes de los trabajadores y a los empresarios".

DEFINICIONES DE CONFLICTO EN EL DICCIONARIO R.A.E.
1. Combate 2. Lucha 3. Pelea 4. Enfrentamiento armado 5. Apuro, situación desgraciada y de difícil salida 6. Problema, cuestión, materia de discusión 7. Coexistencia de tendencias contradictorias en el individuo, capaces de generar angustia y trastornos neuróticos 8. Momento en que la batalla es más dura y violenta 9. En las relaciones laborales, el que enfrenta a representantes de los trabajadores y a los empresarios

Figura 5. **Definiciones de conflicto según R.A.E**

Como se puede apreciar en las definiciones que hace la Real Academia Española, todas poseen un componente peyorativo, por lo que el concepto en sí, encierra una situación negativa o desagradable.

2. Complejidad del concepto

Cuando hablamos de conflicto en términos generales, es fácil llegar a un acuerdo en su concepto. Sin embargo, al intentar profundizar, vemos inmediatamente lo complicado que resulta dar una definición precisa, puesto que nos encontramos ante un constructo complejo.

Existe toda una ciencia en construcción –llámese "conflictología" como pretende la revista del mismo nombre- que afirma en su número 1 de abril del 2000: "Conflictología es un término muy claro. Etimológicamente quiere decir ciencia o conocimiento del conflicto".

Sin embargo, también es sinónimo de lo que internacionalmente se reconoce como "Resolución de Conflictos" (Vinyamata, 2000).

También es llamado "Análisis y Resolución de Conflictos" (Alzate, 1998).

Nos encontramos con que adoptar una única perspectiva es en sí misma, es una autolimitación, la cual tiene que ser tenida en cuenta a la hora de interpretar los datos, pero también tiene la ventaja de aclarar más el término de conflicto.

El término conflicto es muy complejo, para Redorta (2007a) el conflicto se puede abordar «desde una doble dirección: por un lado, entendiendo que el fenómeno no puede ser aprehendido si no es desde una visión multidisplicinar muy amplia y, por otro, acercándonos desde una disciplina concreta, que en nuestro caso es la psicología social».

3. Definiciones del conflicto

Muchos son los autores que han hecho definiciones acerca de la naturaleza del conflicto, Coser (1956) introdujo el concepto de conflicto en la sociología norteamericana al definirlo como «lucha sobre valores y aspiraciones a gozar de una posición, poder y recursos, en la que los objetivos de los oponentes consisten en neutralizar, herir o eliminar a sus rivales».

Para Cross, Names y Beck (1979) el conflicto surge por la discrepancia, entendiendo por discrepancia los objetivos, valores, motivos, ideas y recursos, definiendo el conflicto como «discrepancias entre dos o más personas».

Moscovici (1981) entiende el conflicto como un proceso, una interacción entre varias personas que influyen entre sí, afirmando que «los procesos de influencia están directamente unidos con la producción y reabsorción de conflictos».

Deustch (1971) diferencia entre cinco tipos de conflicto: *intrapersonal,* es decir, dentro de uno mismo; *interpersonal,* entre personas; *intragrupo,* dentro de un grupo; *intergrupos,* entre grupos e *internacional,* entre naciones.

Además, hace una definición más refinada diciendo que «el conflicto se produce siempre que se dan actividades incompatibles... un acto es incompatible con otro que se opone, se interpone o afecta, o de algún modo, hace que el primero sea menos probable o menos eficaz».

También Deustch (1973) aclaró que «el conflicto interno es una experiencia personal inevitable». Al igual que sostiene que un conflicto ocurre cada vez que existe una actividad incompatible. Que estas acciones se pueden originar en una persona, grupo o nación. Explicando que «una acción es incompatible con otra cuando previene, obstruye, interfiere, daña o de alguna manera posteriormente la hace menos agradable o menos efectiva».

Hocker y Wilmot (1985) entienden el conflicto desde la perspectiva de la comunicación, es decir, «un conflicto es una lucha expresa entre al menos dos partes interdependientes que perciben que sus objetivos son incompatibles, sus compensaciones son reducidas y la otra parte les impide alcanzar sus objetivos».

Rubin, Pruitt y Hee (1986) ponen el énfasis en la interacción social, haciendo la siguiente definición, «el conflicto significa diferencia de intereses percibida, o una creencia que las partes en sus aspiraciones normales no pueden alcanzar simultáneamente».

Robbins (1998) cree que ciertos denominadores son la base de la mayor parte de las definiciones y que las definiciones formales deberían tener mayor flexibilidad. Entendiendo por conflicto «un proceso que comienza cuando una parte percibe a la otra negativamente, o le afecta negativamente, algo sobre lo que se cuida la primera parte».

Eduardo Infante (1998) efectuó un estudio sobre la definición de conflicto hallando 78 definiciones distintas y aplicando el denominado *cluster analysis,* obteniendo conclusiones bastante interesantes, donde destaca que el conflicto para la mayoría de los autores se interpreta como un «proceso –producto subjetivo- cognitivo que implica percepciones de metas incompatibles por parte de, al menos, dos individuos».

Thomas (1976) expresa el conflicto como el «proceso que se origina cuando una persona percibe que otra ha frustrado o está a punto de frustrar alguno de sus objetivos o intereses».

Este autor desarrolla su teoría sobre el conflicto en el mundo laboral (2002), entiende que «el conflicto es simplemente la condición en la que las preocupaciones (intereses) de las personas, las cosas de las que ellas se preocupan, parecen ser incompatibles. El conflicto, por tanto, es algo a lo que nos enfrentamos cada día, un hecho de la vida».

Siguiendo esta línea de pensamiento se encuentra Carneiro (2007) definiendo el conflicto como «el proceso en el que una persona hace un esfuerzo intencional para anular los esfuerzos de otra, utilizando alguna clase de bloqueo, con la finalidad de que no consiga alcanzar sus metas o intereses».

4. Características del conflicto

Carneiro (2007) entiende que, para que se produzca el conflicto, se deben dar una serie de características:

- El conflicto para ser considerado como tal, ha de existir para ambas partes. Para que exista un conflicto, es necesario percibirlo como tal.
- Existiendo intereses contrapuestos y de difícil resolución, implicando con ello un enfrentamiento de algún tipo.
- Con situaciones evidentes o soterradas, produciéndose tomas de postura y estrategias de actuación.

- Teniendo como resultado un enfrentamiento o desequilibrio, que traen como consecuencia una vivencia desagradable.
- Y que tiene cierto aspecto de "inevitable" y que suele acabar en un resultado no previsto ni deseado de antemano.

5. Interpretación del conflicto

Para considerar el conflicto, el mismo autor desarrolla dos formas de interpretación basándose, por un lado en el riesgo que supone en sí la situación conflictiva y, por otro lado, utiliza una interpretación más productiva identificando el conflicto como una oportunidad.

5.1. Riesgo

Lo que significa que es calificado el conflicto como:

1. Un obstáculo para la actividad propia y de aquellos con los que uno se relaciona.
2. Se pueden ver afectadas la autoimagen y la autoestima.
3. Afecta, sobre todo, a la comunicación.
4. Disminuye la motivación.
5. Supone un mayor uso de energía.
6. Transcendiendo la situación al entorno, se suele producir una pérdida de credibilidad y confianza.

5.2. Oportunidad

En este caso el conflicto significa que:

1. Promueve la reflexión.
2. Supone una ocasión para el aprendizaje.
3. Descubre y amplia canales de comunicación.
4. Facilita los cambios de actitudes.
5. Prepara el terreno para la innovación, la autocrítica y favorece las opciones de opinar y participar, mejorando con ello el desempeño.

En este caso, aunque el autor no lo mencione, se puede apreciar cómo valora el conflicto desde la óptica de las expectativas de los implicados, por un lado, y la propia funcionalidad del conflicto por otro.

Tipos de conflicto 3

Las tipologías propuestas más representativas son las que exponen dos de los autores ya descritos, uno de ellos Carneiro clasificando el conflicto desde la discrepancia, el desacuerdo o el conflicto tácito entre otros. Farré muestra una distinción muy sencilla teniendo en cuenta la baja o alta intensidad del conflicto.

1. Tipología según Carneiro

Carneiro (2007) tiene en cuenta los tipos de conflictos haciendo la siguiente clasificación:

1. **La discrepancia:** primer estadio de una taxonomía o clasificación de los conflictos... supone un inicio de conflicto donde la evidencia es menor y la posibilidad de resolución se hace inmediata, surge de la disparidad de criterio y no siempre suele ser evidente desde un primer momento... Es un conflicto de orden muy menor, fácilmente solucionable pero del que no resulta sencillo tener conciencia. Su modo de expresión suele ser verbal. La discrepancia reiterada suele llevar al desacuerdo.
2. **El desacuerdo:** un paso más a partir de la discrepancia. Así como esta última puede quedar en la oscuridad del silencio, el desacuerdo suele ser manifiesto y directo, acompañado incluso con manifestaciones explícitas y expuestas con firmeza... Suele producirse a mediados del desarrollo del encuentro y, en ocasiones, evidencia discrepancias ya antiguas o una velada animadversión personal e, incluso, un cierto afán de protagonismo. O simplemente que no esté de acuerdo.

3. **El conflicto tácito:** fruto del desacuerdo reiterativo y, casi siempre, de la animadversión y la mala relación continuada, se produce una situación de hostilidad. En el conflicto tácito no suele expresarse de manera clara el motivo del disgusto... Existe una intención clara de transmitir el disgusto, pero se espera que, siendo tan evidente que se tienen razones más que obvias para el enfado, el otro o la otra tendrían que haberse dado cuenta hace ya tiempo. Sabemos que la situación es conflictiva, lo que ocurre que no somos partícipes de las causas. Y lo que no solemos adivinar casi nunca son las consecuencias.
4. **El conflicto explícito:** que suele ser la forma más común de considerar ya la situación como conflictiva. Alguien manifiesta su disgusto de forma clara y expresa así como plantea de alguna manera que actuará no sólo defendiéndose, sino también atacando. La persona se otorga asistida por todo tipo de razones aunque con cierta apertura al diálogo. Nosotros sabíamos o intuíamos la situación conflictiva aunque no se tenga toda la información. El conflicto se ha producido y por tanto lo inteligente es gestionarlo... aceptamos el enfrentamiento y planteamos nuestras propias estrategias bien ofensivas o bien defensivas pero, al fin y al cabo, con la intención de sobrepasar al contrario. Y sobre todo, lo que solemos querer es tener la razón.
5. **El conflicto soterrado:** evolución del explícito y que se produce cuando, después de varios encuentros conflictivos de tipo rotundo, se considera que no hay nada que hacer, que resulta imposible mantener la situación en los términos del enfrentamiento. Si la relación es necesaria e incluso imprescindible para ambas partes, el conflicto soterrado, mantenido en el tiempo, suele acompañar de cierto desgaste de la relación que puede acabar en ruptura. Da lugar a maniobras, ardides, malas artes, comportamientos deshonestos, actitudes de franca hostilidad, ausencias reiteradas, retiradas de palabra... Suele ser la demostración de un interés manifiesto por someter a la otra parte. Y vencer.

   Una variante extrema de este tipo de conflicto es el llamado conflicto enquistado, se refiere a situaciones de desencuentro y oposición en los cuales se ha perdido ya la razón y causa del conflicto pero que se siguen viviendo con la misma intensidad y dolor que en su primer momento.
6. **La violencia indirecta:** que suele venir orientada a través de la imposibilidad de mantener constantemente el conflicto soterrado. No

podemos sentirnos a disgusto de modo continuo, dado que ello produce unos efectos perniciosos a nuestra salud: estrés, problemas de relación, disgusto continuado, etc. En las organizaciones, el desencuentro común se canaliza, sobre todo, a través del humor; pero cuando esto no llega, se produce la violencia indirecta. Comportamientos de hostilidad soterrada como el ninguneo, evitar dar información, el desprecio, el aislamiento y otros son manifestaciones de una situación de violencia indirecta.

7. **La violencia directa:** efecto indeseado de las relaciones conflictivas pero que tiene su parte muy positiva. Nos permite darnos cuenta y evidenciar el conflicto[...] pero por el contrario posibilita, si la otra parte se ha mostrado violenta de manera explícita, poder gestionar el resultado. La violencia es la respuesta a una situación de frustración o de rabia contenida y la manifestación más obvia de una circunstancia vivida como un conflicto grave.

2. Tipología según Farré

Farré (2009) explica la tipología básica del conflicto atendiendo a una serie de criterios que permiten distinguir entre:

1. **Disputas** o conflictos de baja intensidad.
2. **Conflictos profundos** o de alta intensidad. También los define como identitarios, de identidades o intratables, sobre todo en el caso de conflictos profundos muy dilatados en el tiempo y resistibles a tratamiento.

Se trata de una tipología muy básica y limitada, pero que busca transmitir una idea fundamental: no todos los conflictos son iguales y, por lo tanto, no existen fórmulas universales de tratamiento.

Entre los criterios que se muestran en la siguiente tabla para establecer la tipología básica, el fundamental para distinguir entre disputas y conflictos más o menos profundos es la violencia. La presencia de violencia en un conflicto, en cualquiera de sus manifestaciones (física, moral, estructural, cultural...), supone un fenómeno en sí mismo que requiere tratamientos específicos.

Tipología	*Intensidad*	*Dimensión*	*Proyección personal*	*Objeto*	*Estrategia*	*Resultado de paz positiva*
Disputa	Baja (sin violencia)	Variable (intrapersonal, interpersonal o intergrupal)	Reducida	Intereses o posiciones negociables que expresan elementos sobre todo materiales	Gestión de conflictos: herramientas comunicativas en negociación o mediación	Resolución de la disputa o de los elementos supracuáticos
Conflicto profundo, (o intratable, o identitario)	Alta (con violencia)	Variable (intrapersonal, interpersonal o intergrupal)	Extensa (interpersonal: diversos años; intergrupal: incluso siglos)	Intereses y posiciones que expresan necesidades no negociables	Además de Gestión de conflictos para resolver elementos supracuáticos del iceberg, se acuerdan futuros cambios personales y sistémicos	Transformación sistémica (incluye la resolución de elementos supraacuáticos)

Fuente: Farré (2009). Inspirada en las ideas de John Burton y John Paul Lederach.

Figura 6. **Tipologías de conflicto**

Evolución del conflicto 4

El conflicto ha sido estudiado desde diferentes perspectivas. Lo cierto es que un número importante de escuelas han trabajado sobre este, dando lugar a multitud de enfoques diferentes. Figuras como Darwin, Freud o Piaget tratan el conflicto y sus procesos resultantes.

Carneiro hace un recorrido por las distintas corrientes como la tradicional, que asocia el conflicto como algo negativo, o la visión intra e interindividual de la corriente psicológica. Además recoge otras corrientes como la etológica, conductual, sociológica, psicosociológica, sociobiológica e interaccionista.

Aunque cada autor define las fases del conflicto desde diferentes perspectivas, todos los autores coinciden que el factor tiempo, representa un elemento sumamente relevante.

1. Corrientes

El conflicto puede surgir por diferentes aspectos. Establecemos un resumen de las diferentes visiones realizadas por Wher en cita de Hocker y Wilmot (1985):

- El conflicto y la lucha son innatos en todos los animales, incluyendo al hombre.
- El conflicto se origina en la naturaleza de las sociedades y depende de cómo se han estructurado.
- El conflicto es una aberración, una disfunción de los sistemas sociales.

- El conflicto ocurre porque es funcional para el sistema social.
- El conflicto ocurre porque se persiguen objetivos incompatibles.
- El conflicto es consecuencia de la pobre comunicación, mala percepción, defectuosa socialización y otros procesos inconscientes.
- El conflicto es un proceso que pasa en todas las sociedades y en todas existe una regulación del mismo.

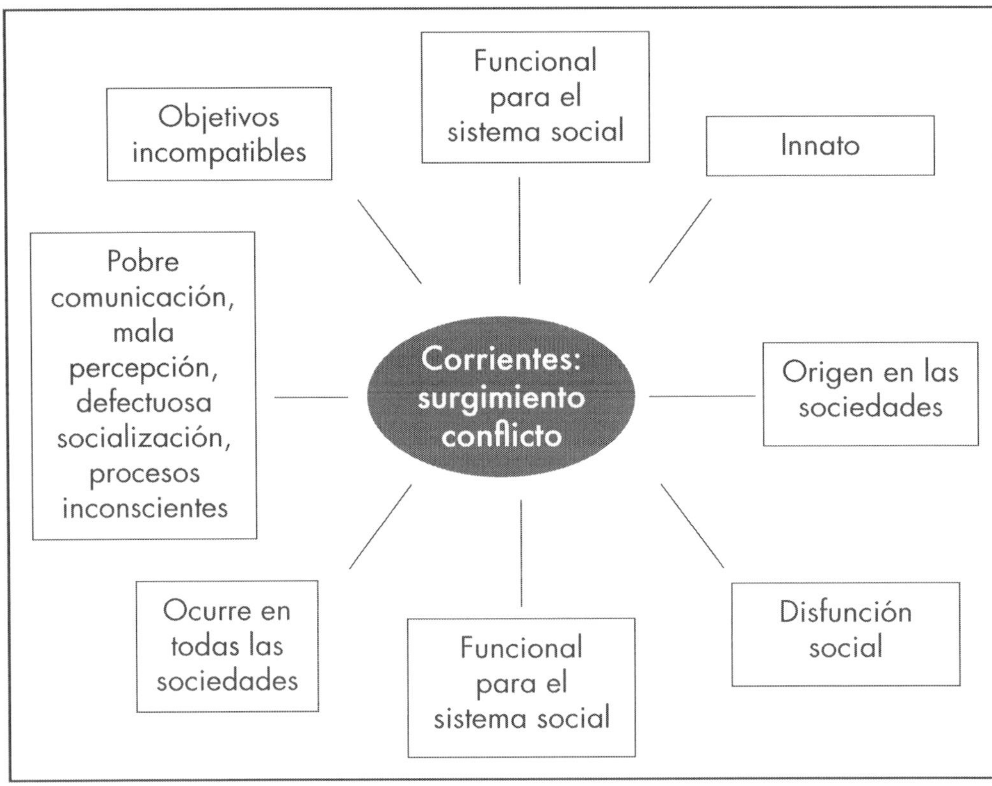

Fuente: Elaboración propia sobre visiones realizadas por Wher

Figura 7. **Resumen de las visiones realizadas por Hocker y Wilmot**

Vicenç Fisas (1987) efectuó un resumen de las diferentes escuelas que explican el conflicto, aun así, sostiene que estos puntos de vista son insuficientes para explicarlo.

Autor	Tipo de Conflicto	Proceso resultante
Freud	Conflicto entre el deseo y la prohibición. (Lucha por el deber)	Represión. Defensas.
Darwin	Conflicto entre el sujeto y el medio. (Lucha por existir)	Diferenciación. Adaptación.
Marx	Conflicto entre clases sociales. (Lucha por la igualdad)	Estratificación social. Jerarquía. Comparación social.
Piaget	Conflicto en la toma de decisiones experienciales. (Lucha por ser)	Resolución de dilemas. Aprendizaje.

Fuente: Redorta, J. (2001).

Figura 8. **Procesos básicos en escuelas que explican el conflicto**

Carneiro (2007) hace otro resumen sobre las corrientes explicativas de la generación de los conflictos:

1.1. Corriente tradicional

Este enfoque se caracteriza por considerar al conflicto como algo netamente negativo, similar a la violencia, la destrucción o el uso de la agresión irracional. Se estima así que supone una situación perjudicial que es preciso evitar. Fruto de una concepción de base histórica y religiosa, la parte negativa del ser humano se manifiesta a través de la agresión y la violencia. Hasta los años 1930 a 1940, las teorías sociales sobre el conflicto lo estimaban como algo disfuncional, que ocurre cuando las cosas fallan, debido bien a una comunicación deficiente, a la falta de flexibilidad por la partes en oposición, la incapacidad para negociar y llegar a acuerdos o a la necesidad por parte de algunas personas de hacer prevalecer sus criterios. En definitiva, el conflicto no sólo debe evitarse, sino que, incluso, en muchas ocasiones, ignorarse y, decididamente, reprimirse.

1.2. Corriente psicológica

Para la psicología, el conflicto puede tener dos vertientes, el conflicto intraindividual y el interindividual. El primero se caracteriza por ser el resultado de las fuerzas psicológicas que operan en el interior del sujeto y que entran en contradicción. Al no encontrarse en un estado constante y estable, el sujeto puede presentar alteraciones psicológicas que devienen en conflictos manifiestos. El conflicto, por tanto, ocupa un lugar en la dinámica de la enfermedad o de la perturbación mental. Por otro lado, el interindividual asume que el conflicto es el resultado de la existencia en las relaciones entre los individuos de una tensión relacional, inevitable en las interacciones humanas. Para estas escuelas, la agresión es un comportamiento decididamente instrumental, una manera gratificante de obtener unos resultados o llegar a un fin.

1.3. Corriente etológica

Los llamados psicofisiólogos y los etólogos, es decir, los estudiosos del comportamiento humano comparado con el animal, consideran que la agresión es una acción cuyas raíces fisiológicas pueden sacarse a la luz debido a la acción defensiva por parte de los seres humanos ante situaciones de indefensión. Por lo tanto, no es un comportamiento malo ni bueno, moral o inmoral, sino que es una respuesta fisiológica ante la amenaza y la frustración. Supone un resorte automático desde el sistema nervioso central que, si no es controlado por la cultura y el ambiente, puede acabar con la desaparición física del oponente.

1.4. Corriente conductual

Para esta teoría, el conflicto supone un proceso natural en todos los grupos humanos, así como en las relaciones interpersonales, por ser inevitable. La Escuela Conductual propone la aceptación del mismo, racionalizando su existencia y tratando de buscar el encauce más adecuado. El origen del conflicto y la agresión se encuentran en el estímulo externo; existen porque, de alguna manera, el comportamiento de pendencia gratifica al sujeto. Por lo tanto, la clave reside en la eliminación de las actuaciones agresivas sustituyendo los estímulos que provoquen la agresión por otros que no lo hagan. Durante los años 1940 y 1950, fue la teoría preponderante, teniendo una gran repercusión en las aplicaciones sobre las organizaciones.

1.5. Corriente sociológica

Basada en el interés por las interrelaciones sociales, los científicos sociales han localizado el origen del conflicto en la disfunción social, en ocasiones, inherente a los propios procesos del conjunto de la sociedad. Sobre todo en aquellas que son complejas, debido al número cada vez mayor de relaciones sociales, la fricción y el choque se hacen inevitables. Desde esta perspectiva, el conflicto social, remanente de una sociedad primitiva, es una desviación del estado normal de las actitudes y los comportamientos humanos realizados en sociedad, que pueden ser eliminados, y deben serlo, mediante la educación y la formación. El conflicto es, pues, resultado de un mal funcionamiento del sistema social.

1.6. Corriente psicosociológica

Avance sobre las orientaciones psicológica y sociológica, como confluencia de saberes, la psicosociología centra el concepto de conflicto en las relaciones sociales que afectan a los individuos concretos. Y así, el conflicto supone una situación en la cual unas entidades sociales apuntan a unas metas opuestas, afirman valores antagónicos o tienen intereses divergentes. De esta manera, el conflicto enfrenta a individuos, a grupos, a organizaciones sociales o nacionales siempre con el horizonte de provocar el dominio.

1.7. Corriente sociobiológica

Esta orientación surgida en el final del siglo XX establece que su programa consiste en aplicar la teoría de la evolución al comportamiento social de los animales y de los hombres. En suma, la sociobiología defiende el estudio sistemático de las bases biológicas de todo comportamiento social. De esta manera, la agresión y el conflicto se producen en el marco de una competencia por los mismos recursos y son una faceta más del origen animal de los seres humanos; parte de nuestra herencia básica, una extensión de la agresividad animal, aunque evolutivamente más desarrollada que en nuestros congéneres biológicos. Para nuestra tranquilidad, los sociobiólogos consideran que, comparativamente con otras especies, somos de los menos agresivos.

1.8. Corriente interaccionista

Esta tendencia parte de la aceptación del conflicto como algo "natural" y propio de las relaciones humanas, pero considerando que precisa encauce y que, una vez que se haya producido, puede incluso tener tintes positivos. Es en la interacción acontecida en situaciones conflictivas donde la gente se conoce mejor, utiliza y saca partido a sus propias herramientas y sabe enfrentarse al cambio y a la modificación. No pretendiendo considerar al conflicto como una situación eminentemente positiva, sí estima que la adecuada resolución de situaciones conflictivas supone una habilidad social y relacional necesaria para la vida en sociedad. Esta concepción ha tenido una gran aceptación en su aplicación a organizaciones y empresas debido a que ha permitido introducir el mercado de competencia como una variable más a considerar.

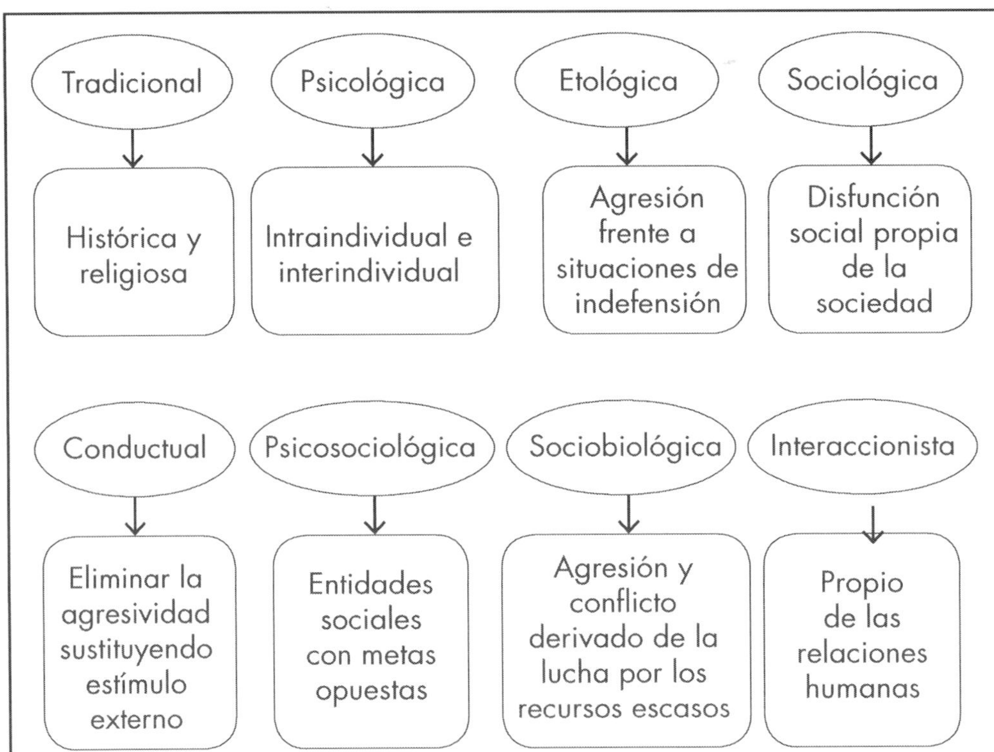

Fuente: Elaboración propia basado en la explicación de los conflictos de Carneiro.

Figura 9. **Resumen corrientes que explican el conflicto.**

2. El ciclo del conflicto

Además de la estructura del conflicto, es preciso mencionar el ciclo del conflicto. De hecho, entre los distintos autores se produce un acuerdo en establecer el factor tiempo como relevante. Al igual que ver el conflicto como un proceso.

Wedge (1987) entiende que «el conflicto es un proceso que siempre implica movimiento a través del tiempo».

El conflicto, por tanto, es entendido como un ciclo, es decir, que tiene su propia dinámica, y es de alguna forma previsible, cuyo esquema comprende las fases de escalada, estancamiento y desescalada, de acuerdo con Rubin en cita de Alzate (1998).

Como citábamos anteriormente, el ciclo del conflicto ha sido representado por distintos autores:

- De forma cíclica lineal por Walton (1998).
- De forma circular por Kriesberg (1973).
- De forma helicoidal por Folberg y Taylor (1984).
- En forma de espiral por Burguet (1998).

2.1. Ejes de escalada

El concepto de "ciclo del conflicto" introduce los conceptos de:

"Escalada", que se entiende como una "expansión secuencial de la amplitud o intensidad del conflicto" (Geller, 1990; Pruitt y Rubin, 1986) o también como severidad de la coerción usada.

Alzate (1998) habla de "escalada irracional del conflicto". Nos habla de los cinco ejes de la escalada, que esquematizamos a continuación en la Figura 10.

EJES DE LA ESCALADA

	Escalada
	Incremento de coerción
1. Tácticas	Suaves → Duras
	Problemas
2. Proliferación (de los problemas a las personas)	Uno → Varios
	Desplazamiento
3. Desplazamiento (se amplían los problemas)	Problemas → Personas
	Si yo no gano, tú tampoco
4. Motivación	Individual egoísta → Competitiva
	Implicación de terceros
5. Partes	Uno → Varios

Fuente: Adaptado por Redorta, J. (2001), sobre ideas resumidas por Alzate, R. (1998), extraídas de Rubin, Pruitt y Hee (1986).

Figura 10. **Ejes de la escalada**

Rubin, Pruitt y Hee establecen que las condiciones que permiten la escalada del conflicto vienen precedidas de una fase de expectativas al alza por las partes en conflicto, una situación de ambigüedad respecto del poder que se atribuyen los contendientes, lo que se denomina "comparación envidiosa", una asignación de méritos no compartida, la disponibilidad de liderato, una mayor comunicación con el grupo y el denominado "pensamiento de suma cero". También especifican los autores que no es preciso que se den todas para que el conflicto se escale, sino que deben darse algunas de ellas.

2.2. Estancamiento

"Estancamiento", siguiendo con estos autores, explica que la práctica nos muestra que llega un punto en el que las partes ya no se manifiestan más interesadas en seguir el conflicto, es decir, del proceso de "competición" se intenta pasar a un proceso de "cooperación", lo que conducirá a la desescalada del conflicto. Según estos autores al estancamiento se llega por el fracaso de las tácticas competitivas, el agotamiento de recursos, la pérdida de soporte social y los costes inaceptables. Establecieron tres motivos por los que se alcanza el punto de madurez de un conflicto, a saber, la situación de empate, la pérdida de control del conflicto y la oportunidad de ganar cooperando.

2.3. Desescalada

"Desescalada", de igual forma, concluyen que para que se produzca esta fase tiene que haber: la existencia de consenso acerca de las normas, la falta de información acerca de lo conseguido por la otra parte, la segregación de las mismas en alguna forma, el estricto sistema de estatus, las posibilidades de movilidad social, la existencia de barreras en la comunicación, el cambio de liderato real o potencial de los contendientes y el bloqueo del soporte exterior.

Alzate (1998) recoge el punto de vista disperso de cuatro autores para concluir que la técnica de desescalada requiere esencialmente cuatro pasos: incremento de la interacción, construcción de momentos o espacios de pausa en el conflicto con el inicio de pequeñas concesiones mutuas, la generación de objetivos comunes superiores y las concesiones unilaterales.

De acuerdo con Moscovici (1985) existen tres elementos críticos que favorecen o entorpecen la terminación del conflicto por compromiso. Aunque el compromiso no sea la única forma de terminación del conflicto, sí es cierto que es interesante desde el punto de vista de la gestión. El autor se refiere al espacio, como facilitador o no del proceso de interacción, al formalismo, o sea, a las reglas de participación y a la jerarquía o, en otras palabras, al tipo de liderazgo.

FASES DEL CONFLICTO

Fase de expectativas

- Ambigüedad respecto del poder que se atribuyen los contendientes "comparación envidiosa"
- Asignación de méritos no compartidos
- Disponibilidad de liderato
- Mayor comunicación con el grupo
- Pensamiento de suma cero

Fase de escala

- Tácticas.- de suaves a duras
- Proliferación de problemas.- de uno a varios
- Desplazamiento.- de problemas a personas
- Motivación.- de individual egoísta a competitiva
- Partes.- de uno a terceros

Fase de estancamiento

- Partes no se manifiestan interesadas en el conflicto
- Proceso de "competición" a "cooperación"
- Fracaso de las tácticas competitivas
- Agotamiento de recursos
- Pérdida de soporte social
- Costes inaceptables

Motivos para alcanzar fase:

- Situación de empate
- Pérdida de control del conflicto
- Oportunidad para ganar cooperando

Fase de desescalada

- Existencia de consenso acerca de las normas
- Falta de información acerca de lo conseguido por la otra parte
- Segregación de las mismas en alguna forma
- Estricto sistema de estatus
- Posibilidades de movilidad social
- Existencia de barreras en la comunicación
- Cambio de liderato real o potencial de los contendientes
- Bloqueo del soporte exterior

Pasos

- Incremento de la interacción
- Concesiones mutuas
- Objetivos comunes superiores
- Concesiones unilaterales

Elementos

- Espacio (facilitar interacción)
- Formalismo (reglas participación)
- Jerarquía (tipo de liderazgo)

Figura 11. **Ciclo del conflicto**

3. Fases del conflicto según distintos autores

Mitchell (1981) entiende el conflicto desde cuatro fases: conflicto incipiente, conflicto latente, conflicto manifiesto y conflicto suprimido. Las tres primeras fases se refieren al "nivel de visibilidad del conflicto", en este sentido, el autor establece una distinción bien clara refiriéndose al conflicto como "incipiente" cuando la intervención es más fácil, puesto que las emociones todavía no se desarrollan. La fase "latente" puede surgir de forma repentina generando la fase de conflicto "manifiesto", en este momento las consecuencias son imprevisibles. También aclara que puede ocurrir que las estrategias de prevención han fallado, salvo que por la emergencia del conflicto se viera como un aspecto positivo, explicando que en las organizaciones más avanzadas este supuesto se da algunas veces. Por último, el conflicto "suprimido" se refiere al éxito por la conclusión o resultado.

Sandole (1987) utiliza el concepto de "fermentación", es decir, para que se produzca un conflicto se tienen que dar unas condiciones especiales. De hecho, a partir de éstas se empiezan a utilizar unas estrategias competitivas lo que provocará el conflicto.

Deutsch (1973) entiende que el conflicto posee unas características, entre las que se encuentran: las partes del conflicto, la historia de las relaciones, la naturaleza de la información que se produce durante el proceso, el contexto, las estrategias y tácticas que usan o su modo de contender y las consecuencias que se derivan tras la contienda.

Uno de los aspectos poco tratados en la literatura es el concepto de "umbral" en la evolución del conflicto. El proceso de fermentación o emergencia de un conflicto puede ser visto como un umbral donde suceden cambios cualitativos de importancia en el ciclo vital del conflicto. Este mismo concepto de umbral sirve para el posicionamiento ante la situación de "terminación del conflicto", que es la última fase del proceso de desescalada.

Carneiro (2007) estable las fases en la evolución que tendría cualquier conflicto, siguiendo los tipos de conflicto mencionados:

1. Anticipación. Si resultase posible, sería conveniente anticiparse a las situaciones de conflicto. Ello nos permitiría gestionar de manera más eficaz los acontecimientos que se pudieran producir. De todas

las maneras, apuntar que según el autor, la mayoría de los conflictos dan síntomas de existencia antes de su momento de eclosión, con lo que resulta más ventajoso localizarlos en el segundo de los momentos si no hemos sido capaces de notarlo con anterioridad.

2. Desacuerdo. Que en numerosas ocasiones puede ser consciente aunque no expresado. Afecta a los dos primeros tipos de conflictos localizados, la discrepancia y el desacuerdo.
3. Discusión. Suele ser el primer instante de divergencia fuerte, aunque no necesariamente el más "acalorado" del proceso. El conflicto, ya establecido, se convierte, al menos, en tácito. Nuestras posiciones están ya establecidas y comienzan las estrategias, las tácticas, las contra tácticas y las actuaciones por parte de cada uno de los partícipes en la reyerta.
4. Diferencia abierta. Prolongación de la discusión, que puede darse en el mismo momento o manifestarse de distintas maneras con posterioridad. El conflicto se torna entonces explícito y el lenguaje corporal suele mostrar evidencias de desencuentros así como ser una prueba evidente de conflicto.
5. Conflicto declarado. Afecta tanto al conflicto soterrado, como al explícito. Hostilidad y agresividad suelen ir de la mano. Todavía la declaración es mayor cuando se expresa a través de la violencia tanto la indirecta como la directa.

Munduate y Martínez (2004) «el desencadenamiento del conflicto es un proceso complejo que comprende: a) una fase preparatoria de maduración; b) un fenómeno de encendido acompañado, o no de contagio; y c) una voluntad generadora de conflicto manifestada por el empleo de medios de presión».

Munduate y Martínez (2004) explicando acerca del empleo de medidas de presión como condicionante del desencadenamiento del conflicto comentan que «el conflicto se desencadena cuando ante un clima de tensión social, con grandes antagonismos prevaleciendo sobre las sinergias y las fuerzas que tienden a mantener la cooperación, una de las partes emplea medidas de presión, provocando verdaderos perjuicios a la otra parte, y ésta emplea consecuentemente su poder, causando graves pérdidas a aquélla. La dependencia de los recursos entre las partes de dicha relación, cuando una de las partes altera el suministro de dichos recursos, recortando o anulando los recursos que la otra parte necesita, ésta habrá sufrido un perjuicio indudablemente, pero a la vez habrá disminuido su dependencia de aquélla de quien se surtía, y reaccionará alterando también sus contribuciones –si realmente tiene algún problema con ella–, causando con ello una quiebra de las relaciones y un conflicto entre las partes.

Por tanto, el empleo de poder por una de las partes –entendido como la utilización de medidas de presión para doblegar la actitud de la otra parte–, motivado por el antagonismo de las tensiones sociales en el seno de la organización, provocará el desencadenamiento del conflicto, sólo si se da una fuerte relación de poder, esto es, una fuerte dependencia mutua entre las partes de la organización. De lo contrario, en ausencia de este poder compartido, o de esta dependencia mutua, una de las partes doblegará la actitud de la otra al no disponer ésta de recursos que le permitan enfrentarse a su oponente. Bajo estos supuestos, el empleo de medidas de presión por una de las partes supone el desencadenamiento del conflicto, sin que los participantes en el mismo puedan retroceder hacia medidas menos beligerantes y más cooperativas. Una vez iniciado el proceso, resulta irreversible». Por lo tanto, si las medidas previamente adoptadas por la parte que deseaba evitar el conflicto para mantener el equilibrio anteriormente existente, no han logrado evitar la detonación, tendrá que plantearse el objetivo de afrontar la negociación.

Fauvet (1975) establece distintas fases del conflicto: la fase preparatoria y la de encendido.

La *fase preparatoria* la explica de la siguiente forma:

«si denominamos A al grupo que desea mantener el actual intercambio de recursos entre las partes y consecuentemente el equilibrio actual de poder. Y B al grupo de la relación que desea ampliar el antagonismo y desencadenar el conflicto, la gestión de la fase preparatoria por parte de B requiere una serie de actuaciones precisas y bien planificadas. El objetivo de la gestión del conflicto por parte del grupo que desea iniciar su desencadenamiento reside, en este momento, en elegir el campo de tensiones más apropiado y que mejor se preste a ampliar el antagonismo entre las partes, al prever precisamente una mayor intransigencia en el aspecto elegido por parte del otro contendiente. Ello permite ampliar el antagonismo y el distanciamiento entre las partes, al procurar un clima de tensión social, que se irá incrementando, se van añadiendo más motivos capaces de continuar incrementando el abismo que se va creando entre las partes. Tanto estos motivos añadidos como el campo original de tensiones elegido, no tienen por qué coincidir con el objetivo o los intereses reales del enfrentamiento. Es por ello, por lo que en ocasiones el planteamiento del conflicto puede resultar nimio e irrelevante a la otra parte, porque no se ajusta a sus verdaderas causas. No obstante, el objetivo de la gestión del conflicto por parte de B, llegado a este punto, reside precisamente en hacer quebrar la relación entre las partes por el punto más débil para conseguir el desencadenamiento del conflicto, sin que ello signifique que el campo o el punto elegido sea el más conflictivo de la relación social».

La *fase de encendido* la explica de la siguiente manera:

«una vez moldeado el clima y abierto el antagonismo, el objetivo de la gestión por parte de B, reside en preparar el encendido. La gestión del encendido por parte de B consiste en elegir o propiciar un acontecimiento que sirva de detonador del conflicto. Sin olvidar la dramatización de la situación para continuar ampliando el antagonismo, y el contagio de la tensión social a otras personas, otros departamentos, otras organizaciones, etc., se trata ahora de prever con todo tipo de precisión y claridad el acontecimiento detonador.

La gestión de este proceso por parte del grupo que no desea el desencadenamiento del conflicto, y al que hemos denominado A, resulta crucial en este momento, ya que una vez iniciado el conflicto, mediante el empleo de las medidas de presión, el proceso resulta irreversible. Efectivamente, el objetivo básico de la gestión de A en esta fase, consiste en analizar el origen de las quejas y estar informado de todo lo que sucede en la organización, para paliar en la medida de lo posible la contaminación de la situación. Los contactos personales y las reuniones informales con la otra parte pueden resultar de ayuda en este sentido.

Paralelamente, se procurará desarrollar la sinergia entre el mayor número posible de empleados, especialmente entre aquellos que no han sido todavía captados por la otra parte. A su vez, el grupo que desea evitar el desencadenamiento del conflicto deberá permanecer atento a no cometer ninguna imprudencia y extremar la cautela durante esta fase, ya que la otra parte estará sumamente pendiente de ello para dramatizar el fallo y ampliar el antagonismo. Por ello el cometido de A consistirá básicamente en evitar la detonación, ante el predominio de las fuertes tensiones sinérgicas promovidas por la otra parte».

Redorta (2007b) entiende la morfología de conflictos como herramienta, diciendo que «la emergencia de un conflicto supone que este pasa igualmente de un estado latente a otro en el que es percibido. No es que el conflicto no existiera antes, sino que la manifestación del mismo nos hace darnos cuenta de que ya se daban las condiciones para su aparición. Así pues, la emergencia de un conflicto presupone un determinado clima social, lo cual nos obliga a plantearnos si el conflicto que se ha producido es único o bien va a reproducirse en el área del tejido social afectada. Presupone, además, una serie de condiciones de emergencia, entre las que figura como elemento central la existencia de un factor desencadenante. [...] Por tal motivo no hablaremos tanto de causas como fuentes de un conflicto. En cierto modo, los patrones que sigue un conflicto pueden ser vistos también como sus fuentes. Es decir, si un enfrentamiento sigue un patrón de conflicto estructural podemos pensar que la fuente de dicho conflicto radica en razones estructurales. [...] Sin embargo, la idea de "fuente de conflicto" sustituye con ventaja a la idea de causa, al que seguramente no podemos acceder. Nacemos ya en conflicto con el medio, y crecer supone muchos problemas. El conflicto está en nosotros, en nuestras células, en nuestros genes, en nuestro desarrollo y evolución. Y luego necesitamos de la interacción para hacernos humanos [...] La idea de que el conflicto parte de unas condiciones dadas, de que surge por un desencadenante que afecta a sus fuentes, debe ser complementada con la idea de la función que cumple el conflicto. Las cosas existen porque desempeñan una función; aquello que no cumple una función, o que no lo hace de forma eficiente, desaparece. Éste es el mensaje que nos transmite la evolución. Ahora bien, los conflictos pueden desempeñar muchas funciones: promover el cambio, exteriorizar emociones, poner a las partes en relación, etc.

Reflexionar sobre la función que cumple un conflicto concreto nos ayudará a comprender el porqué de su existencia».

Continúa explicando sobre la estructura de la acción conflictiva diciendo que «se aprecian tres niveles en cualquier conflicto.

Un primer nivel de conflicto, para analizar la forma que adopta la estructura de cierto conflicto. Conviene pensar en actos concretos, en comportamientos sociales, se trata de recoger lo que la psicología de raíz conductista ha defendido: sólo existe lo que tenemos delante y podemos apreciar y comprobar; es decir, el estímulo y la reacción.

En un segundo nivel, sostenemos que la forma de la estructura del conflicto viene marcada por las creencias y valores que ostentan los sujetos participantes. Nuestros valores y creencias afectan a nuestra forma de tomar decisiones y, por tanto, de decidir entre cursos de acción alternativos.

Por último, en un plano superior y a veces más difícil de observar, se encuentran los mitos y ritos, que configuran el nivel simbólico de la estructura del conflicto. Un mito es algo inalcanzable por definición. Los mitos configuran la acción social a largo plazo, generan modelos de comportamiento. Los mitos son irracionales también por definición. Si el mito pasa a ser algo razonable deja de ser mito. Por ello permite la cohesión de la sociedad en torno a una idea. En cambio, la función del rito es mantener vivo el mito. De ahí la importante conexión que existe entre ambos. Los ritos son repetitivos y en muchos casos, según la importancia del mito en cuestión, tienden a la solemnidad. Pero el rito tiene siempre una forma precisa, expresa y reconocible en la comunidad de que se trate. En el rito la forma lo es todo. Y esa forma es conocida, asumida y reiterada en un contexto cultural concreto. En la perspectiva del conflicto, los mitos y ritos constituyen esferas de activación a largo plazo de las aspiraciones de las partes».

Este mismo autor establece las fases del conflicto de la siguiente forma: «La evolución temporal de un conflicto es un factor que debemos considerar siempre. Los conflictos siguen un curso que denominamos "escalada", es decir, evolucionan hacia el agravamiento de la situación. Existe además un momento que los autores han denominado "punto muerto" y que designa la fase de alta incertidumbre que implica una situación de bloqueo (ni se avanza, ni se retrocede). Es tan relevante que a partir de ese momento las partes tratarán de llegar a un compromiso o se producirá el desenlace. Esto último es lo que sucede en la "fase de desescalada", que es la tercera etapa de las que marcan el ciclo del conflicto. Desde el punto de vista de la forma, el ciclo del conflicto se ha representado como un proceso circular (Kriesberg 1973), ondulante, de doble hélice o en espiral. Resulta más útil verlo de manera lineal, aunque debemos señalar que quizá la imagen más adecuada sería la de una escalera ascendente y otra descendente con un punto en común.

Es preciso destacar que en la fase de escalada el proceso básico subyacente, es la competitividad. A su vez, en la fase de punto muerto se impone una situación de alta incertidumbre y desorientación, mientras que en la etapa de desescalada la cooperación es el proceso básico subyacente.

Que el conflicto se afronte en un punto o en otro de su ciclo tiene gran relevancia. Así, en los estadios iniciales, las estrategias de afrontamiento que cabe plantear son diferentes a las de la fase de máxima escalada, en la que disponemos de enfoques más limitados. No obstante, en esta última fase debe considerarse si existen terceras personas con capacidad de influencia y poder, sobre las partes intervinientes, en el caso de que resulte imprescindible contener la situación conflictiva.

En la fase de punto muerto, la mediación es una de las estrategias más recomendadas. Las partes han agotado su capacidad de confianza, y la mediación consigue asegurar la confianza mínima y la reestructuración de las relaciones que permiten encarrilar la solución.

En la desescalada es preciso controlar adecuadamente los procesos emocionales que tienden a dispararse como consecuencia del incremento de la interacción de las partes y de la desconfianza existente. Al comienzo, la cooperación será siempre mínima y tentativa, lo que debe verse como algo normal. Es importante no precipitarse y respetar el ritmo y proceso de las personas implicadas. Los acuerdos llegan una vez que se han establecido las condiciones óptimas para los mismos».

Autor	Fases del Conflicto
Mitchell	• Conflicto incipiente • Conflicto latente • Conflicto manifiesto • Conflicto suprimido
Carneiro	• Anticipación • Desacuerdo • Discusión • Diferencia Abierta • Conflicto declarado
Munduate y Martínez	• Fase preparatoria de maduración • Fenómeno de encendido acompañado o no de contagio • Voluntad generadora de conflicto manifestada por el empleo de medios de presión
Fauvet	• Fase preparatoria • Fase de encendido
Redorta	• Primer nivel de conflicto: estructura del conflicto • Segundo nivel de conflicto: creencias y valores de los sujetos participantes • Plano superior: mitos y ritos

Figura 12. **Fases del conflicto según diversos autores**

Análisis del conflicto 5

En este capítulo, el estudio del conflicto es abordado desde varias perspectivas, resultando un análisis profundo del mismo.

Entre los diferentes autores encontramos a Redorta, que muestra la forma de los conflictos desde la descripción de "patrón" o establece los modelos estructurales como forma en la que puede ser pensado el conflicto; a Farré, para explicar los componentes básicos del conflicto a través de la simbología del iceberg. Asimismo, Carneiro recoge el análisis del conflicto estableciendo un modelo racional. Munduate, desde el rol o la tensión íntima, contextualizando el conflicto junto con la negociación. Y, por último, Deustch, desde la interdependencia, haciendo una distinción entre los objetivos que persiguen las personas y las actividades a realizar para la consecución de los mismos.

1. Según su estructura

El conflicto se estudia desde su propia estructura o forma, en donde se establecen los modelos estructurales. Redorta (2007 a) hace un análisis del tema donde establece que el modelo estructural es «una cierta forma en que puede ser pensado el conflicto», además dice que se puede enfocar «desde la contradicción bipolar hasta la consideración de aquellos autores que han dado al conflicto una estructura triangular en lo que consideran sus elementos esenciales».

Nos aclara también que es importante desde una visión práctica para «saber en qué elementos se apoya la estructura del conflicto». Expresando a continuación que «es preciso decir que, aunque se expresen oposiciones, la realidad es única». Se arriesga aún más diciendo que «nos conviene ver el tema no ya sólo en términos de opuestos, sino introduciendo nuevos elementos como es el azar o la incertidumbre, o algún otro.» Y continúa, «esto nos va a conducir a nuevas perspectivas del conflicto.»

Siguiendo con este razonamiento nos encontramos con Lederach (1989), el cual considera que siempre deben relacionarse tres aspectos: el problema en sí mismo, las personas implicadas y los procesos que se dan entre ellas.

Lógicamente, este planteamiento está pensado más en la intervención que en la comprensión del fenómeno.

Coser (1967), con una visión muy funcional del conflicto, establece las metas de los implicados, los medios utilizados en la confrontación y los recursos disponibles.

A continuación presentamos una tabla, donde se exponen, a modo de síntesis, una serie de elementos, los cuales no se citan de la misma manera en la literatura científica, es decir, no se citan con el mismo nombre, pero sí en su mismo sentido.

Aclarar que no hay un orden predeterminado sobre la importancia de cada uno de los elementos.

Elementos estructurales del conflicto		
Elemento	A qué está referido	Autor y Fecha
Metas	Objetivos que pretenden las partes en conflicto	**Coser** (1955) **Hocker** (1985)
Contexto	Marco en el que desarrolla el conflicto	**Pruitt** (1993) **Watzlawick** (1976)
Partes	Número de las partes en conflicto y tamaño relativo si es grupo	**Pruitt** (1981) **Boulding** (1964) **Alzate** (1998)
Poder	Relaciones de poder entre las partes	**Moscovici** (1981) **Mintzberg** (1983) **Ury y otros** (1989)
Fuentes	Primeros orígenes del conflicto	**Floyer** (1990) **Burton** (1991) **Lewin** (1946) **Hobbes** (1948)

Elementos estructurales del conflicto		
Elemento	A qué está referido	Autor y Fecha
Patrón	Tipología a la que puede adscribirse el conflicto	**Simmel** (1908) **Moore** (1986) **Lewin** (1946)
Función	Del conflicto en la estructura y la relación social	**Simmel** (1908) **Coser** (1956) **Deutsch** (1973)
Expectativas	Respecto de cada una de las partes	**Deutsch** (1973) **Blau** (1982)
Eje	Polaridad sobre las que se desarrolla el conflicto	**Nelly** (1955) **Mintzberg** (1983)
Vivencia	Percepciones, emociones y comunicación, significado	**Deutsch** (1973) **Jervis** (1976)
Desencadenante	Factores que catalizan el conflicto	**Alzate** (1998)
Ciclo	Evolución en el tiempo	**Walton** (1987) **Pruitt** (1993)
Métodos	Estrategias y tácticas que usan los contendientes	**Deutsch** (1973) **Burton** (1990) **Pruitt** (1993)
Normas	Regulación que sigue el ciclo del conflicto	**Pruitt** (1993) **Ury y otros** (1996) **Geen** (1998)
Complejidad	Aspectos vinculados a la borrosidad, el caos y el azar	**Munné** (1999) **Peiró** (1993) **Kosko** (1993)
Estilo	Forma de contender los participantes	**Blake y Mounton** (1964) **Thomas-Kilman** (1974)
Efectos	Cómo afectará el resultado del conflicto a cada una de las partes	**Deutsch** (1973)
Ámbito	Contexto específico del conflicto: familia, escuela, trabajo, etc.	**Floyer** (1990) **Six** (1995)

Fuente: Redorta, J. (2002)

Figura 13. **Elementos estructurales del conflicto**

Para una mayor aclaración del recuadro, Redorta (2007 a) nos muestra los diferentes elementos:

«"**Las metas**", es decir, los objetivos que pretenden conseguir las partes, son un elemento importante. El hecho de que tales objetivos se presenten como total o parcialmente incompatibles afectará tanto a las consecuencias del conflicto como a las tácticas y estrategias que las partes utilicen en su resolución. Es necesario señalar que los intereses de las partes se hallan contenidos en las metas que se proponen.

El "**contexto**" marca profundamente el conflicto. Así, por ejemplo, un conflicto de poder, no es igual que ocurra en el ámbito de la escuela, de los negocios, etc.; de la misma forma, el poder de la situación influye de manera enorme en el curso de un conflicto. Los planteamientos sistémicos han revalorizado este concepto.

Al referirnos a las "**partes**" de un conflicto es preciso decir que el número de contendientes es muy significativo. Un conflicto a dos, no es lo mismo que un conflicto a cuatro. Existe, asimismo, un aspecto cualitativo referido a las características personales de cada parte que no es preciso menospreciar. Probablemente este punto, el de la importancia de las partes en el conflicto, sea uno de los más consensuados por los distintos autores.

Las relaciones de "**poder**" tienen una enorme trascendencia; existe también aquí un altísimo nivel de consenso. De esta variable dependen en general los recursos que se empleen en el conflicto y, por tanto, en gran medida su evolución futura.

De importancia capital es el "**patrón del conflicto**". En un inicio se vio que los conflictos acostumbraban a seguir determinado tipo de curso igual o parecido. Este aspecto nos parece un tema básico en la estructura de todo conflicto, ya que se refiere a su morfología. Posteriormente se estableció de forma muy clara la importancia de la función del conflicto (pág. 35-67). Desde entonces se han destacado los aspectos positivos del conflicto que habían estado olvidados: la capacidad de relacionar las partes, la satisfacción de necesidades psicológicas concretas, etc.

Igualmente, las "**expectativas**" tienen un valor central. Cada parte evalúa las propias y las adversas en perspectiva de futuro, siendo las expectativas elemento rector de nuestra vida.

En relación con los **"ejes de conflicto"**, es cierto que tienen una utilidad fundamental. Ya Schutz (1958) elaboró su teoría respecto a los grupos sobre tres ejes básicos: inclusión (dentro o fuera del grupo), el control (más o menos poder) y la afectividad (percepción de cercanía personal). Las coordenadas de cualquier conflicto ayudan de forma extrema a analizar lo que está ocurriendo de acuerdo con el autor.

Por **"vivencia"** entendemos el conjunto de percepciones que quedan afectadas por el conflicto y que tienden a sesgarse de manera evidente, las emociones que se desatan en el proceso, su forma de expresión y el significado que le atribuye cada parte. Cómo se vive el conflicto es, en última instancia, lo que en realidad nos importa.

Al hablar de **"desencadenante"** nos referimos a esa chispa que desata el incendio, al elemento catalizador que desata el proceso y que es la causa inmediata del mismo.

En cuanto al **"ciclo"**, este aspecto es una de las cuestiones muy consensuadas por los distintos autores. El conflicto se desarrolla en el tiempo.

Por **"método"** entendemos el conjunto de prácticas que las partes ponen en acción al servicio de sus metas y que contienen una cierta estrategia o una serie de tácticas que juzgan útiles a sus intereses.

Las **"normas"** tienen que ver con la forma cambiante en que se regula el conflicto. Digamos que es un cierto consenso implícito respecto a cómo relacionarse con la otra parte. En los procesos destructivos, la norma es mínima. En realidad, el conflicto destructivo determina una única norma: la que conduce a la destrucción del contrario.

Por **"estilo"** entendemos las distintas formas de contender que usan los participantes y que miden desde su implantación hasta la capacidad de negociación. Blake y Mounton introdujeron ese concepto en 1964 y luego ha sido desarrollado particularmente por el mismo autor a través del llamado "Instrumento de Thomas-Kilman" (1992).

Los **"efectos"** de un conflicto tienen que ver con el resultado que se produce a consecuencia del mismo en el objeto del conflicto y en las relaciones de las partes, tanto en el corto como en el largo plazo previsible.

La "**complejidad**" está presente en toda la estructura del conflicto. Los límites de muchos aspectos acostumbran a ser borrosos, y como tal deben ser percibidos. El azar puede cambiar el curso de los acontecimientos y la no previsibilidad puede ser la norma en un asunto que sigue planteamientos no lineales.

2. Según el Modelo Racional

Carneiro (2007) establece los pasos a seguir o análisis que hay que hacer del conflicto:

1. **Resulta fundamental conocer la razón del conflicto.** Saber cuál ha sido el motivo que ha provocado la situación conflictiva. En numerosas ocasiones el primer detonante, que suele ser de orden menor, ya ha sido olvidado y lo que permanece es el conjunto de vivencias negativas que se produjeron con posterioridad.
2. **Es preciso estar seguro de las causas.** Éste resulta un aspecto crucial. Cuando nos llega la referencia de una situación de desencuentro, no solemos disponer de toda la información necesaria. Ahondar en las causas y tratar de saber más y, sobre todo, estar seguro de que realmente lo son. La mayoría de los conflictos suelen esconder al inicio la base del desencuentro y ello es debido a que se recubren de sentimientos y emociones.
3. **Contrastar el origen del mismo.** No fiarse de la primera impresión. Lo que parece una falta de entendimiento suele traer consigo una incompatibilidad de carácter. En la medida de lo posible, no tener una única fuente de información. Muchos conflictos son tomas de postura ante los demás, deseos de tener razón a toda costa o de hacer prevalecer las opiniones y pareceres propios. Es muy humano.
4. **Determinar las implicaciones externas.** Resulta fundamental saber el grado de conocimiento que existe sobre la situación conflictiva por parte del entorno más inmediato. Sobre todo en equipos de trabajo, donde el último en enterarse es quien ha de intervenir al final para encauzar la solución. En todos los conflictos existen unos tenues "hilos de seda" más allá de los propios contendientes que

implican a otras personas, las cuales no van a dejar pasar la oportunidad de aportar más embrollo a la situación. Son los llamados "efectos colaterales".

5. **Sopesar la idoneidad de afrontar el conflicto.** Una vez que se tiene la mayor cantidad de información posible, hay que decidir si se interviene o no en el conflicto. Hay conflictos en los que merece la pena no meterse. ¿Cuáles? No se sabe, pero los hay... En principio son aquellos que afectan a puntos de vista subjetivos, a gustos o a sentimientos, es decir, aquellos en los que no se pueden encontrar razones ni causas objetivas. Son los más complejos; por lo tanto... es mejor evitarlos.
6. **Establecer el coste de resolución.** Se ha de establecer lo que puede suponer en energía, tiempo y dedicación. Lo que no es aceptable es que, llegado el momento, se recurra al desahogo.
7. **Y no olvidar que siempre existen consecuencias futuras.** Los conflictos, sobre todo los complejos, tienen siempre "efectos secundarios". Estos pueden ser de tipo positivo o negativo, esto es, así como permiten afianzar lazos de relación, también pueden conllevar resquemores que permanecen en el tiempo o extreman las posiciones. Pero resulta más útil suponer que, aún cuando ello no suceda, puedan dar algunos coletazos finales o no quedar totalmente resueltos... conviene mantener un criterio de prudencia.

Establece un conjunto de indicadores que pueden permitir calcular qué posibilidades de conflictos hay, tanto de orden mayor como menor, aclarando que pueden aplicarse a distintas circunstancias vitales. Se centra en diez indicadores que según el autor resultan decisivos y que hay que tener en cuenta en las relaciones:

- Un clima de competición: significa que inducir o mantener situaciones de competición tanto en las relaciones personales como en el trabajo suele traer como consecuencia algún tipo de conflicto. Y ello no tiene por qué ser malo por naturaleza; sin embargo, esta forma de comportamiento, en algún momento, traerá consigo alguna situación conflictiva. Por ello, tanto si la provoca como si se asume, después no se tendrá legitimación para la queja.

- La premura en la crítica a las ideas de los demás: apresurarse a encontrar errores en los comentarios ajenos o en las opiniones de otros, suele ser una manifestación de una disconformidad profunda que, de alguna manera, alberga el germen de un conflicto.
- Los argumentos expuestos con violencia: actitud que suele resultar muy evidente. Manifiesta una vivencia negativa por parte de quien arguye de manera contundente y con bronca. Una forma intempestiva de manifestarse es un síntoma claro que va más allá de la mera disconformidad. Cuando se produce, no hay que quedarse en la mera resolución concreta; es preciso indagar en las verdaderas causas de una diferencia tan profunda.
- Acusaciones recíprocas: síntoma inequívoco de una disparidad con fundamento. En el momento en el que dos personas que intercambian planteamientos entran en el terreno de la descalificación comienza un proceso de degradación de la relación que hace imposible el acuerdo. Son estas "facturas" anteriores, no resueltas ni pagadas, que siempre se sacan a relucir aprovechando la expansión del ánimo.
- Polarización de las tensiones: cuya manifestación más evidente es la existencia de bandos o grupos enfrentados con posiciones muy opuestas e incluso irreconciliables.
- Propuestas cuestionadas sin criterios objetivos: otra manifestación habitual de la sintomatología de un conflicto. Se produce cuando la animadversión o el desencuentro no han encontrado anteriormente cauce para su manifestación y los sentimientos se ponen por delante de los argumentos razonados. No sólo se puede estar en franca oposición frente a las propuestas emitidas por otro u otros sino que la manera de manifestarlo está cargada de sentimiento, apreciaciones personales y mera subjetividad. Se va no sólo contra lo expuesto sino contra quien lo expresa.
- Robos, sustracciones o desapariciones: evidencias más que directas de situaciones de conflicto. No sólo comprende los actos vandálicos en sí o las situaciones denunciables. Suelen ser muestras evidentes de un enorme desagrado o frustración, además de ser actuaciones delictivas. En el mundo laboral, un aumento de las sustracciones o

de las apropiaciones indebidas son consideradas manifestaciones más que obvias de problemas mucho más graves que la desaparición en sí.

- Exceso de rumores constantes: y en esta expresión el término más importante es el tercero, es decir, constantes. El rumor en sí no es pernicioso, sobre todo cuando no es más que una manifestación de cierto desencanto asumido y asumible, tanto en la sociedad como, sobre todo, en el trabajo. Pero cuando dicho rumor se convierte en la manera más adecuada, útil y utilizada de acceder a la información, refleja no sólo un problema de comunicación. Presagia el estallido de un conflicto en un corto periodo de tiempo.
- Indiferencia, inhibición y absentismo: que como en lo relacionado con robos, sustracciones o desapariciones, suelen ser elementos muy a tener en cuenta en las organizaciones como alertas de momentos de mayor gravedad. Las encuestas de Clima Laboral y la detección del grado de contento o descontento en las empresas suponen herramientas no sólo de mero análisis y constatación de la situación sino también de la detección de males mayores.
- Falta de participación: es el extremo último del punto anterior. Cuando se cae en el desánimo o la falta de ilusión, tanto en las relaciones personales como en las laborales, la opción que se suele estimar como más adecuada es la denominada como "opción salida".

Comenta el autor que estos indicadores son de orden genérico y que puede haber más, aunque estos resultan alertas obvias y por ello se ha de estar preparado, o tener más precaución.

3. Según la tensión íntima

Munduate, L. y Martínez, J.M. (2004) implantan una estructura para el estudio de la gestión del conflicto y la negociación, para ello establece la contextualización de la gestión del conflicto y la negociación, es decir, cómo hay que analizar la resolución del conflicto. Los autores lo analizan, tal y como aparece en el siguiente esquema.

Fuente: Lourdes, M. y Martínez, J.M. (2004)

Figura 14. **Contextualización de la gestión del conflicto y la negociación**

Asimismo, los autores definen el campo de las tensiones adoptando el modelo de Fauvet sobre el tratamiento de las tensiones y los conflictos sociales aglutinando los conceptos de las tensiones, los poderes, la concertación y el conflicto:

«La tensión es definida como la energía invertida por los individuos o los grupos para enfrentarse o ponerse de acuerdo. Las tensiones suscitadas por estos enfrentamientos o acuerdos en las relaciones sociales son los motores de los poderes, interviniendo directamente en la concertación y el conflicto para fijar las actitudes de las partes. A su vez, el poder es definido como los medios disponibles por un participante para doblegar la actitud del otro... la peculiaridad de estas tensiones va a depender del tipo de dependencia entre las partes de la relación social si nos encontramos con un clima social tenso, es probable que al surgir una determinada divergencia o problema concreto una de las partes opte por emplear sus medios de presión para doblegar la actitud de la otra parte, abriendo de este modo el antagonismo entre ellas y suscitando consecuentemente el conflicto. Por el contrario, ante un clima social distendido, es probable que las partes opten por resolver conjunta y cooperativamente la situación estableciendo un puente hacia la sinergia y, por tanto, hacia la concertación. Es por ello por lo que propone que la concertación y el conflicto desempeñan un papel simétrico y se encuentran en competencia permanente en las organizaciones, pudiendo cada una de ellas dominar en situaciones concretas».

En la Figura 15 se sintetiza lo expuesto:

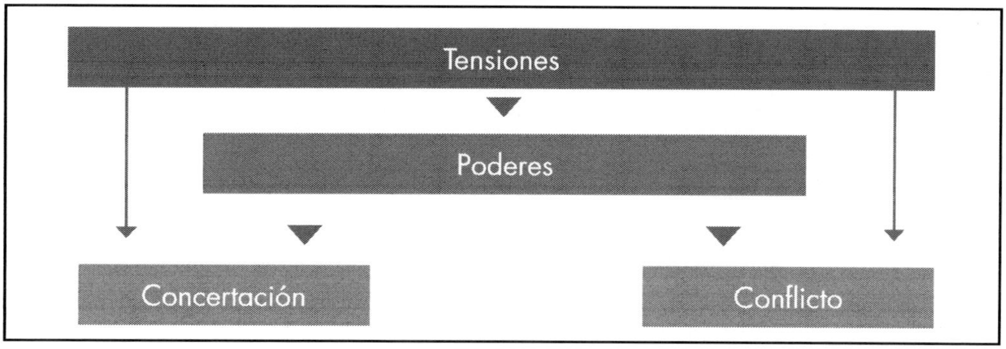

Fuente: Lourdes, M. y Martínez, J.M. (2004). Modelo de Fauvet sobre el tratamiento de las tensiones y los conflictos sociales (adaptado de Fauvet, 1975.)

Además hay que tener en cuenta que para poder analizar la tensión o la distensión del clima social es preciso remontarse a la tensión íntima de las personas implicadas en cada situación y a la transferencia que de la misma se realiza en la interacción social, hacia la sinergia o hacia el antagonismo, según el tipo de relación existente entre los objetivos de las partes implicadas.

Para explicar la noción y el origen de la tensión íntima, Fauvet (1975) parte del impulso de superación, o la inclinación que tienen las personas de tender hacia un objetivo final. Ese objetivo final puede consistir en tener mucho dinero, muchos inmuebles, etc., o poder organizar, influir, planificar a los demás... al tratar de conseguir ese objetivo o esa meta, nos encontramos con que ese impulso globalizante de superación se diversifica en una serie de impulsos derivados dirigidos a la consecución de objetivos más próximos. Es decir, el impulso de superación se dirige hacia el objetivo final y trata de satisfacer una necesidad básica, prioritaria del ser humano, mientras que los impulsos derivados tratan de conseguir objetivos secundarios, contextualizados, variables y negociables... ahora bien, estos objetivos más próximos a los que dirigimos nuestros impulsos derivados no siempre se hallan perfectamente articulados y coordinados sino que llegan a ser incluso contrapuestos entre sí, de modo que en ocasiones nos vemos forzados a optar por uno de ellos, que en principio puede alejarnos del objetivo final o primario... son estas situaciones las que provocan los denominados conflictos de rol (Rizzo, House y Lirtzman, 1970; Peiró, Meliá y González, 1985) y estrés de rol (Kahn y Quinn, 1970), que se hallan en la base del conflicto intrapersonal.

En el sentido analizado la tensión íntima resulta de la distancia entre el impulso de superación personal que nos orienta a todos a la consecución de un objetivo final y los impulsos derivados que surgen cuando al tratar de conseguir ese objetivo o esa meta nos encontramos en el camino con otros objetivos más próximos, algunos articulados entre sí y encaminados a la consecución del objetivo final, pero otros contrapuestos, mal ajustados entre sí y que nos alejan del objetivo final, o al menos nos hacen ese camino más tortuoso. El desajuste entre esos impulsos derivados nos obliga a enfrentarnos en primer lugar con nosotros mismos para superar las contradicciones de nuestras actuaciones, y animarnos hacia el objetivo final. De este modo, la tensión íntima resultante "constituye el elemento primordial de la vida social, en el cual están el origen de los conflictos y el de la concertación" (Fauvet, 1975). Efectivamente, y como han indicado Sanford (1964) y Van de Vliert (1984), la tensión íntima es una de las causas del conflicto intrapersonal e intragrupal, si bien, como Sheriff (1966), estos autores consideran que los determinantes extra y supraindividuales del conflicto son más relevantes que los aspectos intrapersonales del mismo.

4. Según la interdependencia

Muchos de los conflictos vienen dados porque los objetivos planteados por uno mismo, y los objetivos que se plantean los demás, requieren de distintas tareas para conseguir cumplirlos. Esas tareas que cada uno realiza para conseguir sus propios objetivos pueden estar o no alineadas, es decir, si las tareas para conseguir los objetivos de uno mismo son compatibles con las tareas que tienen que realizar los demás, las consecuencias serán positivas. En caso contrario, en dónde las actividades a realizar para conseguir los objetivos de uno mismo, sean incompatibles con las tareas de los demás, entonces el resultado será destructivo.

Deustch (1949, 1973 b) hace una distinción entre los objetivos que persiguen las personas y las actividades a desarrollar para la consecución de los mismos. «Las actividades a desarrollar para la consecución de los objetivos pueden ser incompatibles con las desarrolladas por otras personas o grupos que tratan de conseguir sus propios objetivos». Según Van de Vliert (1993), la frustración experimentada ante esta obstrucción causada por la otra parte en el desarrollo de las actividades es el origen del conflicto, si bien las consecuencias destructivas o constructivas del mismo van a estar asociadas con el tipo de dependencia mutua entre las metas u objetivos de las partes enfrentadas. Deutsch distingue dos tipos de relaciones entre las metas: la interdependencia positiva y la interdependencia negativa entre las mismas.

Sigue comentando que «en el caso de la interdependencia negativa entre las metas, las partes perciben una relación negativa entre la persecución de la propia meta y los objetivos de la otra parte resultando irreconciliables las actividades entre sí. En estas situaciones lo que uno obtiene es a costa de lo que la otra parte pierde, como se da en la competición por los recursos escasos, como el dinero, los materiales, la información o el espacio por ejemplo, donde el incremento de cualquiera de estos recursos para alguna de las partes implica necesariamente un descenso proporcional del mismo para el resto de los miembros. Este tipo de conflicto se torna destructivo tanto para las partes implicadas, porque sólo hay un ganador, como para la propia organización. Hablamos de conflictos constructivos o destructivos para la organización en el sentido del balance positivo o negativo de los costos y beneficios originados por las conductas desarrolladas por las partes en conflicto».

Continúa describiendo que «en el caso de la interdependencia positiva entre las metas, la percepción de la mutua exclusividad de las actividades es acompañada de una percepción positiva de la relación entre la propia meta y la meta de la otra parte, de modo que la consecución de las mismas implica la cooperación entre todas las partes implicadas. Nos hallamos ante una situación en la que los sujetos experimentan compatibilidad en los objetivos a conseguir e incompatibilidad en las actividades a desarrollar... en estos casos las consecuencias del conflicto se tornan constructivas, de modo que los beneficios originados por el conflicto para la organización resultan superiores a los costos causados por el mismo (Van de Vliert, 1993)».

«En este contexto de interdependencia positiva y negativa entre los objetivos de las partes, analizamos la transferencia que las personas realizan de su tensión íntima hacia este contexto concreto. Así, la tensión contrariada o antagónica surge cuando una persona que tiende hacia un objetivo final se encuentra con un obstáculo en el desarrollo de sus actividades, que surge al cruzarse con otra persona que tiende hacia su objetivo final. Ante esta situación de enfrentamiento, las personas A y B realizan una transferencia de su tensión íntima hacia esta situación de interdependencia negativa entre las metas, agudizando el antagonismo entre ellas. En este sentido, la tensión íntima de las partes refuerza el antagonismo entre ellas, de modo que nos encontramos en ocasiones con situaciones de confrontación que no pueden explicarse en principio por las diferencias objetivas entre las partes en conflicto... las tensiones íntimas de A y B y su desconfianza recíproca no tienen por qué ser equivalentes, por lo que la transferencia hacia el antagonismo puede no ser simétrica entre ambas partes.

Cuando en lugar de ser obstaculizada, la tensión íntima es compartida con otra persona o con otro grupo, se da una transferencia de tensión íntima de A y B hacia esta situación de interdependencia positiva entre las metas, incrementando la cooperación y la sinergia entre ellas. Como en el caso del antagonismo, la intensidad de esta transferencia no tiene por qué ser simétrica, pudiendo una de las partes avanzar más o menos que la otra parte hacia la sinergia. Esta tensión compartida, concordante o sinérgica, resultado de unas relaciones sinérgicas, va a distribuir la tensión íntima de las partes por medio de este grupo que participa en un proyecto común, por lo que la cooperación va a ir más allá de los aspectos objetivamente compartidos entre ellos. Ahora no sólo se comparten objetivos sino que se origina un apoyo mutuo en la consecución del objetivo común... cuando predominan las tensiones sinérgicas consideramos que se da un clima social distendido y que la organización se encuentra en estado de concertación, mientras que el predominio de tensiones antagónicas procura un clima social tenso, por lo que se considera que la organización atraviesa una fase conflictiva. Por tanto, en el dominio de la concertación como en el del conflicto, desempeña un papel crucial el poder de las partes, que pueden llegar a cooperar o a competir influenciados por el clima social predominante según la interdependecia positiva o negativa entre las mismas».

Para hacer una análisis del conflicto se ha de hablar de las fuentes del conflicto (Munduade y Martínez, 2004), centrándose primero en la conceptualización del mismo para seguir con los antecedentes del conflicto. Según los autores, es necesario definir el conflicto indicando que «dos personas o una persona y un grupo están en conflicto cuando al menos una de las partes experimenta frustración ante la obstrucción o irritación causada por la otra parte». Según esta definición, el conflicto nace desde una experiencia subjetiva, además implica que el conflicto no tiene porqué tener una base objetiva, lo que otros autores entienden como problema. De hecho, esta definición indica que es tanto intrapersonal como social porque se hallan implicadas otras personas y otros grupos.

En definitiva, el conflicto surge cuando alguna de las partes percibe que las actividades a desarrollar para la consecución de sus objetivos se obstruyen entre sí. «Un conflicto existe cuando se da cualquier tipo de actividad incompatible» (Deutsch, 1980). Por tanto, al analizar las consecuencias constructivas o destructivas de la incompatibilidad de actividades, el que se desarrollen tensiones sinérgicas o antagónicas va a depender de la interdependencia positiva o negativa entre los objetivos en cuestión, de modo que la positiva va a potenciar la cooperación entre las partes porque se da una coincidencia en el objetivo final, mientras que en el caso de la interdependencia negativa estos mismos objetivos son incompatibles entre sí. Se puede dar a su vez la no interdependencia entre los objetivos, cuando estos son independientes entre sí. La percepción de la no interdependencia conlleva consecuencias menos destructivas que la percepción de la interdependencia negativa. No obstante, los miembros de una organización tienen objetivos a distintos niveles, por lo que pueden percibir una interdependencia negativa o no interdependencia entre determinados objetivos y una interdependencia positiva en una meta supraordinal. Una meta supraordinal es una meta común de nivel superior que los miembros de una organización sólo pueden lograr si coordinan sus esfuerzos para su consecución (Sherif, 1958). Pero debido a la mutua dependencia, las posibilidades de conflictividad entre las metas a un nivel inferior se incrementan, pero la interdependencia positiva de la meta supraordinal puede reducir las consecuencias dañinas de la misma (Van de Vliert, 1993).

Además del campo de tensiones suscitado por este contexto social, otro aspecto que va a determinar el desarrollo de situaciones de enfrentamiento entre las partes es el poder potencial que posean los protagonistas. Para ello es necesario coordinar la articulación entre el campo de tensiones y la relación de poder entre las partes lo que va a propiciar el desarrollo de relaciones de cooperación o de conflicto en el seno de la organización.

Esta articulación deriva de la necesidad de ambos mecanismos sociales, las tensiones y los poderes, para establecer las relaciones de cooperación o de conflicto, ya que incluso en situaciones de un fuerte antagonismo entre las partes, para sacar los conflictos de un estado latente a un estado manifiesto ambas partes deben poseer algún poder sobre la otra. Sólo si ambas partes tienen algún recurso escaso, importante e insustituible para la otra parte, ambas se percibirán mutuamente dependientes –aunque pueda variar el grado de dependencia mutua– y ambas tendrán poder sobre la otra. Por tanto, las tensiones antagónicas en una relación pueden fijar una actitud de enfrentamiento con la otra parte, pero sólo una fuerte relación de poder permitirá el desencadenamiento del conflicto manifiesto, mediante las medidas de presión adoptadas por las partes.

Pero el empleo del poder requiere a su vez la presencia de tensiones antagonistas para su eficacia. El poder es un potencial y se basa en la dependencia de los recursos, por lo que el empleo del poder en la relación social implica reducir o eliminar los beneficios que la otra parte está obteniendo de esa relación –dejar de abastecerle de los recursos que se le están reportando–. Consecuentemente, el empleo del poder en la relación va a estar motivado por el antagonismo de las tensiones sociales entre las partes de la organización. En ausencia de estas tensiones sociales antagónicas, aunque el poder potencial sea considerable, su empleo para reducir los beneficios de la otra parte no tiene razón de ser y resulta perjudicial para quien lo emplea, puesto que la reacción de la otra parte puede ser a su vez la de recortar las prestaciones del intercambio que anteriormente había establecido.

Por tanto, la energía inicial que supone la tensión íntima de las personas va a ser transferida a esa energía motora que son las tensiones derivadas del contexto social para actuar sobre los poderes que son los medios reales de acción, capaces de alterar la conducta de la otra parte. Consecuentemente, los parámetros a considerar como desencadenantes de estas relaciones de cooperación o de conflicto serán los siguientes: la intensidad de la tensión íntima de las personas implicadas, el predominio de tensiones sinérgicas o tensiones antagónicas y el poder de cada una de las partes sobre el resto (Fauvet, 1975).

Aunque esta distinción entre sinergia y antagonismo resulta válida para comprender la dinámica del conflicto y la concertación, en la realidad organizacional las tensiones sinérgicas y las antagónicas se hallan entremezcladas entre sí, dándose simultáneamente incentivos para cooperar e incentivos para competir o, lo que es lo mismo, objetivos comunes –interdependencia positiva– y objetivos divergentes – interdependencia negativa–, tensiones sinérgicas y tensiones antagónicas. De hecho, las partes de una organización tienen algunos intereses comunes y otros intereses divergentes. En determinados momentos compiten por la distribución de un determinado recurso y, en otros, cooperan para conseguir beneficios conjuntos.

Todas las partes de la organización tienen un interés común que es la subsistencia de la organización. Ése es el objetivo común o el objetivo supraordinal (Sherif, 1958). No obstante, las partes competirán entre sí para conseguir los mayores beneficios posibles de esa relación sociolaboral.

La dependencia de los recursos es la base de la relación social, por lo que en cualquier organización, la continuidad de las relaciones entre las diversas partes que la constituyen tiene su razón de ser en que a todos les interesa mantener dichas relaciones porque todos se intercambian recursos que necesitan mutuamente y, en principio, les es más beneficioso obtenerlos de dicha relación. Como nos indica la teoría del intercambio social (Thibaut y Kelly, 1959), las partes establecen una relación porque consideran que es la más ventajosa de las que tienen disponibles y la mantienen porque necesitan los recursos que la otra parte les está aportando. Si en un momento dado una de las partes percibe que lo que le reporta la relación es inferior a lo que ella aporta y que puede conseguir relaciones más ventajosas que las que mantiene en la actualidad, tratará de equilibrar la relación actual enfrentándose a la otra parte e incrementando consecuentemente la tensión antagónica entre ellas. En función de que la otra parte le interese o no mantener las citadas relaciones, incrementará o no sus aportaciones. Este interés en mantener las relaciones derivará del campo de tensiones compartido –del predominio de tensiones antagónicas o sinérgicas– y de la relación de poder –entendido como el grado de dependencia mutua–. Es en este sentido en el que se entiende que la cooperación y la competición, la concertación y el conflicto, son las caras de la moneda de las relaciones laborales (Bacharach y otros, 1992).

En cualquier caso, en un momento dado en la organización puede primar un clima de concertación o una fase conflictiva, dependiendo del predominio de tensiones sinérgicas y antagónicas y de la relación de poder entre las partes. Por tanto, los parámetros reales a considerar como desencadenantes de las relaciones de cooperación o de conflicto serán los siguientes: 1) el antagonismo de A contra B y de B contra A; 2) la sinergia de A con B y de B con A; y 3) el poder de A sobre B y de B sobre A (Fauvet, 1975).

Los antecedentes de un clima de concertación se concretarán en el predominio de tensiones sinérgicas sobre las antagónicas y poderes recíprocos de valor más o menos simétrico. Se precisa apuntar aquí que un clima de concertación es considerado como algo siempre positivo y el conflicto como algo negativo para las organizaciones y las relaciones laborales, dada nuestra tendencia a considerar las organizaciones bajo el modelo del orden (Tjosvold, 1993). No obstante, el antagonismo puede desempeñar un papel activador en determinados momentos, del mismo modo que la concertación permanentemente puede resultar en un conformismo desmotivador para los miembros de cualquier organización. Como ya apuntaba Munduate el progreso se logra a menudo mediante la implicación individual en una causa, y la creación de tensión y conflicto pueden ser estrategias organizacionales deseables. Algunas de las mayores mejoras sociales han sido el resultado de conflictos resueltos mediante fuerzas destructivas. El conflicto es un aspecto ambiguo de la realidad social, y del mismo modo que puede resultar estimulante para crear nuevas ideas o nuevos medios de convivencia. Se añade la otra cara de la moneda, en la que priman las consecuencias dañinas o destructivas, por la que pueden peligrar amistades, familias, instituciones sociales que nos nutren e incluso la propia especie humana en la era actual.

Como ha indicado Brown (1983), la relación entre cantidad de conflicto y resultados organizacionales adopta la forma de "U" invertida, de modo que un nivel o cantidad de conflicto excesivamente elevado provoca la presencia de resultados negativos para la organización, y al mismo tiempo un nivel excesivamente bajo suele generar una actitud de estancamiento que hace que los resultados alcanzados no sean tampoco satisfactorios. Ambos extremos obstaculizan el desempeño. Un nivel óptimo es aquel en el que se da suficiente conflicto para impedir el estancamiento, estimular la creatividad, permitir la liberación de tensiones y promover el cambio; pero tampoco puede ser tan intenso que altere la coordinación de las actividades dentro del grupo. Se precisa por tanto gestionar eficazmente el conflicto para mantenerlo dentro de los límites que se pueden denominar como "apropiados", para que resulte autocrítico, activador y creativo (Robbins, 1987).

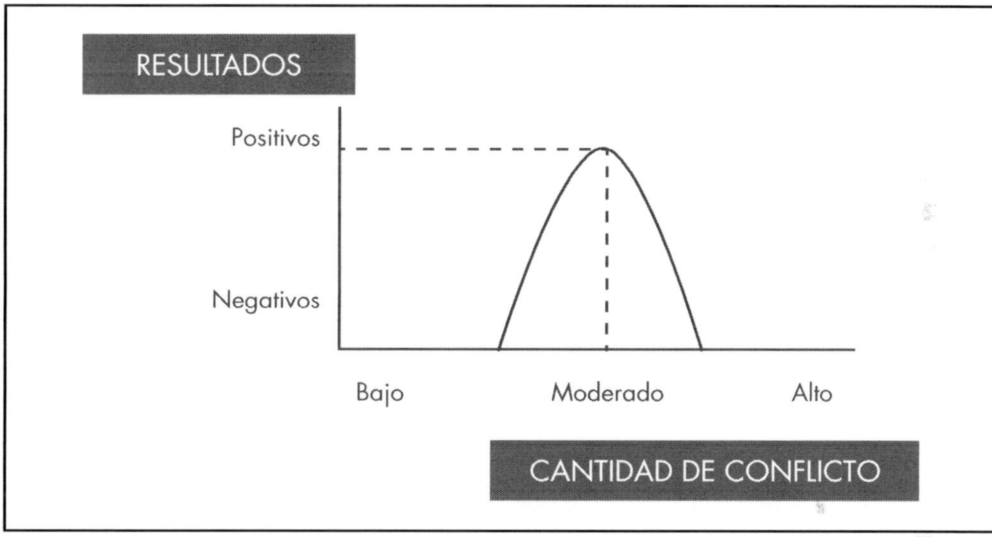

Relación entre cantidad de conflicto y resultados de la organización (adaptado de Brown, 1983)

Figura 16. **Relación cantidad de conflicto y resultados.**

Para Munduate y Martínez (2004) «el conflicto no puede ser considerado en sí mismo como funcional o disfuncional ya que sus resultados pueden tener diferentes efectos para los distintos miembros de la organización». Continúan diciendo que «la ausencia de una dirección efectiva del conflicto llevará probablemente a la consecución de metas de nivel inferior para todas las partes de la organización. El problema no reside, por tanto, en evitar o prevenir el conflicto, sino en dirigirlo del modo más efectivo posible para todas las partes implicadas. El principio de que la gestión efectiva del conflicto resulta crítica para el éxito organizacional es quizá la premisa mejor articulada de la mayoría de las teorías de la dirección, en las que se asume que la mayoría de los conflictos pueden y deben ser negociados».

Los mismos autores dicen que la gestión del conflicto «requiere de instrumentos de análisis que permitan diagnosticar las situaciones preconflictivas que suscitan las situaciones de trabajo con predominio de tensiones antagónicas sobre las sinérgicas».

También estiman que el clima social que predomina en la organización determina las insatisfacciones, por ese motivo, es necesario realizar mediciones a través de:

- Estudios de fondo: evaluar el grado de satisfacción de los empleados, utilizando cuestionarios como el S10/12 de Meliá y Peiró (1989), u otros semejantes, que permitan una visión global sobre las tensiones sociales que se vivencian en el seno de la organización. El cuestionario S10/12 se centra en la satisfacción con la supervisión, satisfacción con el ambiente físico de trabajo y satisfacción con las prestaciones recibidas.
- Los indicadores sociales: el índice de absentismo, descenso de productividad o los cambios en la calidad del producto.
- Las observaciones tácticas son recogidas en contacto directo por los supervisores: se refieren a los síntomas de malestar como las evasivas ante un problema, evitar el diálogo, el incremento de la comunicación informal, las pequeñas reuniones y otros aspectos semejantes que muestran situaciones de insatisfacción y malestar laboral.

5. Según el rol

Deustch (1973 b) y Stephenson (1981) entienden que se produce un conflicto de rol entre las partes que negocian, y consideran que «en el ámbito de las organizaciones los negociadores no actúan generalmente como individuos defendiendo sus propios intereses, sino que actúan como representantes que tratan de defender los intereses del grupo de referencia. Se produce, en este sentido, un doble nivel de intercambio: el interpersonal y el intergrupal. Es decir, los negociadores representan a su grupo y tratan de defender sus intereses frente a los intereses de los demás grupos, pero a su vez los negociadores establecen una relación personal con el resto de los negociadores con el objetivo de llevar a buen término la resolución del antagonismo entre las partes. Ello crea al negociador un doble compromiso de fidelidad hacia los intereses y expectativas del propio grupo, por un lado, y hacia el objetivo de lograr un acuerdo, por otro. El negociador se encuentra, por tanto, con un dilema derivado de los deseos de su grupo de incorporar tantas aspiraciones como sean posibles en el acuerdo final entre las partes y la responsabilidad de llegar a un acuerdo con los representantes de otros grupos con intereses contrapuestos... Es precisamente la presión del grupo y el efecto de la audiencia sobre sus representantes lo que dificulta en ocasiones el proceso por el cruce que se produce entre: a) el deseo estratégico de los portavoces de mantener una relación positiva con la otra parte, con el objetivo de relajar y distender una situación que permita dirimir las diferencias; y b) el deseo y las expectativas de los representados por mostrar dominio sobre la otra parte. Es esta situación lo que provoca el fenómeno de la "doble pertenencia" descrito por Touzard (1981) y recogido también en el modelo tripular de negociación, que considera tres tipos de presiones a los que es sometido el portavoz: la presión de las expectativas y necesidades del propio grupo, que el portavoz debe tratar de satisfacer en aras del acuerdo, y la presión del marco más amplio o de la organización en la que se desarrolla la negociación, que presiona al portavoz para moverse hacia algún resultado aceptable para todos. Esta complejidad psicológica ha sido definida como conflicto de rol por algunos autores, si bien no es vivenciado del mismo modo por todos los representantes en el proceso de negociación. Así, Van de Vliert (1984) propone distinguir diversos tipos de representantes en función de su proximidad a los representados y la consecuente presión ejercida por los mismos: los que se hallan totalmente dependientes del grupo, los que adoptan una posición independiente al mismo y los que son cuasi-representantes. De cualquier modo, todos ellos se hallan implicados en esta diferenciación de las relaciones intragrupo e intergrupo. No obstante, aspectos relativos a las características individuales de las partes enfrentadas –como las necesidades personales o los estilos de gestión del conflicto– pueden incidir en que se preste más atención a uno u otro proceso».

6. Según el patrón

Asimismo, Redorta (2007 b) establece la forma de los conflictos, para lo cual se ayuda del concepto "patrón", comenta que «seguir un patrón es seguir una pauta repetitiva en el tiempo. Los patrones no pueden ser medidos ni pesados; deben ser cartografiados. Para comprender un patrón debemos cartografiar (reflejar de manera gráfica) una configuración de relaciones. En otras palabras, la "estructura" de algo nos indica cantidades y posiblemente relaciones, mientras que su "patrón" nos aporta cualidades y constantes. Aquello que es importante y debe ser objeto de análisis no son las "necesidades" ni las "estructuras de obligaciones", sino las formas específicas de las interacciones individuo-mundo, los guiones reconocibles y repetitivos de los intercambios de los hombres con su entorno (Mucchielli 1988). La cartografía de un conflicto debe mostrar dos partes importantes: su núcleo y su cuenca... Los elementos del núcleo podría mantener los siguientes elementos: patrones, historia, significado, y expectativas. Los elementos de la cuenca podría tener el siguiente contenido: diversidad psicológica y cultural, borrosidad, azar e incertidumbre, contexto y recursividad». Continúa diciendo que «para comprender la esencia del conflicto resulta esencial analizar los patrones que están contenidos en él y, en la medida de lo posible, formular pronósticos, probabilidades de evolución y expectativas de futuro más o menos inmediato para dicho conflicto. Por otra parte, si la historia es la maestra de la vida, una mirada al pasado nos permitirá otorgar sentido al presente. No podemos intervenir del mismo modo sobre un conflicto que está en su fase de agudización que sobre un conflicto puntual que no tiene ningún antecedente conocido. También es fundamental observar y reflexionar sobre el significado que tiene el conflicto para cada una de las partes. Es preciso examinar las emociones presentes, los motivos y las razones que aducen los sujetos participantes en su actuación. La intensidad de las emociones nos da una idea de lo que representa el conflicto para ellos. Igualmente, las características de la emoción (miedo, angustia, frustración, etc.) nos informan de los efectos que tiene ese conflicto en las relaciones interpersonales. Aunque la motivación puede ser vista como la otra cara de la emoción, ambas ponen en marcha la acción. La motivación tiene efectos a más largo plazo que la emoción, que puede agotarse en ese mismo instante. Si los motivos de las partes van dirigidos al logro, difícilmente podremos ignorar el componente de competitividad presente en dicho conflicto. El examen de las razones y las explicaciones ha sido muy recomendado para entender cómo imputamos la responsabilidad a cada uno de los sujetos participantes y cuáles son los sesgos que explican la interpretación de esa acción. En otro orden de cosas, las expectativas marcan la orientación que tienen las partes en cuanto a lo que va a suceder a partir del momento presente. El fracaso de las expectativas genera frustración y por ello todos los conflictos tienden a la escalada mientras haya energía en los individuos contendientes».

Aclara sobre la forma del conflicto que «la cuenca en la que imaginamos envuelto el núcleo del conflicto contiene, sin duda, muchos matices de diversidad psicológica y cultural. Las personas no somos iguales, aunque nos parezcamos. Tan sólo somos iguales a un nivel básico de generalización. Nuestra diversidad nos permite comprender que la diferencia es una fuente de interpretación de la realidad. Y lo mismo sucede con los aspectos culturales... se trata de que... en la cultura existen también muchas subculturas. Del mismo modo, las diversas profesiones tienen también su propia subcultura; y lo mismo sucede por barrios, por edades, por clase social, etc.

El concepto de borrosidad (Kosko 1995) está relacionado con la imprecisión. Las situaciones definidas como imprecisas (¿Cuándo empieza el envejecimiento?) tienen buen acomodo en la lógica borrosa. En el caso de los conflictos, los perfiles de un enfrentamiento son, la mayoría de las veces, imprecisos. A menudo nos cuesta concretar sus elementos, desde el número de participantes hasta los efectos que puede tener una situación concreta. Sin embargo, la borrosidad nos permite admitir como impreciso lo que es impreciso y considerar que existe una información que está, al menos de momento, ausente. Esto no impedirá la intervención, sino que tal dato será considerado como no preciso.

Los aspectos vinculados al azar y a la incertidumbre tienen también relevancia en la cuenca del conflicto, la incertidumbre está relacionada con la información de que disponemos.

Por regla general, los sistemas complejos, y sin duda los conflictos lo son, presentan una característica que los matemáticos denominan "atractor". Éste representa un estado en el que el sistema se acaba estabilizando. Podemos concebir los atractores de diversas maneras (Sardar y Abrams 2006). En la cuenca de un conflicto pueden existir varios puntos de atracción que es preciso considerar, desde personajes influyentes hasta accidentes geográficos reiterativos. En el paradigma de la complejidad podemos analizar incluso los comportamientos en función de los distintos tipos de atractores, cuyo número es reducido en cuanto a sus formas más básicas. Un atractor también puede ser visto como algo que da forma a un proceso marcando constantes; en tal sentido es un patrón de comportamiento, aunque a veces pueda ser caótico (lo que constituye otra forma de comportamiento).

El contexto en el que ocurre un conflicto tiene una alta significación en el contenido de dicho conflicto... el contexto nos permite interpretar la comunicación de forma precisa y, por lo tanto, incide en el significado.

Por último, la idea de recursividad nos resultará también muy útil. Se dice que algo es recursivo cuando da vueltas sobre sí mismo. En nuestro ámbito de aplicación, la recursividad nos permitirá integrar la causa y su consecuencia de modo diferente. Dado que todo proceso tiene una causa que produce efectos, que a su vez pueden ser causa de otros efectos (de modo que aumenta la complejidad del resultado), la idea de recursividad nos permite ver la realidad de forma distinta. Imaginemos un caballo y un carro que bajan por una pendiente; puede que, en cierto momento, no sepamos si el carro se desplaza por el impulso de la gravedad, lo que a su vez fuerza al animal a andar, o si el caballo tira del carro».

Dicho autor (2007 b) realiza un enfoque de análisis de los conflictos con patrones, entiende que hay muchas situaciones que ponen de manifiesto la abundante presencia de situaciones sociales en las que se repiten, una y otra vez, las mismas pautas aunque con diferentes actores y circunstancias diversas. Por este motivo, existen "conflictos típicos" «conflictos que somos capaces de reconocer, de discriminar y, consecuentemente, de ponderar, así como de reflexionar sobre ellos». Para seguir trabajando en esta línea hizo la analogía conflicto-software: «el estudio de los objetos naturales para la creación de software (Bruce y Green 1994) siguió un interesante camino paralelo a la idea de que los conflictos se repiten. Así pues, se propuso elaborar programas informáticos que permitieran "ver" objetos a partir de líneas. En todos estos trabajos el eje central era la "confluencia" de líneas. Posteriormente se planteó la posibilidad de "recuperar estructuras" partiendo de imágenes naturales. Es decir, trataban de detectar patrones en una estructura natural. De ese modo se pasó de la percepción de patrones simples a la revelación de estructuras ocultas constituidas por datos confusos que habían sido obtenidos de imágenes naturales. Tales aplicaciones informáticas lograban recuperar el todo a partir de sus partes, y esta idea, pese a su complejidad intrínseca, sigue siendo de gran utilidad para el tratamiento de conflictos».

Continúa diciendo que «el hecho de que los conflictos sigan un patrón supone que existe una parte invariable en ellos, aquella que nos permite reconocerlos y categorizarlos. Ahora bien, también tienen elementos variables que dependen de las partes involucradas, del contexto, etc., y estos componentes son los que hacen que un conflicto sea específico. En otras palabras, los conflictos pueden ser similares, pero nunca idénticos. Un patrón de conflicto es la forma que adopta ese conflicto; por otra parte, existe un concepto atractor (estado en el que el sistema se acaba estabilizando) alrededor del cual se decanta y configura esta forma. Así, un conflicto de poder, de autoestima, de identidad o de información, por poner algunos ejemplos de enfrentamientos puros, puede ser visto como un episodio de conflicto encajado en una cuenca (un conflicto debe mostrar dos partes importantes: su núcleo y su cuenca. Los elementos de la cuenca podría tener el siguiente contenido: diversidad psicológica y cultural, borrosidad, azar e incertidumbre, contexto y recursividad) determinada y en cuyo núcleo encontraremos de manera muy marcada el poder, la autoestima, la identidad o la información, en el caso de los ejemplos citados».

Redorta especifica que las formas puras sí que existen en el mundo natural, sin embargo hace la siguiente aclaración «las formas más importantes y más comunes son las irregulares. Generalmente, asociamos una montaña con un triángulo, pero esto no es más que una simplificación. Por otra parte, las formas que apreciamos en el mundo físico serán más o menos regulares según la escala desde la que sean contempladas. Así, un canto rodado puede parecernos una elipse, pero si lo observamos en el microscopio a sólo veinte aumentos, su borde se nos muestra como algo muy irregular. Y si esto sucede en el mundo natural, imaginemos lo que sucede en el mundo de lo abstracto y de la idealización. En psicología las formas presentan contornos mucho más borrosos e imprecisos... los episodios de conflicto pueden responder a un patrón determinado, pero por regla general siguen varios patrones, cada uno de los cuales presenta distintos niveles de intensidad. Esta diversidad de patrones de conflicto no se mueve en un rango muy amplio». Para Redorta se dan 16 patrones de conflicto en estado puro, aunque aclara que «si se diera la circunstancia de que sólo existe esa cantidad de patrones de conflicto, tendríamos una información muy manejable, sobre todo teniendo en cuenta que, en la práctica, cuando se analizan los patrones presentes en un conflicto concreto y se evalúa su intensidad, lo que generalmente ocurre es que dicho número se reduce en gran medida. La lógica borrosa nos permite encuadrar un conflicto concreto dentro de varios patrones. Así pues, al romper la lógica cartesiana y aristotélica de blanco o negro para adoptar la visión de "tiende hacia" y "blanco y negro a la vez", se nos ilumina el horizonte. Los patrones de conflicto identificados se nos presentan ahora como una importante metodología de análisis de conflictos y, por tanto, como una fuente de inspiración para el pronóstico de la evolución de un episodio concreto».

Redorta utiliza una metodología de análisis de patrones de conflicto en función de procesos que subyacen para cada patrón, de esta forma, identifica la intervención de forma adecuada y efectúa pronósticos de posible evolución. «En esencia se trata de conocer el patrón o patrones de un conflicto mediante la discriminación de los procesos que atraviesa. Tales procesos pueden ser múltiples y complejos, algunos se entremezclan y normalmente sólo podemos efectuar una aproximación orientativa hacia los mismos. [...] Si nuestra estimación nos induce a pensar que en ese conflicto existe cierto patrón, podemos pensar también en qué procesos subyacentes se hallan bajo tal patrón y con el resto de información disponible podremos reconstruir el conflicto y evaluar sus componentes de cara a su evolución futura. A los procesos subyacentes que se vinculan a uno o más patrones les llamaremos "puntos críticos de exploración", y nos servirán para aclarar o confirmar la existencia de un patrón determinado en grado apreciable».

Redorta entiende que se dan una serie de condicionantes en el conflicto, de tal forma que complementan el análisis por patrones y dan significado y pautas de intervención para cada caso en concreto. Estos elementos son: contexto (facilita o dificulta), significado de las emociones (muchas y fuertes o pocas y débiles), ciclo (escalada o desescalada), poder (asimétrico o simétrico), nivel (interpersonal o personal), partes (únicas o múltiples), duración (corta o larga), comunicación (distorsionada o fluida y estable), desencadenante (desconocido o identificado), fuentes (causas desconocidas y rechazadas o causas conocidas y aceptadas).

Redorta por su parte, hace un resumen de "cómo identificar los patrones de conflicto", basada en una publicación sobre el mismo autor (2004) y los procesos subyacentes en los patrones de conflicto.

Redorta ha encontrado un total de 16 patrones:

6.1. Protección de autoestima

Autopercepción: idea de uno mismo que se deriva de las interacciones sociales. Es la base de la autoestima, que sería más bien un juicio de valor sobre uno mismo. Puede ser una autoestimación de habilidades y recursos.

Comparación social: la autoevaluación depende de con quién nos comparemos. Tendemos a ponernos en relación comparativa con los demás como medio de resolver incertidumbres e inseguridades. Una de las utilidades de los grupos es que generan un espacio de certidumbre para sus miembros.

Construcción de identidad social: en un contexto intergrupal, cuando la identidad social es fuente de autoevaluación, la autoestima se manifiesta como una necesidad de mantener o asegurar una relativa identificación social de carácter positivo con el grupo. Las relaciones entre autoestima, identificación, autoconcepto y favoritismo han sido estudiadas en investigaciones recientes.

Merecimiento: a diferencia de la competencia personal, que se mide en términos de éxito o fracaso, el merecimiento alude a la aceptación o rechazo por parte de uno mismo. Creer que nos han dado un premio justo es fruto del merecimiento, si tal hecho tiene una base objetiva.

Competencia personal: la habilidad para identificar una meta, crear un plan de acción, adoptar conductas apropiadas y alcanzar nuestros objetivos, mide en cierta manera el grado de competencia en la vida. La competencia personal, la autoestima y el merecimiento están interrelacionados.

6.2. Valores

Valoración: los valores se adquieren a lo largo de toda la vida, pero también en experiencias concretas muy significativas. Están vinculados a creencias importantes para el individuo, que jerarquizan la llamada escala personal de valores.

Desarrollo moral: el desarrollo moral de las personas es un proceso evolutivo. A partir de los 3 o 4 años, los niños son capaces de distinguir convenciones y fenómenos morales en cierto nivel. Esta evolución continúa en seis o siete estadios vitales.

Construcción personal de valores: los valores centrales de una persona pueden ser muy diversos. Siguiendo la teoría de Eduard Spranger, podríamos reducirlos a seis: orientación a la verdad, al poder, a la belleza, al dinero, a la abstracción y a la trascendencia religiosa.

Creencias: las creencias y descreencias configuran un sistema ordenado que, junto con otros, orienta la acción social de forma fundamental. Por las creencias se mata y se muere. Es decir, podemos ver las creencias como fuente de sentido, más fuertes que la vida y la muerte.

6.3. Identidad

Identificación: proceso central en la comprensión y desarrollo de la personalidad. Concepto elaborado desde el psicoanálisis. Se trata del proceso por el que tratamos de interiorizar representaciones sociales que vemos en los demás. El caso típico es la identificación del niño con el padre a partir de la madre (relación edípica).

Diferenciación: es una transformación desde una condición general. La indiferenciación es la ausencia de tal proceso. Tratamos de distinguirnos de los demás mientras construimos nuestra identidad. La adolescencia es la edad típica para observar los procesos de diferenciación.

Apariencia: aparentar es una manera de presentarse ante los demás. Todos lo hacemos en alguna medida, y buena prueba de ello es la llamada cultura de la imagen. El conflicto ser / parecer está latente en nuestra apariencia social. Tratamos de presentar nuestro lado más favorable.

Imitación: es un aprendizaje por observación, aunque existen otros procesos que, por ahora, no son bien conocidos. Es muy importante en la construcción de la identidad social. Los modelos sociales son fuente de imitación.

6.4. Información

Modelos no semiológicos: la comunicación es intercambio de información. Contamos con diversos modelos que explican tal proceso. En general, tienen en cuenta el emisor, el receptor, el mensaje, el medio, el código de interpretación, etc.

Modelos semiológicos: la semiológica o semiótica está vinculada a la comunicación, pero también al estudio del significado. La comunicación no verbal tiene alta relevancia. La semiológica estudia los signos de la vida social; va mas allá de la lengua, pues se interesa por símbolos y lenguajes visuales. Trata de abarcar todo el proceso comunicativo.

Sistémica: la visión sistémica de la comunicación otorga gran importancia a la interpretación del contexto en el que la comunicación ocurre y a la interacción de los mensajes y los sujetos intervinientes. Considerar el diálogo como un sistema es muy importante.

Construcción del significado: el significado de una palabra depende del objeto al que esta denota. También está relacionado con el significado de las palabras que la acompañan. La negociación de significados es el proceso de comprensión mutua. Un sistema de significado requiere apelar a la cultura para su interpretación.

Distorsión comunicativa: existen procesos específicos de distorsión de la comunicación, por ejemplo, la mentira, el rumor, la persuasión, la confusión, etc., los diversos códigos culturales también distorsionan la comunicación personal. No se trata de un proceso simple, sino que, por el contrario, está marcado por emociones y evaluaciones, generalmente de alta complejidad, que muchas veces no percibimos.

6.5. Expectativas

Frustración: se trata de la consecuencia directa del fracaso en la consecución de nuestras metas. Por regla general, las expectativas no satisfechas producen frustración. La tolerancia o resistencia a la frustración es una habilidad aprendida gracias a la cual el individuo es capaz de soportar la frustración sin dar respuestas inadecuadas, normalmente de tipo agresivo.

Anticipación: los procesos psicológicos son canalizados según la manera en que se anticipan los acontecimientos. Así pues, la anticipación rige la acción. La función de la emoción de sorpresa es prepararnos para cambios no anticipativos.

Motivación de expectativa: la expectativa es una evaluación subjetiva de la probabilidad de que se alcance una meta concreta. Puede ser de dos tipos: de eficacia (soy capaz de hacer algo) y de resultado (puedo conseguir tal objetivo).

Expectativas racionales: la capacidad de previsión del ser humano es limitada. La toma de decisiones está sometida a sesgos perceptivos, cognitivos y atributivos. Las expectativas racionales trabajan con predicciones informadas de acontecimientos futuros. Desde el punto de vista de la estadística, debemos tener presente el valor medio de las expectativas de diversos individuos. Todo esto está conectado a la asunción de riesgos.

Roles: los roles contienen expectativas implícitas. El rol implica significado y guía. Puede ser asumido, conocido y comprendido o desempeñado. Debemos saber cómo se asume el rol, cómo se interpreta y cómo se desempeña.

6.6. Inadaptación

Proceso evolutivo: el proceso evolutivo implica cambios continuos, generalmente con un componente direccional. Está basado en las ideas de Charles Darwin. La lucha por la supervivencia es la lucha por la existencia. La lucha por la existencia es adaptativa. Sólo sobreviven los que consiguen adaptarse al medio.

Autopoiesis: palabra que significa "creación de sí mismo". La autopoiesis nace de la cooperación. Es un patrón general común a todos los seres vivos. Se refiere a la capacidad de autoorganización de los organismos y a la producción de nuevas propiedades emergentes que aparecen al cambiar el nivel de observación.

Estrés: puede ser visto como una ansiedad desproporcionada e inoportuna, una carencia de recursos personales para hacer frente a cierta situación. Los procesos de estrés tienen resultados agotadores sobre la salud de los individuos. La incorporación de innovaciones tiende a generar o a predisponer al estrés, de ahí que este aparezca en los procesos de cambio.

Construcción social de la inadaptación: el construccionismo social aporta visiones nuevas respecto a la inadaptación. No adaptarse es aportar respuestas inadecuadas al contexto. El proceso de socialización puede crear "inadaptados sociales", que son personas caracterizadas por su pánico al cambio.

Socialización: en el proceso de socialización, una persona adquiere las pautas de conducta, creencias, normas y motivaciones que son valoradas o aceptadas por el grupo y la cultura. La familia, la escuela y los medios de comunicación juegan un rol fundamental.

6.7. Atributivo

Proceso básico atributivo: la respuesta a la pregunta ¿por qué ha ocurrido tal hecho? tiene que ver con el proceso básico de atribución. Tratamos de buscar explicaciones a partir de unos antecedentes, y atribuimos la responsabilidad o causa de lo sucedido a distintos elementos, en función de lo que pensamos, creemos o percibimos.

Inferencia atributiva: intentamos predecir la conducta de los demás según la intencionalidad de quien ha mostrado tal conducta. Se atribuye al otro ciertas intenciones, que afectan a nuestra conducta y a nuestras expectativas sobre ese individuo.

Atribución conductual: este elemento analiza cómo deciden las persona que sus impresiones son correctas. Se considera si la persona responde como las demás ante la situación planteada o de manera distinta. En todo caso, debe comprobarse si la reacción es constante o reiterativa en circunstancias similares.

Esquemas y sesgos: si una o varias causas explican suficientemente un hecho, estamos ante un esquema relevante. La forma en que se imputa la responsabilidad a los otros también lo es. Y, por supuesto, a uno mismo, a un motivo específico, etc. Existen varios e importantes sesgos en la manera de atribuir la responsabilidad de lo sucedido. Por ejemplo, actor/observador nos permite comprender que los que no están directamente implicados en la interacción no ven las cosas igual que quienes sí lo están.

6.8. Inhibición

Bases biológicas: en los procesos de conductas por inhibición intervienen muchas estructuras cerebrales. Estaríamos ante reacciones innatas que es preciso asumir, al menos en parte, como inevitables.

Miedo: el miedo es demasiado innato y cumple la función de proteger al individuo. No obstante, existen también fobias y miedos aprendidos, por lo que debemos considerar que esta emoción constituye un aspecto fundamental del patrón de conflictos por inhibición. El miedo puede manifestarse como temor, ansiedad, preocupación, etc.

Conducta evitativa: la aversión puede ser innata o aprendida, en función de la expectativa de que va a suceder algo que nos disgusta. Cuando evitamos algo intentamos reducir riesgos. Es una conducta adaptativa.

Castigo: el castigo es un condicionamiento. Es el proceso contrario a la recompensa o el premio. Su uso está orientado a objetivos y trata de generar miedo. Es un refuerzo negativo. El castigo continuado puede conducir a experiencias de impotencia ante ciertas situaciones o de indefensión aprendida, e incluso a la depresión.

6.9. Poder

Juegos de poder: es un proceso esencialmente competitivo. El concepto de "juegos de poder" alude a las tácticas de influencia utilizadas por el individuo. Las más comunes son la lealtad al otro, el abandono de la competición o la aceptación a regañadientes.

Logro como desencadenante: el éxito como valor y en aspectos concretos pasa a ocupar una posición muy importante. El deseo de triunfar desencadena procesos vinculados a la estructura de las relaciones de poder.

Construcción personal del poder: el proceso de socialización genera, incluso en la infancia, aprendizajes relacionados con el dominio y la sumisión, que en algunos casos son muy acusados. Mandar, influir, dirigir, etc., se convierten en necesidades indiscutidas dentro de lo que se ha estudiado como social *dominance orientation*.

Intercambio, interacción, influencia social: cuando los individuos necesitan los servicios de otro, caben varias alternativas: le obligan a que se lo preste por la fuerza, prescinden del servicio, eligen un tercero si existe tal posibilidad o bien ofrecen como contraprestación algo que interese a la otra parte.

Autoritarismo, jerarquización, dominación: la jerarquía cumple una función social. El estatus y las actitudes de dominación pueden conllevar que la interacción personal o social sea muy desequilibrada. Una persona puede tener poco margen de libertad o independencia frente al líder o el grupo.

6.10. Normativo

Producción social de reglas: la generación de normas sociales tiende a evitar el conflicto. La norma grupal aparece como un compromiso que permite mantener la cohesión del grupo. Su función es reducir la incertidumbre y ofrecer un marco seguro para la acción social.

Desviación de norma: la desviación (no seguir las normas) produce incertidumbre y conflicto, pero también innovación y cambio. En tal proceso, un individuo se separa de la norma común y esto resulta amenazante para los demás, porque si no consiguen adaptar o suprimir esa regla que cuestiona la cohesión, el grupo se verá inmerso en un conflicto abierto.

Juridización: tendencia a la extensión del derecho escrito. En este proceso aparece el rol del Estado como regulador social. El derecho como mundo de reglas tiene sus propias fuentes normativas y su lógica interna.

Cultura: en la visión antropológica, las normas son artefactos culturales. Por ello nos ayudan a entender la cultura de la que forman parte. Una norma no puede ser interpretada adecuadamente fuera de su contexto cultural.

6.11. Incompatibilidad personal persistente

Diferencias individuales: el estudio del fenómeno persona/situación nos muestra que no todos reaccionamos de igual manera. No obstante, hay formas típicas de reaccionar y ciertas constancias. Partimos de la creencia de que, en este patrón de conflicto, el modo de reaccionar del otro es reiterado, inamovible y no deseado.

Empatía: la capacidad de ponerse en el lugar del otro no existe o es muy baja en el proceso subyacente a este patrón de conflicto. La empatía es una respuesta emocional que desaparece en la acción conflictiva que contemplamos. La falta de empatía también indica ausencia de ciertas competencias sociales en los participantes.

Autoritarismo y dogmatismo: el dogmatismo está relacionado con la falta de aceptación de la diversidad de valores en los demás y en uno mismo. Las personas dogmáticas tienden a ser impositivas y poco respetuosas con la escala de valores del otro.

Desconfianza: aunque la falta de confianza está en la base de casi todos los enfrentamientos, en este patrón de conflicto tal rasgo aparece de forma acusada y muchas veces poco justificable. Desde fuera del proceso. Las causas alegadas carecen de validez. Conviene profundizar en la historia de la relación.

6.12. Legitimación

Reconocimiento: reconocer es identificar, pero también dar valor. El no reconocimiento afecta al autoconcepto y a la autoestima, así como a nuestra capacidad de participar en un grupo o una comunidad. El reconocimiento puede aludir, asimismo, a contenidos jurídicos.

Proceso legitimador: la legitimación evita el uso continuado de la fuerza. Este proceso está ligado a la creación de un clima de confianza entre partes en conflicto. Si la situación se plantea en el marco de un proceso de resolución de conflictos mediante la mediación, deben verse como legítimos tanto los intereses contradictorios y las emociones implicadas como el rol que desempeñan los participantes.

Anomia: alude a la suspensión de la eficacia de las normas sociales. Es como si las partes en conflicto (que forman un sistema) debilitaran los lazos que las unen (las reglas del juego de esa lucha). La anomia tiende a reproducir o a escalar un conflicto.

Liderazgo y autoridad: un cambio de autoridad es un proceso de sustitución de obediencias en un grupo social. El poder legítimo consigue obediencia voluntaria. La autoridad supone poder legitimado socialmente. El dilema del liderazgo es que necesitan ascendencia sobre los demás y, al mismo tiempo, su aprobación. Estos dos últimos procesos suelen entrar en conflicto o mantener un equilibrio inestable.

6.13. Recursos escasos

Competición: en un sentido amplio, lucha por conseguir un objetivo en la que participan una o varias personas dentro de una situación de interdependencia de las partes enfrentadas. Éstas consideran que la consecución de ese objetivo es incompatible con sus propias metas. Todos quieren lo mismo, pero excluyendo a los demás.

Escasez: idea vinculada a la insuficiencia de algo, en general medios de subsistencia, aunque también puede ser otra cosa que no alcance para todos. Conecta con la idea de deseo y necesidad.

Motivo de logro: las necesidades de adaptación y crecimiento generan tendencias motivadoras hacia la consecución de objetivos concretos. Los motivos impulsan, orientan y seleccionan la conducta que debemos adoptar. La esencia del logro es conseguir hacer algo mejor. El éxito en dicha tarea es muy relevante.

Equidad: en una situación de intercambio social, el análisis de costes y beneficios nos permite comprender situaciones que son percibidas como mal equilibradas en cuanto a su reciprocidad.

Acción social: la teoría general de la acción, defendida en la sociología y la antropología, trata de establecer un marco general o contexto que sirva para explicar, desde el punto de vista macrosocial, la conducta humana. Uno de sus principales investigadores es Talcott Parsons.

Perspectiva conflictual: fundamentada en las ideas del marxismo, el neomarxismo y la teoría del conflicto desde el nivel macrosocial. Las luchas y problemas entre clases son vistos desde esta perspectiva.

Globalización y cambio social: la revolución de las tecnologías de la información, la crisis del estatismo y del capitalismo y los nuevos movimientos sociales generan una nueva estructura social, la sociedad-red, así como una nueva economía y una cultura de lo virtual.

Violencia estructural: violencia inserta en la estructura social que se proyecta sobre las relaciones personales estableciendo modelos de dominación. La teorización se ha hecho desde los estudios para la paz. Johan Galtung es uno de sus más notables teóricos.

6.14. Intereses

Toma de decisiones: la toma de decisiones es un proceso crítico que afecta a muchas esferas de la vida, entre ellas a la situación de interdependencia social. La teoría de juegos ha explicado muy bien sus mecanismos en el esquema competición/cooperación. Sin embargo, otros modelos han profundizado en cómo nos afectan las situaciones emocionales, el estrés en contextos decisivos, etc.

Interdependencia: la teoría del intercambio social trata de explicar nuestra actuación a partir de lo que necesitamos de los demás. En los conflictos de intereses el análisis de la interdependencia es básico y un proceso central.

Negociación y mediación: la existencia de negociaciones o la mediación nos indican que estamos ante un conflicto de intereses. Puede que el patrón que encontremos después no se corresponda con dicho conflicto, pero nuestra primera orientación debe ser el conflicto de intereses, porque las mencionadas figuras de resolución de conflictos son las más adecuadas para los supuestos más puros.

Autoridad y poder: el ejercicio de la autoridad pública (juicio) o privada (arbitraje), así como la aplicación de soluciones desde posiciones jerárquicas, nos indican que nos hallamos ante una situación de conflicto. El primer patrón que debemos plantearnos es si existen intereses en conflicto.

6.15. Inequidad

Dolor e indignación: la indignación es una respuesta emocional a situaciones percibidas o valoradas como injustas. El dolor asociado a tal respuesta indica un grado intenso de emocionalidad. La pasión tiende a dominar a la razón, sobre todo en personas impulsivas.

Reciprocidad: la percepción de que el intercambio social y sus contraprestaciones están equilibrados es fundamental. Todo favor exige su devolución en circunstancias similares. Un regalo conlleva la obligación de corresponder. La falta de reciprocidad en los intercambios genera frustración y se halla en la base de los procesos de conflictos por inequidad.

Justicia y equidad: aunque no son conceptos equivalentes, lo justo tiene, generalmente, un componente equitativo alto. La injusticia genera un estado emocional de rabia, dolor, indignación, etc., que merece ser explorado si sospechamos que puede tratarse de este patrón de conflicto. O, al revés: conviene examinar este punto para inferir el patrón. No obstante, podemos encontrarnos con dificultades prácticas: quizá las partes valoran el proceso de manera distinta o aparecen generalizaciones excesivas.

Intercambio social: es preciso revisar las bases en que se sustentan los intercambios entre las partes. Si percibimos falta de equilibrio debemos examinar este punto con mayor profundidad. El intercambio está relacionado con la equidad y con las relaciones de poder.

Privación relativa: se trata de un estado psicológico marcado por una percepción negativa que gira en torno a la discrepancia entre nuestra posición económica y social y las expectativas existentes. En situaciones de pobreza asumida, no suele darse tal fenómeno, porque intervienen parámetros que no son comparables. La privación relativa es el resultado de una comparación social, particularmente entre grupos.

PATRÓN	SIGNIFICADO
Protección de autoestima	Autopercepción Comparación social Construcción de identidad social Merecimiento Competencia personal
Valores	Valoración Desarrollo moral Construcción personal de valores Creencias
Identidad	Identificación Diferenciación Apariencia Imitación
Información	Modelos no semiológicos Modelos semiológicos Sistémica Construcción del significado Distorsión comunicativa
Expectativas	Frustración Anticipación Motivación de expectativa Expectativas racionales Roles
Inadaptación	Proceso evolutivo Autopoiesis Estrés Construcción social de la inadaptación Socialización
Atributivo	Proceso básico atributivo Inferencia atributiva Atribución conductual Esquemas y sesgos
Inhibición	Bases biológicas Miedo Conducta evitativa Castigo

PATRÓN	SIGNIFICADO
Poder	Juegos de poder Logro como desencadenante Construcción personal del poder Intercambio, interacción, influencia social Autoritarismo, jerarquización, dominación
Normativo	Producción social de reglas Desviación de norma Juridización Cultura
Incompatibilidad personal persistente	Diferencias individuales Empatía Autoritarismo y dogmatismo Desconfianza
Legitimación	Reconocimiento Proceso legitimador Anomia Liderazgo y autoridad
Recursos escasos	Competición Escasez Motivo de logro Equidad Acción social Perspectiva conflictual Globalización y cambio social Violencia estructural
Intereses	Toma de decisiones Interdependencia Negociación y mediación Autoridad y poder
Inequidad	Dolor e indignación Reciprocidad Justicia y equidad Intercambio social Privación relativa

Figura 17. **Patrones descritos por Redorta**

7. Según las necesidades, intereses y posicionamiento

Farré (2009) también explica los componentes básicos del conflicto. Para ello se apoya gráficamente en el Iceberg del conflicto. «La primera idea que traslada dicha figura es que en el conflicto existen elementos más visibles, que se manifiestan y perciben con facilidad, mientras que muchos de sus componentes están ocultos o no son fácilmente visibles (sobre todo si nos encontramos en un conflicto profundo).

Por un lado, existen elementos tangibles, materiales (lo que John Burton denomina "intereses negociables") que expresamos a través de posiciones (lo que queremos o pedimos). Los intereses son los elementos que se sitúan en la parte supracuática del iceberg, la que vemos fácilmente, la que se exterioriza. Son los aspectos que normalmente forman parte de la agenda negociadora. Por otro lado, muy vinculados a los anteriores se encuentran un conjunto de elementos primordialmente inmateriales, que no siempre se expresan con facilidad en una relación conflictual, ni en un proceso comunicativo que, como la mediación, intente transformarla positivamente. En esta dimensión subacuática del iceberg encontramos lo que John Burton denomina "necesidades no negociables": elementos identitarios, psicoemocionales, ideológicos. A menudo, la inflexibilidad de una posición sobre un aspecto material del conflicto está íntimamente ligada a un aspecto subacuático del iceberg que no ha sido tratado adecuadamente o ni siquiera expresado.

Normalmente definimos un conflicto en base a las posiciones respectivas, cuando estas son tan sólo las puntas del iceberg y, a la vez, las que pueden ser factiblemente modificadas. Hemos de hacer posible un tipo de comunicación en la familia, en el lugar del trabajo o en la mesa de negociación política que permita la expresión sincera de todos los componentes del iceberg.»

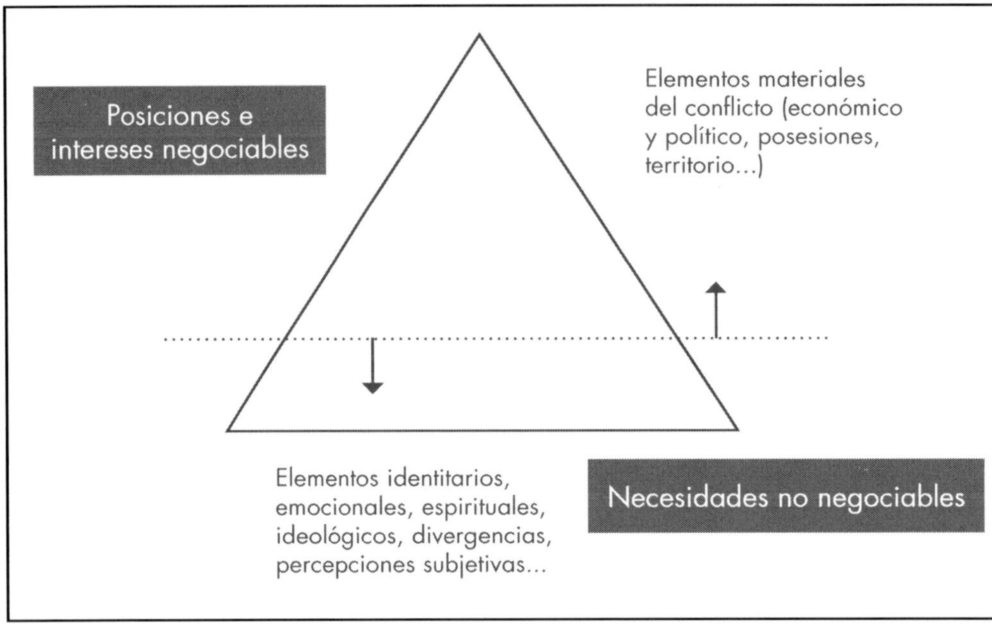

Inspirado en la teoría de John Burton sobre intereses y necesidades: John Burton y Frank Dukes, *Conflict: Practices in Management, Settlement and Resolution*, St. Martin Press, Nueva York, 1990.

Figura 18. **Teoría sobre intereses y necesidades.**

Farré aborda la relación entre conflicto e identidad, examinando aquellos conflictos en los que una o más dimensiones de la identidad de personas o de grupos enfrentados se perciben como opuestos o como incompatibles entre sí. Se trata de conflictos en los que uno o más elementos definitorios de la identidad personal o grupal se proyectan como elementos inherentes al objeto del conflicto. Un ejemplo que pone es el caso de las activistas enfrentadas acerca del derecho a abortar.

Para ello, aborda los temas de:

1. la identidad como fenómeno dinámico y multicomprensivo.
2. la conflictología y la identidad: relativismo cultural *versus* universalismo.

Expone que «términos como "interidentitario" o "interidentitariedad", responden más bien a una visión determinada acerca de la relación entre conflicto e identidad y de su tratamiento por la resolución de conflictos, específicamente la mediación. La identidad es un concepto dinámico y multicomprensivo, características que casan perfectamente con la cultura de mediación. Actúa en las profundidades subacuáticas del iceberg del conflicto, proyectándose continuamente a través de nuestras acciones y actitudes, en la parte supracuática del mismo. La identidad engloba a todas aquellas características o atributos que nos definen, que nos convierten en personas singulares, únicas e irrepetibles: ideología, espiritualidad, género, clase social, cultura étnica, cultura profesional, etc. Ello no obsta para que en determinados momentos podamos subrayar o proyectar un determinado aspecto de nuestra identidad. Del mismo modo, en el marco de un conflicto interidentitario, las personas o grupos opuestos tienden a proyectar una dimensión específica de su identidad, la que se siente amenazada o atacada. Entre las distintas dimensiones identitarias cabría distinguir entre aquellas que son más fácilmente modificables por uno mismo (como la ideología o la espiritualidad) y aquellas que no son alterables o que son más difíciles de alterar (nuestro sexo o el lugar donde nacimos y cultura étnica que se nos transmitió desde niños). En este último caso, no obstante, si bien no podemos alterar fácilmente esa realidad identitaria, sí podemos ampliarla o enriquecerla con subsiguientes opciones personales de carácter identitario. De este modo, si bien una persona puede haber nacido en un lugar y haber sido educada en una lengua materna y adquirido una nacionalidad de origen determinados, ello no impide que, por experiencia y opción personal, redefina a lo largo de su vida su identidad nacional, abrazando otras culturas, aprendiendo a hablar otros idiomas y adquiriendo otra nacionalidad. Por lo tanto, la identidad es también un fenómeno dinámico, cambiante, evolutivo. No se trata de simple voluntarismo. No se está proponiendo que la identidad cambie, sino que se afirma su naturaleza dinámica como realidad, tanto por lo que respecta a la identidad individual como a la colectiva o grupal. Del mismo modo que uno cambia como persona a lo largo de los años (abrazando una espiritualidad, una ideología o una nacionalidad diferente). Ésta es otra característica que vincula el concepto de identidad con el de conflicto: el cambio. El cambio puede producir miedo y estrés, caldos de cultivo para el conflicto. Ese sentimiento personal o colectivo de vulnerabilidad e inseguridad identitaria ante la percibida amenaza de la proyección identitaria por parte de otra persona o grupo puede explicar la inmensa mayoría de los conflictos sociales profundos que han afligido y continúan afligiendo a la humanidad. Una reflexión acerca de la percepción y tratamiento que de la identidad cultural (en sentido étnico) se hace desde la conflictología, lo que, a su vez, puede ser útil a la hora de examinar nuestra propia valoración de este factor y de su capacidad para determinar o influir sobre fenómenos sociológicos como el conflicto. La identidad cultural no suponía un factor determinante para los primeros autores de resolución de conflictos, quienes propugnaban una aproximación al conflicto de naturaleza racionalista y universalmente aplicable. La racionalidad constituía para ellos un elemento presente en todo ser humano, al margen de su identidad cultural. La posterior crítica interculturalista de otros autores de resolución de conflictos provenientes de disciplinas como la antropología o la psicología social puso de relieve la importancia de la cultura como elemento no sólo influyente, sino determinante en la concepción y, por lo tanto, el tratamiento del conflicto. Por un lado, el relativismo cultural propugna el papel determinante de la identidad cultural en el análisis y comprensión de cualquier fenómeno social, incluyendo el conflicto. Por otro lado, el universalismo, consagrado por el proyecto de la modernidad, se caracteriza por su visión humanista y racionalista, en cuya virtud la cultura étnica es simplemente uno más de los atributos de la persona o uno más de los factores conflictológicos, pudiendo ser, en dicho caso, más parte del problema que de la solución. Para la concepción universalista de la resolución de conflictos, la cultura, en los conflictos de identidades, es un problema u obstáculo a superar». Aclara Farré que no es necesario cuestionarse por parte del mediador plantearse el debate de forma dicotómica o exclusiva.

Farré continúa diciendo que el «relativismo cultural equivale a relativismo ético, lo que inexorablemente implica un nihilismo ético, en cuya virtud se niega la posibilidad de una ética universal, de unos valores que pueda compartir todo ser humano, al margen de cualquier consideración identitaria. Quien justifica la ablación del clítoris escudándose en su cultura étnica, lo que está haciendo en realidad es defender una concepción que ha existido siempre y que han sufrido de una forma u otra las mujeres en prácticamente todas las sociedades: el patriarcalismo o el machismo. Por lo tanto, esta persona no está defendiendo su cultura, sino su posición de privilegio en la misma. Amparándose en la pretendida defensa del grupo identitario, las elites y otros privilegiados que dichos grupos pueden llegar a defender, con su victimismo identitario, la relatividad cultural de la Declaración Universal de los Derechos Humanos, la lapidación de una mujer adultera, la opresión de una minoría identitaria, etc.»

Además el mismo autor comenta que «los primeros interculturalistas, en su crítica al aculturalismo de la resolución de conflictos convencional o clásica, pusieron mucho esfuerzo en estudiar los códigos comunicativos de distintas culturas o grupos culturales, con el fin de que el conflictólogo, el negociador o el mediador dispusieran de herramientas específicas con las que preparar y mejorar el proceso de mediación entre personas o grupos de distinto código comunicativo. Hall (1985) es uno de los primeros antropólogos que empieza a autodenominarse interculturalista y que propugna la existencia de una disciplina propia denominada comunicación intercultural, a partir de la influencia de otras disciplinas, principalmente de la antropología y de la psicología social. Para el interculturalista, y a diferencia del antropólogo tradicional, lo importante no es tanto el estudio de cada cultura, sino la interacción entre personas o grupos de cultura diferente. Lo que interesa fundamentalmente al interculturalista es la interacción que acontece cuando dos o más personas o grupos de códigos culturales comunicativos distintos entran en contacto. No es extraño, por ello, que la comunicación intercultural se haya insertado de forma tan natural en la transdisciplina de la resolución de conflictos o conflictología, enriqueciéndola y aportándole su sensibilidad interidentitaria. Edward Hall estableció una tipología básica de los códigos comunicativos de todas las culturas del mundo, en cuya virtud cabría situar en los extremos opuestos de un continuo, por un lado a las culturas de alto contexto y, por otro, a las de bajo contexto. En esencia, las culturas de alto contexto social son aquellas para cuyo proceso comunicativo el contexto social o familiar es tan o más importante que el mensaje verbal. Mientras que, para las culturas de bajo contexto, lo esencial es la comunicación digital o verbal, escrita u oral. El aludido contexto comunicativo incluye, entre otros, la tradición, la costumbre, los principios y valores culturales que no necesitan ser explicitados, pues se sobreentienden y forman parte inseparable de todo acto comunicativo, digital o analógico, que tenga lugar en dicho contexto. De acuerdo con el citado criterio, las diferentes culturas e individuos podían situarse a lo largo de este continuo, a distinta distancia de cada uno de los dos tipos extremos. Hall asignaba el carácter de alto contexto, en general, a todas las culturas del Sur Global, de hemisferio Sur, con la excepción de países o regiones en las que hubiera una elevada presencia de personas originarias del Norte, como en el caso de Australia. En el lado del continuo más próximo al bajo contexto comunicativo situaba a los países del Hemisferio Norte, especialmente el mundo occidental. Sin embargo, ¿es asimilable el tipo de código comunicativo que pueda poseer un joven yuppie estadounidense de Nueva York con el de un granjero tejano de mediana edad? Naturalmente, la distinción de Hall era demasiado simplista. Posteriormente, autores como Brislin (1986) y Lederach (1995) introducirán otros criterios analíticos más complejos y flexibles, comparando códigos comunicativos tradicionales y modernos (en el caso de Lederach) o colectivistas e individualistas (en el caso de Brislin). Estos criterios transversales permitían establecer un análisis más preciso, que no dependiera exclusivamente de la nacionalidad o procedencia geográfica del individuo o grupo. De este modo, un grupo de parisinos adultos que hayan sido educados como ciudadanos laicos, pero que se conviertan al budismo, quizás compartan más características colectivistas y tradicionales que individualistas y modernas. La identidad es dinámica y multicomprensiva y el estilo o código comunicativo de una persona puede ser determinado por otros tipos de factores no necesariamente culturales o identitarios».

Farré proporciona algunas «pautas de análisis, diagnóstico y tratamiento de la interidentitariedad en mediación:

1. *No todo es cultura. Cabe distinguir entre cultura, personalidad y contexto.* Dado el carácter proclive de muchos interculturalistas a atribuir a la cultura gran parte de la conducta humana, Edward Hall introdujo otros dos factores: personalidad y contexto como los tres factores principales que pueden explicar la conducta humana. Existen situaciones o actitudes que podemos confundir con la cultura étnica, sexual, o de clase de la persona o grupo de personas, pero que en realidad tienen que ver con su personalidad o con el contexto en el que se encuentran:
   a. Situación o actitud contextual, erróneamente atribuida a la cultura.
   b. Situación o actitud personal, erróneamente atribuida a la cultura.
2. *El factor cultural o identitario puede estar presente en una situación social (como la mediación) con diferente intensidad.*

   a. La interidentitariedad está presente pero no es relevante.
   b. La interidentitariedad está presente y afecta el código o el canal de comunicación.
3. La interidentitariedad es una parte sustancial o la razón fundamental del conflicto: el conflicto interidentitario o de identidades. Destaca la asimetría interidentitaria entre personas o grupos donde se percibe en clave de confrontación y exclusión».

7.1. Herramientas analíticas

También explica algunas «herramientas analíticas básicas que pueden aplicarse a cualquier tipo de conflicto social u organizacional, centrándose especialmente en el análisis y diagnóstico de los conflictos que acaecen en las organizaciones, a pesar de que las categorías conceptuales y herramientas analíticas tratadas pueden ser aplicadas a cualquier tipo de sistema conflictual:

1. **Enfoque sistémico proactivo.** Se trata de detectar elementos que puedan eventualmente generar conflictos negativos se presta especial atención a determinados aspectos fundamentales para el análisis del conflicto que, junto a los demás elementos de análisis, nos permiten establecer una tipología básica de los conflictos sociales a los que nos referiremos en la realización del diagnóstico.
   - El objeto del conflicto: posiciones, intereses y necesidades. Elementos materiales y elementos no materiales del conflicto.
   - La intensidad del conflicto: presencia de violencia directa, estructural o cultural.
   - La dimensión del conflicto: personas o espacios a los que afecta el conflicto.
   - Los niveles personales del conflicto (intrapersonal, interpersonal e intergrupal) y su proyección temporal.
   - Los niveles espaciales del conflicto o mapa del conflicto: personal, estructural, cultural.
2. **Cuestionario del análisis básico del conflicto.** Éstas son algunas de las cuestiones básicas que deben plantearse cuando detectamos un

conflicto y cuyas respuestas, obtenidas a partir de las percepciones de las partes implicadas y de nuestra propia observación, nos ayudarán a diagnosticarlo.

- ¿Cuáles son las raíces (la historia) del conflicto? ¿Cómo lo definen cada una de las partes implicadas?
- ¿Cuál es su proyección temporal (hacia el pasado y/o hacia el futuro)?
- ¿Cuál es la dimensión del conflicto (número de personas afectadas, grupos, Estados...)?
- ¿Cuál es el objeto del conflicto? Distingamos entre los aspectos materiales y los inmateriales, entre las posiciones y los intereses negociables, y las necesidades no negociables.
- ¿Cuál es la intensidad o profundidad del conflicto? ¿Hay presencia de violencia? ¿De qué tipo: directa, estructural o cultural? ¿Concurren los tres tipos?
- ¿Cuáles son los niveles espaciales del conflicto afectados (directo/personal, estructural o cultural)?
- ¿Es un conflicto intratable? ¿Es un conflicto básicamente de intereses materiales negociables?
- ¿Quiénes son las partes? ¿Cuáles son sus percepciones del conflicto? ¿Cuál es su historia? Evaluemos la convergencia/divergencia de percepciones.
- ¿Qué tipo de recursos serán necesarios para llevar a cabo esta intervención profesional?
- ¿Cuál será nuestro papel? ¿Podemos aceptar este encargo profesional?

3. **El objeto del conflicto.** Utilicemos aquí los dos grandes tipos de objeto del conflicto: intereses y necesidades. Las posiciones son la expresión o plasmación explícita de los intereses. La idea básica de ofrecer un contraste claro entre los aspectos más visibles (la punta o parte supracuática del iceberg) del conflicto y los invisibles, o difíciles de observar a primera vista (parte subacuática del iceberg) que, sobre todo en el caso de los conflictos profundos, constituyen los aspectos más fundamentales y sobre los que se sustentan los aspectos más visibles. Todo este proceso de tratamiento de un conflicto

que sólo se concentre en aquellos aspectos más visibles e inmediatos corre mucho riesgo y será complicado de resolver.

- **Posiciones:** manifiestan oralmente o por escrito los intereses.
- **Intereses:** constituyen los objetivos negociadores de las partes.
- **Necesidades:** realidades irrenunciables e imprescindibles para la sobrevivencia digna de las personas o definitorias de su identidad.

Por otra parte, cabe distinguir entre elementos materiales y elementos inmateriales del conflicto. Todo conflicto se compone de elementos materiales (elementos supracuáticos del iceberg: propiedades, dinero, derechos de propiedad intelectual, poder político o económico, territorios, entre otros) y de elementos no materiales (elementos subacuáticos del iceberg: elementos psicoemocionales, identitarios, ideologías, etc). Normalmente, las posiciones e intereses expresan o denotan predominantemente elementos materiales negociables, mientras que las necesidades denotan factores inmateriales, no negociables.

4. **La intensidad del conflicto (presencia de violencia).** La violencia constituye uno de los elementos del conflicto que identificamos entre los más negativos. La idea de violencia se encuentra vinculada de manera indisociable al concepto del conflicto profundo o de alta intensidad. Normalmente, identificamos como negativa aquella fase, dimensión o aspecto de un conflicto que produce o ejerce violencia. Y precisamente cuando somos receptores de esa violencia en un conflicto se nos antoja como un acto de cinismo, cuando menos, que alguien nos quiera convencer de que en él también hay elementos positivos. El profesional de la resolución de conflictos, casi por "deformación profesional", debe de saber identificar el componente positivo que se encuentra en todo conflicto, por profundo, violento y desgarrador que sea. Esta es, en muchos casos, la tarea implícita o explícita del profesional de la resolución de conflictos. En último término, el elemento positivo de dicho conflicto radica en la posibilidad de cambio, de transformación positiva de la relación o sistema conflictuales.

   - *Violencia directa:* se caracteriza por su carácter fácilmente perceptible. Normalmente, existe un emisor (agresor) y un receptor (víctima) fácilmente identificables, aunque en el desarrollo y escalada del conflicto ambos roles se pueden intercambiar o sobreponer. La violencia directa se basa en la agresión física o moral.

De este modo, el acoso sexual, el mobbing (o acoso moral) o el altercado verbal o lucha física entre personas constituyen ejemplos comunes de violencia directa en el seno de las organizaciones. También lo son el rumor destructivo entre compañeros/as, la amonestación y otras medidas disciplinarias, incluyendo, en último término, el despido. Un miembro de una organización puede ejercer violencia contra sus superiores jerárquicos o contra la organización en sí, a través del rumor destructivo o del perjuicio, por acción u omisión, para con sus tareas profesionales, reduciendo, por ejemplo, el esfuerzo o la creatividad que dediquen a las mismas y afectando negativamente, por lo tanto, la productividad, en calidad y/o cantidad. La expresión última, más grave y naturalmente irreversible de la violencia es la muerte. La muerte física en el campo de batalla se traduce como el cese laboral conflictivo en una organización. Ese despido significa que no se ha podido o no se ha querido invertir el esfuerzo en gestionar el conflicto positivamente, de forma que esa persona o personas no tengan que ser eliminadas de la organización.

- *Violencia estructural:* la que emana de elementos constitutivos, que conforman el sistema conflictual, en este caso la organización. Aquí ya no es tan fácil identificar la relación emisor-receptor, puesto que sus efectos se manifiestan de forma acumulativa y prolongada en el tiempo, aunque no por ello son menos nocivos que en el caso anterior. La violencia estructural en una organización puede manifestarse a través del espacio físico de trabajo (iluminación insuficiente de una oficina, componentes antiergonómicos); la estructura jerárquica (desconocimiento o inexistencia de un organigrama válido o de los mecanismos de promoción profesional a largo plazo); el paquete compensatorio o remunerativo (salarios insuficientes); la deficiente o irregular asignación de funciones o tareas, entre otros.
- *Violencia cultural:* la que justifica la expresión de los otros dos tipos de violencia. Deriva del conjunto de principios y valores que, de forma implícita o explícita, caracterizan la cultura organizacional. Dicha cultura ampara y justifica las conductas, actitudes y elementos estructurales de la organización que producen violencia. En muchos casos, sobre todo cuando dichas conductas

pueden ser claramente ilícitas o ilegales, la cultura que les justifica se expresa de forma implícita. Así, no constará como norma notoria y escrita de ninguna organización la de "se permite el acoso sexual o el mobbing", sino que ello se derivará de una actitud y un clima organizacionales claramente favorables, o cuando menos permisivos, para con dichos actos de violencia directa. A menudo, se trata de esas normas no escritas que los compañeros de trabajo comparten con el empleado recién contratado, como parte de su "orientación informal". De forma más explícita, la forma en que se gestionan los conflictos, dentro de una organización, puede denotar una ausencia de cultura de paz en la misma, sirviendo dichos mecanismos de gestión más bien para soterrar o para agravar el conflicto, sobre todo en el caso de conflictos verticales, es decir aquellos que surgen entre miembros de la organización con puestos asimétricamente jerárquicos. La violencia cultural es sin duda la más difícil de identificar y la más compleja de tratar, puesto que emana de las convicciones ético-morales e identitarias más definitorias de la persona. Dichas actitudes, sobre todo de parte de quienes poseen el poder material de decisión, se proyectan en la organización, generando una "cultura organizacional" más o menos violenta, que acaba adquiriendo identidad propia y afectando a sus miembros, aunque a priori no participen personalmente de ella. No todos los comportamientos cultural o estructuralmente violentos provienen de quienes tienen poder de decisión. Los miembros de la organización pueden promover individual o colectivamente comportamientos y conductas que produzcan violencia: el rumor o "cotilleo" destructivo acerca de uno o varios miembros de la organización, actitudes machistas o patriarcales, racistas o de discriminación por cualquier otra razón identitaria entre compañeros. No obstante, es cierto que son los directivos o responsables de la organización quienes en último término tienen la posibilidad de analizar, diagnosticar y, transformar dichos elementos de violencia. Una organización, cuyos elementos culturales o estructurales generan violencia hacia sus miembros, puede producir sentimientos de incertidumbre, estrés, insatisfacción laboral o frustración. A menudo, dichos sentimientos no llegan a exteriorizarse, no son tan visibles como en el caso de la violencia directa, aunque pueden resultar igual de nocivos a corto o medio plazo, afectando negativamente el grado de motivación personal y, por lo tanto, el clima laboral y, en último término, la productividad. El estrés, y su traducción en bajas médicas o disminución en el rendimiento laboral, es a menudo una señal de alarma, el síntoma que debe indicar a los responsables de una organización la presencia de violencia.

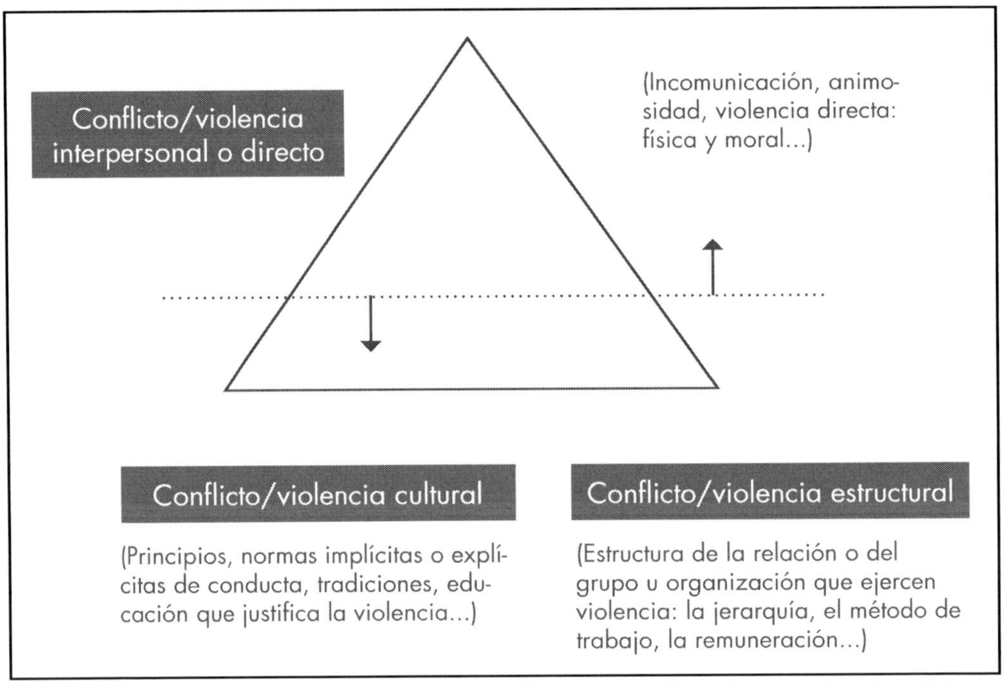

Niveles de conflicto: diagnóstico (el mapa del conflicto). Inspirado en la teoría de Johan Galtung (1998) sobre los 3 tipos de violencia.

Figura 19. **Niveles de conflicto.**

5. **La interconexión dinámica entre los tres tipos de violencia.** Lo más relevante a la hora de realizar el análisis no consiste tanto en clasificar tipológicamente de forma debida cada expresión de violencia en una organización (directa, cultural o estructural), sino en constatar que los tres tipos de violencia están interrelacionados entre sí,

alimentándose mutuamente en interconexión dinámica.

De este modo, si tan sólo tratamos un tipo de violencia (normalmente la directa, la más visible) ignorando a las otras dos, estas acabarán produciendo más violencia directa. Así, la depresión y las depresiones se pueden curar y el exabrupto contra un empleado sancionar, pero si no transformamos los elementos de violencia cultural y estructural que los han generado volverán a surgir en esos mismos u otros miembros de la organización, tarde o temprano.

Cuando consideramos la incidencia de los distintos tipos de violencia existentes en el ámbito planetario, es útil y harto ilustrativo recordar que en el mundo mueren y sufren muchas más personas por violencia estructural y cultural que por violencia directa. Es decir, muchas más personas mueren por discriminación identitaria (por razón de clase, género o etnia, por ejemplo) y por sus correspondientes estructuras socioeconómicas y jurídico-políticas que por una agresión física concreta, a pesar de que las expresiones de violencia directa (como ocurre en actos de terrorismo o en enfrentamientos bélicos) son más fácilmente identificables y cuantificables, a la vez que impactantes en un momento dado, recibiendo por ello más atención mediática que la del goteo mortal de personas por falta de alimentos, de atención sanitaria o de oportunidades socioeconómicas.

Del mismo modo, las expresiones de violencia directa en una organización son las más fácilmente identificables y tratables por el departamento de recursos humanos u otros responsables o, en su caso, por los mecanismos jurisdiccionales. Sin embargo, la identificación de las expresiones "subacuáticas" de violencia requiere una actuación más proactiva.

6. **Paz positiva y paz negativa en la sociedad y en la organización.** En relación con los tres tipos de violencia Galtung distingue entre dos conceptos de paz:
   - *Paz negativa (o imperfecta):* ausencia de violencia directa. Por ejemplo, si un miembro de la organización ha sido "curado" de sus lesiones físicas o psíquicas, pero no se han transformado los elementos estructurales o culturales que las produjeron... otro ejemplo, en una organización no hay constancia por parte de sus responsables de ningún tipo de conflicto abierto o queja. Sin

embargo, han aumentado las bajas médicas por afecciones psicosomáticas o ha disminuido el rendimiento o la motivación sin razón aparente.

- *Paz positiva:* ausencia de todo tipo de violencia. Se puede considerar la paz positiva como sinónimo de cultura de paz, en virtud de la cual la paz tiene un sentido dinámico, puesto que requiere el trabajo continuo de promoción de la paz cultural y estructural, velando así por la ausencia también de violencia directa. Todo ello enlaza con el enfoque proactivo... La cultura de paz organizacional supone la culturización de todos sus miembros hacia una gestión positiva de los conflictos. Significa el autoexamen permanente de los elementos estructurales y culturales de la organización para cerciorarse que estos nos generen violencia y conflictividad negativa. Implica, a su vez, la puesta en marcha de mecanismos (como la mediación, o protocolos que, mediante convenio o estatuto, establezcan procedimientos claros y públicos de expresión del conflicto) que permitan la natural expresión y exteriorización de percepciones divergentes por parte de sus miembros, para permitir su gestión positiva y evitar así su enquiste, convirtiéndose posteriormente en un conflicto más grave, declarado o no.

7. **La dimensión del conflicto.** Es importante no confundir intensidad con dimensión del conflicto. La dimensión de un conflicto designa el número de componentes y el espacio que abarca. Desde el conflicto psicológico o intrapersonal al conflicto interpersonal o intergrupal, el que afecta a una familia, a una escuela, a un barrio, a todo un país o a la comunidad internacional. En una organización pueden presentarse distintas dimensiones de un conflicto. Éste puede verse limitado a un nivel interpersonal, afectando a dos personas o un grupo reducido de ellas, puede afectar a un departamento o al conjunto de la organización.

   Un conflicto puede ser dimensionalmente pequeño, pero de muy alta intensidad (en el ámbito organizacional, un conflicto personal entre dos miembros que deviene progresivamente violento y que podría acabar incluso en la muerte. Es el caso de un empleado marginado o expulsado de la organización, que desata su furia vengativa en el supervisor jerárquico al que culpa de su situación) o, al contrario, dimensionalmente enorme, pero de baja intensidad (un desacuerdo entre dos departamentos de una organización acerca de la prioridad de una campaña de acción sobre otra, elemento habitual en la gestión organizacional y en la que no existe violencia, aunque dicho conflicto pueda afectar potencialmente a todos los miembros de la organización y a sus potenciales usuarios o clientes).

8. **Los niveles personales del conflicto y su proyección temporal.** El conflicto puede desarrollarse en uno o más niveles simultáneamente de la vida de las personas. Desde el punto de vista de las personas implicadas, cabe hablar de los siguientes puntos:
   - *Conflicto intrapersonal:* el conflicto interior, exteriorizado o no, cuyo tratamiento corresponde a los profesionales de la salud mental y que no es específicamente objeto de estudio y tratamiento por los procedimientos y herramientas de la RC.
   - *Conflicto intergrupal o directo:* el conflicto existe entre dos o más personas por motivos indisociables respecto de las partes implicadas.
   - *Conflicto intergrupal o indirecto:* el conflicto existe entre dos grupos, más allá de la relación interpersonal de sus componentes. De hecho, dependiendo de su dimensión, es posible que ni siquiera se conozcan personalmente la mayoría de las personas de cada grupo entre sí, vehiculizando su relación a través de sus representantes (políticos, culturales, etc.). Todo conflicto, no obstante, implica un elemento interpersonal, puesto que "los pueblos" o "los departamentos de una organización", por ejemplo, como entes abstractos que son, no son quienes protagonizan los conflictos. Éstos, por definición, surgen y se desarrollan a través de seres humanos. La identificación grupal anula a sus componentes, asumiendo la identidad grupal en perjuicio de la individual: los de tal o cual equipo de fútbol, grupo étnico, ideológico, de género o del departamento de una organización o de tal o cual empresa.
   - *Conflicto intragrupal:* cuya existencia podemos circunscribir a un sistema grupal determinado (una familia, una organización, una comunidad política, etc.).

Por otra parte, la relación entre el factor tiempo y el nivel conflictual nos informa no sólo sobre el nacimiento y desarrollo del conflicto, sino que, a su vez, nos indica cuál puede ser la duración necesaria para su transformación positiva.

Cabe distinguir entre dos conceptos temporales a la hora de apreciar su significado. El tiempo personal, el ser humano posee una proyección limitada, que viene dada por la esperanza de vida media de las personas. Así, si establecemos que dos personas, unidas por lazos de amistad o de parentesco, llevan diez años sin dirigirse la palabra por un conflicto surgido entre ambas, ello constituye una relativamente profunda proyección temporal, pues constituye un porcentaje importante de la duración de la vida de un ser humano.

Por otro lado, cuando examinamos conflictos profundos entre pueblos, por ejemplo, la proyección temporal acostumbra a expresarse en décadas o siglos, el tiempo grupal hace referencia a todo un colectivo determinado, como realidad abstracta distinta de cada uno de los individuos que lo componen. Las organizaciones, aunque en diferente medida que en el ejemplo anterior sobre los pueblos, adquieren su propia identidad grupal, distinta a las identidades individuales de cualesquiera miembros a lo largo de su historia. La proyección temporal grupal ejerce su peso sobre sus componentes individuales, que se ven influidos por ella, del mismo modo que son las personas quienes, en último término, protagonizan los conflictos y acaban trazando las "historias grupales", ya sea el grupo una organización, una familia o una comunidad sociopolítica determinada. Lo importante aquí es la constatación de la relación existente entre la proyección temporal de un conflicto y el tiempo necesario para invertir en su gestión y transformación positiva. Así, si la proyección temporal de un conflicto es elevada (relativizando el dato según se trate, como hemos visto, de un nivel personal o grupal), es razonable esperar que su tratamiento requiera un tiempo mayor al que sería necesario para tratar un conflicto de baja intensidad. La transformación positiva de los conflictos sociales profundos, proyectados a lo largo de décadas o siglos, requiere a menudo el transcurso de, cuando menos, un cambio generacional.

Del mismo modo, si nos enfrentamos a un conflicto organizacional profundo que requiera cambios estructurales y culturales para su transformación positiva, es razonable esperar que estos tarden incluso años en realizarse. Los cambios culturales, y en nuestro caso los cambios de cultura organizacional o empresarial, llevan tiempo, pues suponen no sólo el cambio de elementos materiales (estatutos, convenios, normativa, objetivos, sistemas, estructuras de producción o creación, etc.) sino el cambio personal de cada uno de sus miembros.

9. **Los tres grandes niveles espaciales del conflicto.** Por analogía respecto de los tres niveles de violencia (cultural, estructural y directa), cabe establecer tres grandes niveles espaciales del conflicto, cuyo análisis puede ayudarnos a establecer la ubicación y naturaleza de un conflicto dentro de una organización o cualquier otro grupo social. Cuando las percepciones divergentes se hacen incompartibles y no se pueden vehicular o transformar positivamente mediante los canales relacionales habituales entre las partes (la conversación animada, la discusión e incluso la pelea), el conflicto se consolida en su vertiente negativa y se manifiesta en incomunicación o comunicación física o verbalmente violenta entre las partes, generándose un conflicto interpersonal o directo que afecta en último término al clima laboral de una organización o al ambiente de un colectivo social.
   - *Conflicto interpersonal o directo:* se manifiesta mediante conductas, físicas o verbales, más o menos violentas basadas en percepciones divergentes (diferencias de opinión, ideológicas, etc.) acerca de un elemento objetivo u objetivable (algo material o inmaterial, como una idea sobre un proyecto) o personal (en referencia a algún aspecto identitario de la persona).
     - Elementos objetivos u objetivables. En el ámbito laboral, los diferentes criterios sobre el funcionamiento de un departamento, de una máquina o de un programa de promoción comercial.
     - Elementos personales. Afectan a uno o más elementos inherentes a la identidad personal de alguna o de todas las partes en conflicto, según la percepción de los demás.
   - *Conflicto estructural:* la composición estructural material/física (la distribución del espacio, las condiciones de vivienda o lugar de trabajo) o la formal/abstracta (ordenamientos jurídicos, normas o instituciones injustas u opresoras) del sistema conflictual puede ejercer violencia estructural sobre las personas que viven o traba-

jan en ese sistema, por su carácter represivo, injusto, explotador o alienante, en diferente medida.

- Estructura material o física. Se refiere a los aspectos como el sistema de producción, las condiciones ambientales de trabajo, la remuneración laboral, etc.

  A menudo, el conflicto estructural en el ámbito laboral se manifiesta por la manera en que las personas expresan su relación con los factores de producción o con otros elementos de la estructura y también con el entorno ambiental: luz, temperatura o material de trabajo deficiente o inadecuado, por ejemplo.

- Estructura formal o abstracta. Son los aspectos como el organigrama, la jerarquía, los términos del convenio laboral, etc.

– *Conflicto cultural:* constituyen la expresión ideológica de los conflictos estructurales. Entendemos por conflicto cultural el conjunto de valores y creencias en los que se basan las estructuras conflictivas y las actitudes de las personas conflictivas. En el caso de las organizaciones, la cultura interna de una empresa, por ejemplo, está destinada a justificar y a preservar su estructura mediante la promoción tácita o explícita de códigos de conducta o de actitudes, que pueden ser percibidos como positivos o negativos por los empleados. El conflicto cultural tiene su origen en la incompatibilidad entre estos códigos y los intereses, necesidades o percepciones de quienes deben regirse por ellos, en una organización o en cualquier otro sistema de convivencia.

  El conflicto cultural se puede manifestar, entre otros, mediante la rigidez jerárquica, la relación competitiva entre los empleados o las políticas represivas, paternalistas o pasivas ante el propio conflicto. En las organizaciones se suele hablar del clima laboral como representativo de la cultura interna.

  Muchos de estos códigos se transmiten por vía oral, por imitación de actitudes y no de forma escrita o como instrumento normativo o jurídico.

– *La dinámica de los niveles del conflicto organizacional:* existe una fluidez interactiva causal entre los tres niveles del conflicto. En los conflictos profundos, el interpersonal es a menudo una expresión del conflicto estructural o cultural y, al mismo tiempo, el primero sirve para consolidar y agravar los otros dos. Se trata de un círculo vicioso que sólo se puede interrumpir mediante una transformación positiva de todo el sistema conflictual, y no sólo de sus expresiones interpersonales, directas o "supracuáticas".»

Además, Farré establece la tipología básica y el diagnóstico del conflicto social u organizacional. Según el mismo, lo importante no es "acertar" en la clasificación de los distintos tipos de conflictos, sino comprender y saber reconocer todos los elementos analíticos que los caracterizan, para posteriormente realizar un diagnóstico que sea útil desde la perspectiva conflictológica, habida cuenta del elemento perceptivo marcadamente subjetivo asociado a los conflictos.

- Disputas o conflictos de baja intensidad.
  - No se da prácticamente violencia de ningún tipo y, cuando se da, es fundamentalmente directa: verbal y en ningún caso física.
  - Su objeto es primordialmente material, basado en intereses negociables.
  - Su proyección temporal es breve y proyectada hacia el futuro, no hacia el pasado.
- Conflictos profundos, de alta intensidad o intratables.
  - Se dan muestras de los tres tipos de violencia, en interconexión dinámica. Existe o ha existido violencia directa física o verbal, incluso la muerte.
  - Su objeto es complejo: existen elementos materiales y también inmateriales (emocionales, necesidades "no negociables").
  - Su proyección temporal es dilatada tanto hacia el pasado (una historia del conflicto y de las relaciones interpersonales, con aspectos positivos y negativos cuando ha habido una relación previa de paz o felicidad, que alimenta su presente) como hacia el futuro: cuanto más profundo y complejo sea un conflicto social, más complejo y duradero será también su tratamiento. Así, John Paul Lederach habla de hasta un período de treinta años –cambio generacional- para transformar positivamente un conflicto social profundo.

Lederach se refiere a este tipo de conflictos profundos, los especialmente intratables, como conflictos de identidades, porque en el objeto inmaterial del conflicto se hallan también elementos identitarios "no negociables", como el étnico-racial, el sexual, el generacional, el ideológico o el socioeconómico.

Herramientas analíticas	Desarrollo
Enfoque sistémico proactivo	• El objeto del conflicto • La intensidad del conflicto • La dimensión del conflicto • Los niveles personales del conflicto • Los niveles espaciales del conflicto o mapa del conflicto
Cuestionario del análisis básico del conflicto	• La historia del conflicto • Proyección temporal del conflicto • Dimensión del conflicto • Objeto del conflicto • Intensidad • Intratable • Partes • Recursos serán necesarios • Podemos aceptar este encargo
El objeto del conflicto	• Posiciones • Intereses • Necesidades
La intensidad del conflicto	• Violencia directa • Violencia estructural • Violencia cultural
La interconexión dinámica entre los tres tipos de violencia	• Violencia directa • Violencia estructural • Violencia cultural
Paz positiva y paz negativa en la sociedad y en la organización	• Paz negativa (o imperfecta) • Paz positiva
La dimensión del conflicto	• Número de componentes • Espacio que abarca
Los niveles personales del conflicto y su proyección temporal	• Conflicto intrapersonal • Conflicto intergrupal o directo • Conflicto intergrupal o indirecto • Conflicto intragrupal
Los tres grandes niveles espaciales del conflicto	• Conflicto interpersonal o directo • Conflicto estructural • Conflicto cultural • La dinámica de los niveles del conflicto organizacional

Figura 20. **Herramientas analíticas y desarrollo**

Como se expone en este capítulo el análisis del conflicto es tan amplio como autores que lo tratan. Curiosamente muchos autores coinciden en darle el mismo sentido a los elementos estructurales del conflicto. Elementos como las normas, los desencadenantes o los patrones entre otros.

Por otro lado, el modelo racional establece un procedimiento más ordenado para el análisis del conflicto, desde el conocimiento motivacional que provoca el desencuentro, las causas y el origen del mismo, así como las implicaciones externas para decidir si es adecuada la intervención o no, según el coste y las consecuencias futuras.

No podemos dejar de lado, por supuesto, los indicadores que permiten vislumbrar las posibilidades de conflicto, como el clima de competición, la crítica a las opiniones ajenas, la violencia en la argumentación, acusaciones mutuas, tensiones extremas, la crítica destructiva realizada desde la emoción, o indicios muy proclives también a la polémica, como los robos, el exceso de rumores o la indiferencia y absentismo. Todos ellos son indicadores extraordinarios a los que prestar atención para evitar situaciones no deseadas.

También tenemos que poner el foco en la tensión interna, motor que impulsa el concepto de superación y consecución de objetivos. Por otro lado, si las tareas para conseguir esos objetivos no están alineadas con las tareas de los demás, el resultado será nefasto. Entre partes negociadoras se puede producir el conflicto de rol.

Para comprender la esencia del conflicto no olvidemos el concepto de patrón, una pauta repetitiva en el tiempo, que hace que exista una parte invariable de estos. Patrones que se identifican como protección de la autoestima, valores, identidad, información, expectativas, inadaptación, atributivo, inhibición, poder, normativa, incompatibilidad, legitimación, recursos escasos, intereses y, por último, inequidad.

Y, por último, una gran metáfora sobre el conflicto es el iceberg, donde evidentemente se muestran muchos componentes visibles que se perciben de forma inmediata, pero existen muchos más que se muestran ocultos e imposibles de negociar al no tener evidencia de su existencia.

Aspectos positivos y negativos del conflicto 6

Al igual que cualquier manifestación de la conducta humana, del conflicto también se derivan efectos positivos y negativos derivados del mismo. Un conflicto no siempre tiene por qué ser destructivo, también puede ser productivo como el comienzo de un cambio extraordinario hacia el bienestar. Van de Vliert expone algunos aspectos positivos como el cambio organizacional o la cohesión del grupo ante un conflicto con otros grupos, además de elementos negativos como la posibilidad de tornarse en violento ante su mala gestión o la paralización o el bloqueo de la persona o el grupo ante la amenaza que supone el conflicto.

1. Aspectos positivos según Van de Vliert

Entre los aspectos positivos suscitados por una intensidad adecuada del conflicto destacan los siguientes (Van de Vliert, 1985):

1. El conflicto es un medio que posibilita el cambio organizacional, al modificar la estructura actual de poder, los patrones de interacción y las actitudes arraigadas entre sus miembros.
2. El conflicto favorece la cohesión del grupo ante un conflicto con otro u otros grupos, si bien se incrementa la hostilidad entre los mismos. Las amenazas externas que resultan de esta situación tienden a incrementar la identificación y la solidaridad con el propio grupo, a la vez que disminuyen las divergencias y la tensión intragrupo.
3. El conflicto produce un incremento en el nivel de tensión del grupo y lo torna más constructivo y creativo, ya que un nivel de tensión sumamente bajo provee las bases para un conformismo desmotivador que

inhibe la autocrítica y la creatividad en las actividades a desarrollar por los miembros del grupo.

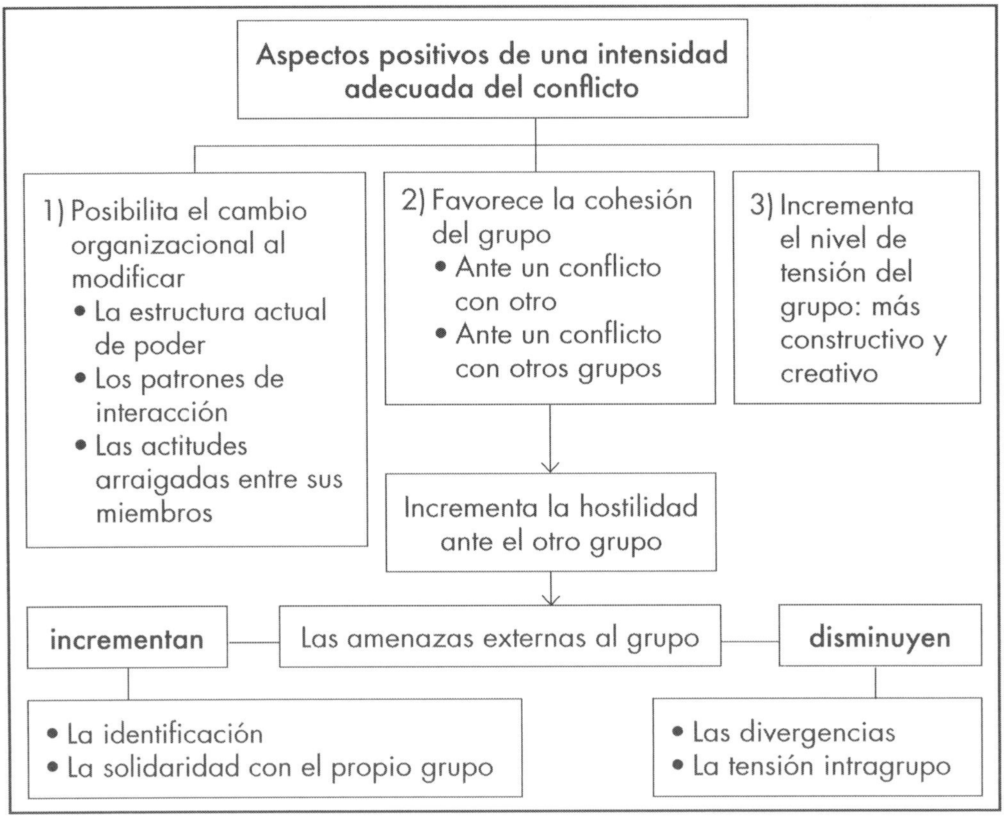

Figura 21. **Aspectos positivos de una intensidad adecuada del conflicto.**

Farré (2009) entiende que existen elementos positivos y negativos del conflicto, «los elementos positivos que a menudo se relacionan con el conflicto tienen que ver con el cambio, el crecimiento y el desarrollo. El conflicto negativo es aquel que no puede gestionarse con los propios mecanismos relacionales habituales. Los mecanismos o instrumentos a los que los miembros de una relación interpersonal o intergrupal recurrían para gestionar positivamente sus conflictos ya no funcionan o se ha perdido el deseo o interés en invertir energía en ellos. Si persiste un mínimo deseo o interés en preservar la relación, puede ser necesario considerar la intervención de una tercera persona imparcial que pueda facilitar una reconducción hacia la gestión positiva del conflicto».

Posibles elementos positivos	Posibles elementos negativos
• Estimula el cambio, el crecimiento o el desarrollo personal o social. • Plantea retos y fomenta la competitividad. • Puede despertar la curiosidad y la creatividad, actuando como motor del pensamiento. • Puede servir para profundizar o desarrollar relaciones, abordando temas fundamentales que, de otro modo, se habían ignorado. • Permite el tratamiento de temas en su complejidad y multidimensión, resolviendo divergencias perceptivas.	• Ese cambio puede resultar violento, si no se gestiona positivamente. • La incertidumbre puede provocar miedo o estrés, agravando la relación conflictual. • Puede paralizar o bloquear a personas o a sistemas conflictuales que se sientan amenazados. • Puede romper relaciones si la catarsis no se gestiona positivamente. • Si no se gestiona de forma positiva, puede producir el enconamiento y el prejuicio interpersonal o interidentitario, creando divergencias perceptivas.

Elementos positivos y negativos derivados del conflicto. Inspirado en un cuadro similar del libro *El grupo y sus conflictos*. Autores: Francisco Morales y Santiago Yubero. Universidad de Castilla-La Mancha, Colección Humanidades, 1999.

Figura 22. **Posibles elementos positivos y negativos del conflicto.**

2. Elementos positivos y negativos según Farré

Este autor explica que las raíces y bases biológicas del conflicto negativo son el miedo y el poder. «La mayoría de conflictos negativos pueden explicarse, en su origen y esencia, en base a dos variables fundamentales, miedo y poder. Ni el miedo ni el poder son negativos en sí mismos.

El miedo actúa como un mecanismo del que disponen la mayoría de animales para detectar y evitar situaciones de peligro, incluida la muerte... las bases biológicas del conflicto, sobre todo por lo que respecta al miedo, como fenómeno que, a su vez, produce estrés o tensión. Como señala Vinyamata (2000): *el desarrollo de procesos de angustia y de miedo es, básicamente, un proceso psicológico. La segregación de determinadas hormonas como la adrenalina, la dopamina o la serotonina poseen una* *función muy precisa que permite la generación de determinadas reacciones psicológicas e incluso de reacciones integrales de tipo mental, motriz, orgánico, verbal, actitudinal [...] El estrés es la denominación para los estados de tensión que provocan los procesos de adaptación y de cambio que se producen en el entorno de las personas, ya sean cambios sociales, políticos o culturales o, simplemente, modificaciones radicales de las rutinas y del equilibrio emocional.* El cambio puede generar miedo y este, a su vez, estrés y tensión, lo que, en último término, nos revierte a funciones y a reacciones más bien primarias, poco meditadas. Dichas reacciones son fundamentalmente competitivas, defensivas y agresivas, en aras a preservar nuestra seguridad y nuestra supervivencia [...] Así mismo, podemos generar o empeorar la dinámica de un conflicto por un miedo individual: a perder un puesto de trabajo... dicho miedo, a su vez, puede ser colectivo. No pocos conflictos grupales pueden explicarse en función de dichos miedos colectivos, como, por ejemplo, a la pérdida de identidad nacional o cultural. El enfrentamiento entre proyectos nacionales incompatibles entre sí podría explicar gran parte de los conflictos bélicos acaecidos a lo largo de la historia. El reconocer y explorar preventivamente ese miedo, individual o colectivo, como tal, puede contribuir a evitar la dinámica negativa de tantos miedos irresueltos que se proyectan a través de graves conflictos.

El poder, por otra parte, es el mecanismo que, desde el nacimiento, de forma explícita o implícita, nos ayuda a conseguir lo que queremos o lo que necesitamos, como individuos o en comunidad. Es un complejo y poliforme fenómeno, pudiéndose manifestar, por ejemplo, como poder material (político, militar, laboral...), poder afectivo-emocional (basado en los lazos relacionales entre individuos, de naturaleza familiar, amistosa o sexual, por ejemplo), o poder ético-moral (el poder de las ideas o de las convicciones, individual o colectivamente estructuradas en ideologías o concepciones espirituales).

Frecuentemente, el poder comparte, con el conflicto, una denostada reputación, siendo percibidos ambos a menudo como fenómenos negativos. Sin embargo, ninguno de los elementos positivos anteriormente identificados con el conflicto (fundamentalmente el cambio) es posible sin el poder. De hecho, poder y conflicto pueden manifestarse a menudo como términos prácticamente sinónimos. Al igual que el conflicto, el poder puede pretenderse y ejercerse de múltiples formas, algunas de ellas, sin duda, nocivas

[...] la forma de ejercer el poder relacional puede determinar la dinámica de esa relación y la generación y estallido de un conflicto negativo [...] Al sentir miedo, ejercemos el poder a nuestro alcance para modificar la realidad que consideramos amenazante o nociva para nosotros, causando conflicto con quienes se sienten, a su vez, perjudicados por nuestra actuación».

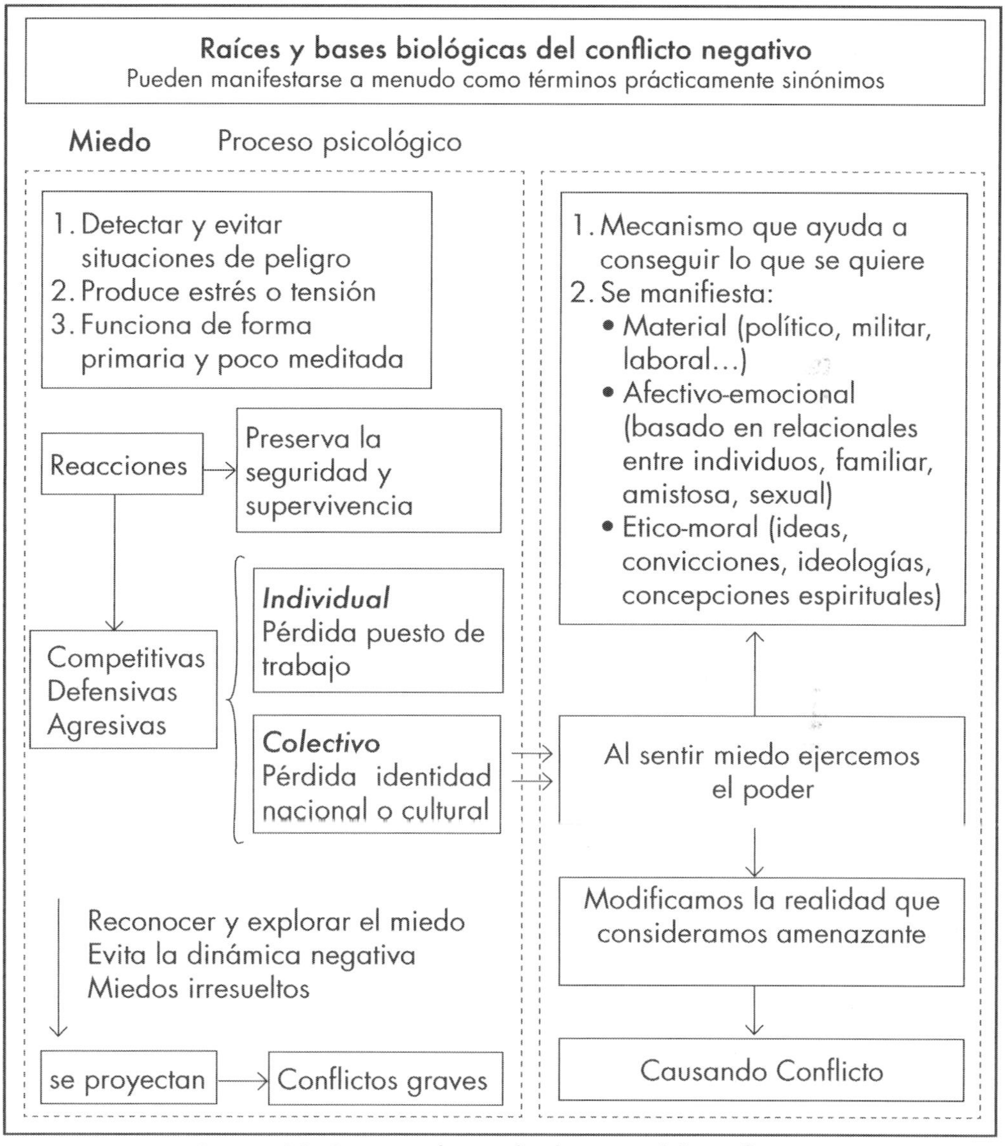

Figura 23. **Raíces y bases biológicas del conflicto.**

Formas de actuar frente al conflicto

7

1. Contexto histórico

Farré (2009) explica la resolución de conflictos: su nacimiento, el desarrollo y las características principales. Lo entiende como «el espacio transdisciplinar, académico y profesional, de teorización, investigación, formación y activismo que alberga el conjunto de conocimientos de todo tipo sobre el conflicto, incluyendo técnicas (como la mediación), métodos, estrategias y sistemas para su gestión positiva».

Diversos autores como John Burton o Eduard Vinyamata se refieren a la Resolución de conflictos como una transdisciplina que reúne los conocimientos y prácticas de diversas ciencias y disciplinas, desde la biología y la psicología hasta el derecho y la sociología. Es frecuente, por otro lado, la utilización de los términos resolución de conflictos y conflictología como sinónimos.

La resolución de conflictos comienza a consolidarse como disciplina en los Estados Unidos a partir de los años setenta, bajo la decisiva influencia del movimiento ciudadano norteamericano a favor de los derechos civiles (Civil Rights Movement), que, sobre todo a lo largo de los años sesenta, llevó a amplios sectores de la sociedad estadounidense a cuestionar, entre muchas otras cosas, los métodos tradicionales, autoritarios y punitivos de tratamiento del conflicto en ámbitos como el familiar, el escolar, el político, el empresarial, el judicial o el internacional.

La lucha de los afroamericanos contra la discriminación y la segregación, la oposición a la guerra del Vietnam, el movimiento hippy, el feminismo y el cuestionamiento del patriarcalismo en la familia y en la sociedad, o el asunto del Watergate, por citar algunos ejemplos, fueron expresiones de dicho movimiento contestatario, el cual proporcionó la base social e ideológica fundamental para el desarrollo de la resolución de conflictos.

Este movimiento de diplomacia ciudadana en torno a la gestión alternativa, más democrática del conflicto social fue bautizado con el término de Alternative Dispute Resolution (A.D.R): Gestión Alternativa de Disputas o de Conflictos o GAC. A menudo se utilizan ambos términos (RC y GAC) indistintamente, aunque, en sentido estricto, la RC designa una realidad mucho más amplia y compleja. Por lo tanto, a partir de una realidad social, de un movimiento que aquí denominamos de "diplomacia ciudadana", se fue generando una inquietud desde la investigación y la formación académicas, conformando de este modo la disciplina de la Resolución de Conflictos.

Los mecanismos de la RC son alternativos respecto de los métodos tradicionales tanto por su funcionamiento –más eficiente- como por sus resultados –más eficaces-. El término "gestión" apela a la eficiencia del proceso, ya que dichos mecanismos, merced a su carácter más informal, pragmático y consensual, se veían libres de las rigideces burocráticas y jerárquicas de los métodos tradicionales. Los mecanismos de la GAC resultaban, en suma, más eficientes porque eran menos costosos y llevaban menos tiempo.

En cuanto a su resultado, los procesos de Gestión Alternativa de Conflictos se consideran más positivos para las partes por su eficacia. Frente a la dicotomía win-lose (ganar-perder) característica de los mecanismos tradicionales, como el judicial, los instrumentos de RC, como la mediación, permiten obtener acuerdos win-win (ganar-ganar), en virtud de los cuales ninguna de las partes lo pierde o lo gana todo, sino que se encuentra la fórmula con el máximo denominador común, en el que todos deben ceder un poco para que todos ganen.

Las experiencias de Gestión Alternativa de Conflictos, por lo tanto, vienen siendo aplicadas desde hace años al tratamiento de conflictos sociales en diversos países, mayoritariamente occidentales, resultando en una gestión más democrática y perdurable del conflicto. Ello se debe a la utilización de mecanismos más participativos de toma de decisiones y de tratamiento, como la mediación, que se han consolidado como alternativa a los métodos tradicionales, basados en la autoridad y en la rigidez jerárquica.

La diplomacia ciudadana, la participación de los ciudadanos en los asuntos de las polis, en los de sus lugares de trabajo o en los de sus comunidades de ocio, comporta, por lo tanto, una horizontalidad, una democratización del tratamiento convencional del conflicto social. Ya no son el juez, el policía, el director, el diplomático, el profesor, el jefe de personal o el dirigente político los únicos capacitados para tratar el conflicto, sino que son las mismas partes implicadas (los individuos, grupos determinados o la sociedad civil en general) quienes participan activamente y se convierten en los protagonistas de la transformación positiva de su propio conflicto. De ahí el carácter "alternativo" de los métodos de GAC, por innovadores y distintos respecto de los métodos tradicionales. El conflicto negativo es inversamente proporcional a la cantidad y la calidad de producción de una organización. Las organizaciones han constatado que los mecanismos de GAC tienen un efecto positivo sobre la calidad y la cantidad de producción y producen una disminución radical del coste relacionado con el tratamiento tradicional de los conflictos en las organizaciones (despidos, pleitos, medidas policiales de control). Como resultado de esta constatación, el Congreso de EE.UU. aprobó una ley en 1990 que insta a las agencias federales a implementar mecanismos de GAC para el tratamiento de sus conflictos internos.

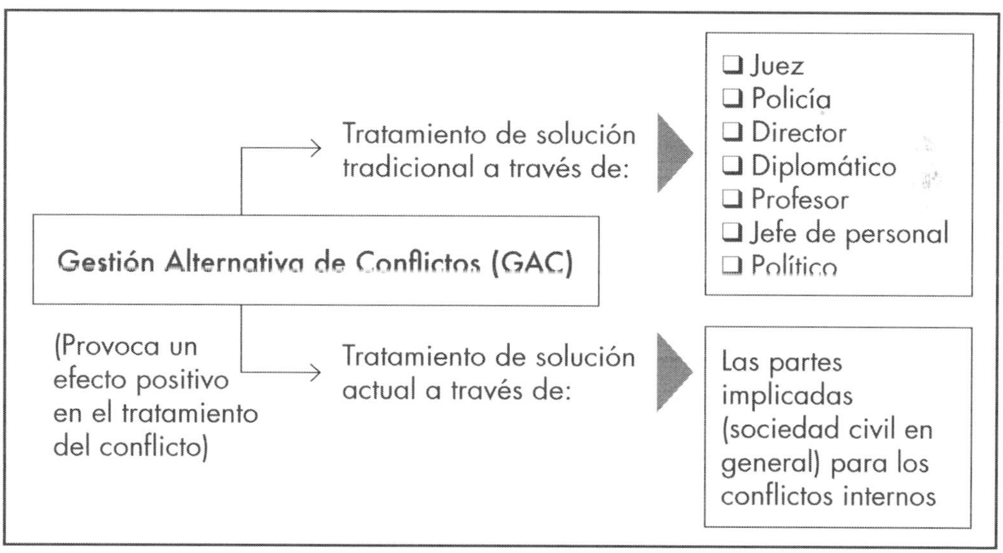

Figura 24. **Gestión alternativa del conflicto: tratamiento tradicional y actual.**

Éstos son algunos de los mecanismos de GAC en las organizaciones:

- Sistemas de mediación internos (ombudsman) o externos (mediadores profesionales).
- Transformaciones estructurales (espacio, método, remuneración, organigrama, horario...).
- Transformaciones culturales (valores, principios, actitudes...)».

Este resumen no agota las fuentes del conflicto, pero tiene la ventaja de su simplicidad y utilidad al recoger los elementos fundamentales. Por supuesto que existen como fuente potencial de conflictos: los recursos escasos, la legitimidad, la autoestima, las atribuciones, los intereses divergentes y un largo etcétera. En el caso de Thomas, autor junto con Kilmann del TKI (Thomas-Kilmann Conflict Mode Instrument), sólo tienen en cuenta los intereses (objetivos deseados), tal y como definen el concepto de conflicto.

Redorta (2007a) hace un resumen de utilidad sobre los elementos básicos que aparecen en la confrontación: el poder (capacidad de coacción), las necesidades (búsqueda de satisfactores), los valores (creencias centrales), los intereses (objetivos deseados), la percepción y la comunicación (interpretación y expresión).

De esta forma, en el siguiente gráfico, se pueden ver la definición de conflictología, sus diferentes sinónimos, y los elementos básicos según Redorta.

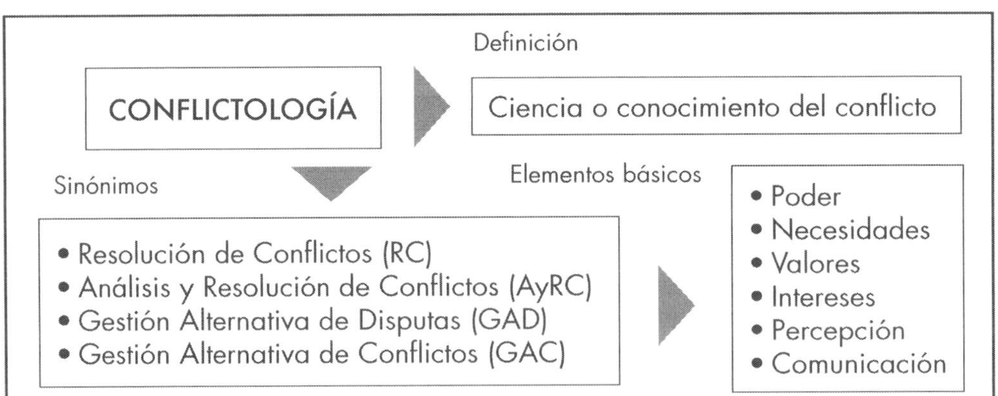

Figura 25. **Conflictología: definición, sinónimos y elementos básicos.**

2. Actitudes frente al conflicto

Farré (2009) entiende que «las actitudes más frecuentes o previsibles ante el conflicto son:

1.- El modelo "del más fuerte" o del "competidor": se pretende dominar el conflicto y la relación, a todo o nada (ganar o perder).
2.- El modelo "de esconder la cabeza bajo el ala" o del "evitador": se busca evitar el estallido o desarrollo de un conflicto abierto y expresado (renunciar o perder/ganar).
3.- El modelo "del comerciante" o del "compromisario": todo es negociable, lo material y lo inmaterial, incluso los términos de la relación (minimizar en lo posible el binomio "ganar/perder" para hacer viable la relación y los intereses).
4.- El modelo "de la tirita" o del "acomodaticio": solución rápida para salir del paso y no perder la relación (ceder o perder/ganar).
5.- El modelo del "colaborador", interesado tanto en los aspectos materiales del conflicto como en salvar la relación, tendente a buscar una solución mutuamente beneficiosa (ganar/ganar)».

El autor dice también que la actitud o estrategia que adoptamos ante un determinado conflicto puede depender de diversos factores: indentitarios (cultura, ideología, espiritualidad, clase o género, por ejemplo), circunstanciales (contexto conflictual o estado de ánimo personal), o relacionales (según el rol o roles que desempeñemos en esa relación o el interés que tengamos en preservarla o desarrollarla, por ejemplo).

3. Pautas para la intervención

Farré (2009) construye un esquema o pautas generales para la intervención en gestión de conflictos organizacionales:

1. A cada problema, un tratamiento específico.
2. Primera toma de contacto:
    a. Presentaciones, intercambio de impresiones, primer diagnóstico.

   b. ¿Quieren trabajar con nosotros? ¿Podemos trabajar con ellos y serles útiles?
   c. Encargo formal del servicio.
   d. Delimitación temporal y presupuestaria.
3. Análisis estratégico y sistémico:
   a. Definición del conflicto: análisis pasivo y preguntas.
   b. Identificación de las tres dimensiones: interpersonal, cultural y estructural.
4. Propuesta de tratamiento:
   a. Taller de mediación: pedagogía de la RC y traslación de responsabilidad.
   b. Sesiones de mediación: para llegar a acuerdos y obtener puntos de vista sobre la cultura y la estructura de la organización, o como mínimo para mejorar la comunicación entre las partes.
   c. Mecanismos de GAC culturales y estructurales: diálogo con miembros de la organización y análisis estratégico.
   d. Propuestas especificas de trasformación sistémica u otros cambios organizacionales.
   e. Sesiones de mediación: construcción del consenso sobre las propuestas formuladas por los mediadores.
5. Resultados:
   a. A corto plazo: mejora la comunicación entre las partes, comienzan a repararse algunas relaciones, se acuerdan por consenso las primeras medidas transformativas de la organización.
   b. A largo plazo: aunque persistan diferencias personales irreconciliables, reina una atmósfera de seguridad, libertad y cordialidad en la organización, habiéndose conseguido una reconciliación; se transforman aquellos elementos culturales y estructurales de la organización considerados como nocivos por todos o algunos de sus miembros. Surgirán nuevos conflictos, como en toda organización, pero existirán mecanismos y se desarrollaran actitudes que permitan tratarlos positivamente.

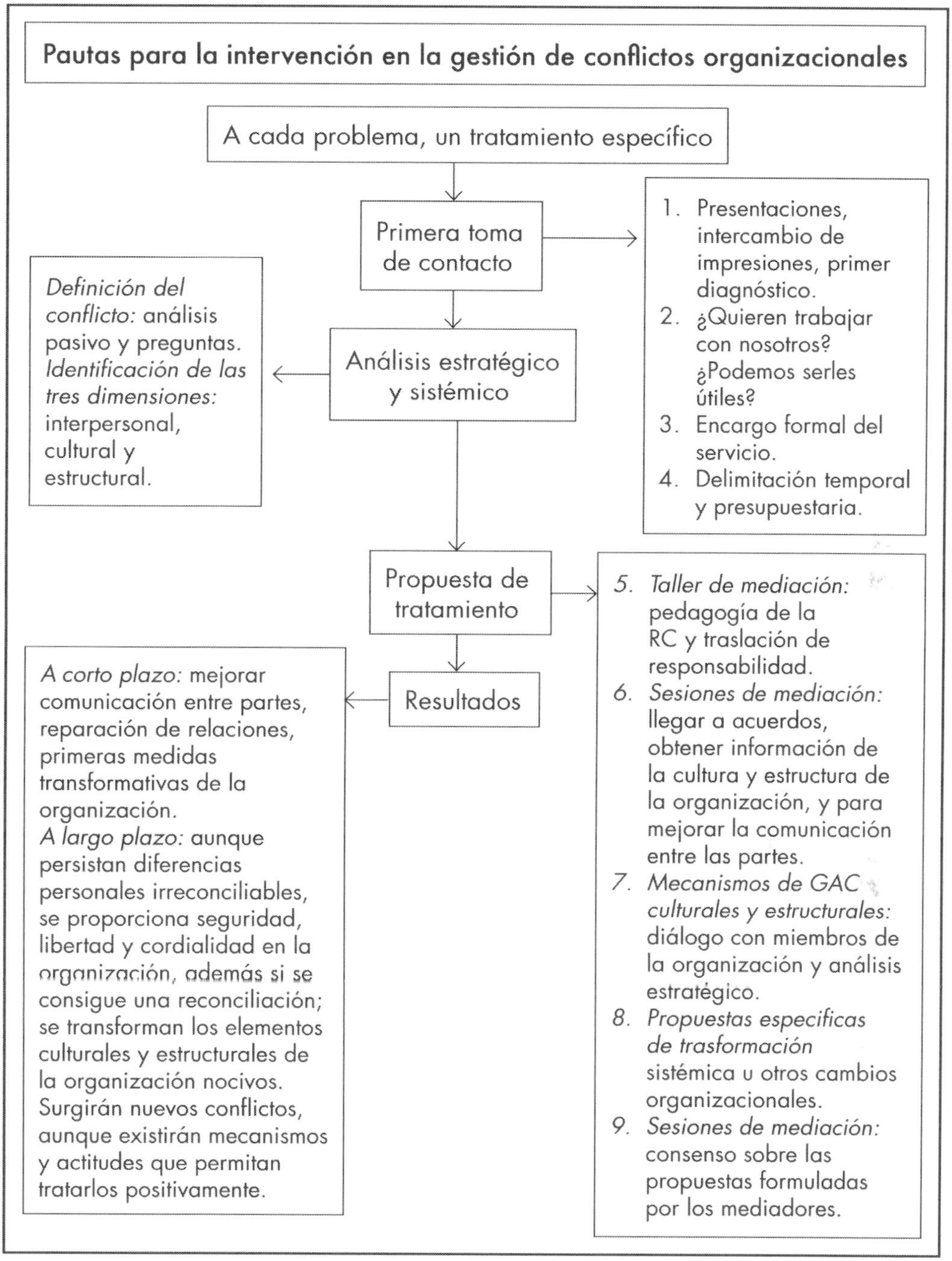

Figura 26. **Pautas para la intervención en la gestión de conflictos organizacionales.**

Las formas y fórmulas que se refieren al conflicto son múltiples y diversas. Todas estas maneras de entender el conflicto tienen unas preguntas a las que responder. Como por ejemplo, ¿el conflicto per se, es bueno o malo?

Hocker y Wilmot (1985) observan que el conflicto crea tantos peligros como oportunidades. Si bien es cierto que las sensaciones de frustración, pérdida y amenaza están presentes en todo conflicto, como indica Deustch (1971), tampoco se debe ignorar ni negar el valor potencial de todo conflicto. Opinamos que el valor del conflicto está en que puede poner fin a una situación de paralización. También queremos mencionar que el conflicto actúa como vehículo para plantear y resolver problemas. Y no desestimemos el hecho de que puede producir cambios sociales y personales y tal vez mejoras al abordar las diferencias existentes. Por último, es posible generar enfoques creativos para la solución de problemas al resolver eficazmente una situación de conflicto.

Otra pregunta que nos planteamos es, ¿cuando conviene ignorar o potenciar el conflicto?

4. Ignorar o estimular el conflicto

Muchos son los estudios que confirman que el conflicto intergrupal puede ser recomendable en situaciones muy armoniosas o en las que se reprime la discusión. De hecho, puede ser recomendable animar e intensificar el conflicto más que prevenirlo y mitigarlo.

Van de Vliert y K. W. de Dreu (2006) comentan que «estimular el conflicto es jugar con fuego, se corre el riesgo de evocar espíritus que se niegan a ser refrenados y los cambios resultantes pueden ser muy diferentes a los que se pretendían inicialmente. Desafortunadamente se han desarrollado pocos trabajos sobre las condiciones en las que se debería evitar el conflicto o se debería estimular si se desea emplearlo como un medio para mejorar el rendimiento organizacional. Es evidente que hay situaciones donde se escala el conflicto sin encontrar una mejora en el rendimiento, al igual que hay mejoras del rendimiento sin que aparezca el escalamiento del conflicto. El rendimiento es una medida de productividad que se refiere al logro efectivo de los objetivos o metas (v. g. Pritchard, 1992; Robbins,

1991). De este modo, el rendimiento óptimo indica el mejor o el más favorable nivel de productividad. Los objetivos son cruciales en la conceptualización del rendimiento, ya que son el criterio con el que se evalúa la bondad del mismo. En el marco de muchos conflictos sociales, el logro de los propios objetivos está más o menos en discrepancia con el logro de los objetivos de las otras partes en conflicto y con los objetivos que puedan tener en común las partes implicadas. Esto es, el logro de los objetivos de una de las partes en conflicto podría ser nocivo para el logro de los objetivos de cualquiera de las otras partes implicadas, así como para el rendimiento conjunto de todos los participantes. Definimos el rendimiento como el logro eficaz de las metas comunes, tales como la elevada calidad de las decisiones en grupo, la aceptación afectiva por todos los miembros implicados y los altos resultados comunes».

4.1. Condiciones para estimular el conflicto

Los autores (2006) comentan que las condiciones de la estimulación del conflicto para mejorar el rendimiento está relacionado con variables moderadoras. Es decir, según el tipo de conflicto, el nivel de tensión y la interdependencia de metas.

Las condiciones de la estimulación del conflicto, las desarrollamos a continuación:

- *Conflictos orientados a la tarea frente a conflictos relacionales.* Se recomienda estimular e intensificar los conflictos orientados a la tarea, además de prevenir y mitigar los conflictos orientados a la identidad. Sin embargo, esta valiosa recomendación probablemente no es infalible y su aplicabilidad puede ser útil particularmente cuando se dan otras condiciones. En primer lugar, es debatible que no exista conexión entre la tarea y la emoción. En segundo lugar, rara vez ocurren por separado conflictos puramente de tarea y conflictos puramente relacionales o de identidad. Efectivamente, un conflicto puede definirse como la experiencia tanto de desacuerdo cognitivo como de tensión afectiva. En tercer lugar, la intensificación del conflicto puede convertir fácilmente los conflictos de tarea en conflictos de identidad (Walton, 1969).

En resumen, la estimulación unilateral de los aspectos relacionados con la tarea, en caso de ser posible, puede fácilmente excederse abarcando también los aspectos emocionales del conflicto. Por tanto, merece la pena considerar otras condiciones adicionales para que la estimulación del conflicto tenga éxito.

- *Bajo nivel de tensión frente a alto nivel de tensión.* Según Walton (1969) la capacidad de un individuo para el pensamiento complejo y efectivo se altera de forma curvilínea a medida que el nivel de tensión se incrementa. Consecuentemente, hay autores para los que la habilidad máxima de un grupo para adquirir un compromiso o solucionar un conflicto está presente con un moderado nivel de tensión.

  Walton (1969) distinguía tres niveles de tensión en un conflicto (bajo, moderado y alto) con efectos diferentes en la utilización de información y en los resultados del proceso de gestión del conflicto. Conflictos con un bajo nivel de tensión conducen a las partes a la inactividad y la evitación, a descuidar la información, y a la consecución de una baja ejecución, puesto que no perciben la sensación de urgencia ni la necesidad de actuar con determinación. En el caso de un moderado nivel de tensión, las partes buscarán e integrarán una mayor información, considerarán un mayor número de alternativas y experimentarán un impulso más fuerte por mejorar la situación. Los conflictos en los cuales existe un alto nivel de tensión reducen la capacidad para percibir, procesar y evaluar la información. Esto produce interacciones agresivas y defensivas que tiene como resultado consecuencias menos eficaces o totalmente destructivas. En línea con el modelo de Walton, los resultados de las investigaciones de Corwin (1969) señalan que si en las organizaciones se incrementa la discrepancia en forma de desacuerdos leves, el número de desacuerdos graves y la posibilidad de un escalamiento del conflicto se reduce, mediante la formación de coaliciones. Del mismo modo, las investigaciones derivadas de la influencia social muestran repetidamente que el nivel de desacuerdo bajo o excesivo entre la fuente y el objeto de influencia produce un análisis menos sistemático de la información relevante, y una relación conflictiva entre la fuente y el objeto de influencia. Aplicado al entorno del conflicto social, Carnevale (1991) mostró que los participantes que anticipaban negociaciones hostiles y polémicas eran mucho menos creativos resolviendo problemas que los participantes que anticipaban negociaciones amistosas y colaborativas.

En conjunto, los conflictos de muy alta o muy baja intensidad tienen tendencia a dañar más que beneficiar a las partes, mientras que los conflictos moderadamente escalados benefician a las partes. En definitiva, si existe un bajo nivel de tensión, se requerirá una limitada estimulación del conflicto para mejorar la ejecución. Cabe concluir que en conflictos moderadamente escalados es mejor iniciar la negociación o la mediación si se quieren asegurar resultados de calidad. Finalmente, si el nivel de tensión es muy elevado, puede optarse por no actuar temporalmente o realizar alguna concesión para mitigar la intensidad del conflicto.

- *Interdependencia positiva de metas frente a interdependencia negativa de metas.* Cooley (1909) contrastó la oposición entre amigos y la oposición entre enemigos. Los amigos manejan sus conflictos constructivamente porque se encuentran unidos, mientras que los enemigos manejan sus conflictos destructivamente porque tienen visiones e intereses opuestos. En palabras de Deutsch (1973) un conflicto tiene consecuencias constructivas o negativas dependiendo de si las partes perciben interdependencia positiva o negativa entre el logro de sus respectivos objetivos. Un nexo positivo entre los objetivos de la parte A y la parte B produce la cooperación, la cual va seguida de consecuencias beneficiosas para las partes. Por otro lado, un nexo negativo entre los objetivos de la parte A y la parte B produce la competición, la cual va seguida de consecuencias perjudiciales.

  El argumento de Deutsch consiste en lo siguiente. La gente persigue sus metas mediante el despliegue de actividades, de forma que un conflicto surge tan pronto como las partes perciben que sus actividades son mutuamente incompatibles, y los resultados se mostrarán constructivos o destructivos dependiendo de la relación existente entre sus respectivas metas. En caso de la interdependencia positiva de los fines, las partes perciben que las actividades para conseguir las metas son incompatibles, pero del mismo modo se percibe la compatibilidad entre el logro de los propios objetivos y los del otro: de este modo las partes implicadas subsisten o fracasan juntas. Ejemplos típicos de interdependencia positiva son cierta crisis que únicamente pueden resolverse con esfuerzo mutuo, como un terremoto; otro ejemplo son los desacuerdos laborales dentro de un clima general de trabajo en equipo.

En los casos de percepción de interdependencia positiva, el conflicto tiende a dar un giro constructivo por tres razones (Deutsch, 1973). Primero, la parte A puede moverse hacia su propia meta como consecuencia de las acciones de la parte B, y viceversa. Las partes, por tanto, desarrollan una voluntad para permitir que las acciones de la otra parte sustituyan sus propias acciones (sustituibilidad). Segundo, si la parte A se ha movido hacia sus propias metas como consecuencia de las acciones de la parte B, la parte A desarrollará actitudes positivas hacia la parte B y querrá cooperar con la parte B durante el curso del conflicto (catexia positiva). Tercero, si las acciones de la parte B han movido a la parte A hacia sus propias metas, es de esperar que la parte A esté motivada para facilitar las acciones de la parte B y sea sensible a las peticiones de la parte B (inducibilidad).

En caso de la interdependencia negativa de fines, las partes perciben que las actividades necesarias para conseguir los objetivos son incompatibles al igual que lo es el logro de sus propias metas y el logro de las metas del adversario: si una parte nada, la otra se hunde. Bornstein y Erev manipularon el nivel de interdependencia negativa en una tarea de recoger naranjas. Estas situaciones son vistas como una competición por recursos escasos, como el dinero, las comodidades, determinados materiales, el espacio, la mano de obra, la información, el estatus, el poder. Como resultado, los competidores se niegan a aceptar que las propias acciones sean sustituidas por las acciones del otro (no sustituibilidad), se desarrollan mutuamente actitudes negativas (catexia negativa), y uno se resiste a ser influido por su oponente (no inducibilidad). El conflicto, por tanto, adopta un giro destructivo (Amason y Schweider, 1994).

Una tercera categoría entre la interdependencia positiva y la negativa consiste en la no interdependencia, la cual se caracteriza por actividades incompatibles y la ausencia de una relación positiva o negativa entre los objetivos propios y los objetivos de otro. Por ejemplo, dos representantes de ventas de diferentes compañías que venden productos diferentes en regiones diferentes pueden tener un conflicto sobre la permisibilidad ética de una táctica de venta. Bornstein y Erev llaman a esa situación, en que las metas de las partes no están relacionadas, "condición personal". La no interdependencia tiene menos consecuencias constructivas que la interdependencia positiva, pero menos consecuencias destructivas que la interdependencia negativa de metas (Johnson y Johnson, 1989).

En conjunto, los conflictos que se encuentran en una estructura de interdependencia positiva de metas tienden a seguir un curso constructivo, por lo que la estimulación del conflicto no es aconsejable si las partes del conflicto perciben claramente interdependencia negativa o no interdepencia de metas, porque esto tiende a disminuir más que a incrementar el desempeño.

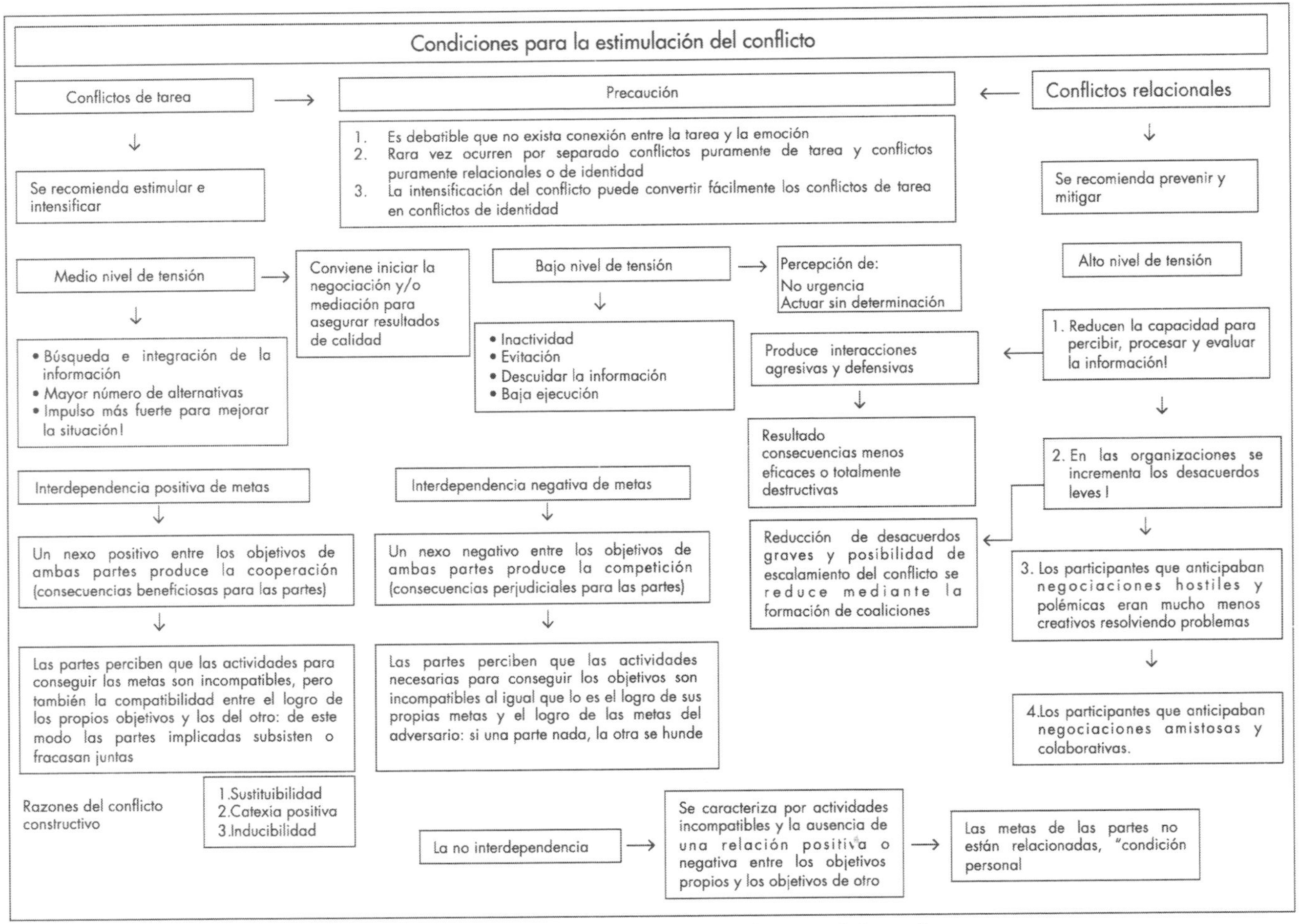

Figura 27. **Condiciones para la estimulación del conflicto.**

5. Modelo Racional de Resolución de Conflictos

Carneiro (2007) define los estilos para hacer frente a los conflictos, donde tiene en cuenta al menos un principio: siempre ha de mantenerse la calma en situaciones de conflicto. El primero de los grandes pasos, en el Modelo Racional de Resolución de Conflictos, supone abordar las emociones. Cuyos pasos son: 1) Tratar a la otra persona con respeto. 2) Escuchar hasta haberse formado una idea del punto de vista del otro, así como de su vivencia de la situación. 3) Indicar por nuestra parte el punto de vista propio, el conjunto de nuestras necesidades y los sentimientos que nos provoca la situación.

Continúa diciendo que a partir de este momento, se pueden dar tres posibilidades: a) Aceptar o no la situación que se plantea. b) Aceptar o no la vía de solución, en este planteamiento se puede buscar otra solución, es decir, no se tiene que asumir cualquier tipo de solución que se plantea. c) Aceptar o no las consecuencias de afrontar la situación y llevarlas a término. Se puede estar de acuerdo en la vía de solución, pero no necesariamente en la manera de hacerlo.

Carneiro entiende que para intervenir en un conflicto hay que:

1. Cerciorarse de que existe el problema o conflicto, sobre todo si somos "sujeto paciente".
2. Comprobar que no haya existido ninguna situación de no colaboración que se pueda mostrar.
3. Constatar que la situación haya llegado a un punto muerto que exige intervención.
4. No dejar de intervenir cuando la situación haya entrado en un proceso de claro deterioro.
5. No utilizar nunca juicios ni informaciones subjetivas para abordar el problema.
6. Tener siempre un as en la manga, es decir, un dato o datos objetivos que puedan demostrar que el conflicto está teniendo resultados negativos demostrables.
7. Recordar que hay que mantener la calma, así como abordar primero las emociones, tanto las ajenas como las propias.

8. Mostrar siempre buena voluntad y deseo de buscar una solución aceptable para la otra parte.
9. Recordar que el contrincante también tendrá razones igualmente válidas para él o ella.

Este modelo de intervención lo denomina Modelo Racional de Resolución de Conflictos y hace la siguiente tabla:

Modelo Racional de Resolución de Conflictos. I. Abordar primero las emociones	
Paso 1: Tratar a la otra persona con respeto.	▪ Invitar a la otra persona a analizar la situación, escuchar sus argumentos, mirándola de manera cordial, utilizando un tono de voz constructivo, eligiendo las palabras y el tipo de razonamiento a utilizar. ▪ Pedir calma y definir claramente la situación así como la razón.
Paso 2: Escuchar hasta "formarnos una idea" tanto de la situación como del punto de vista de la otra persona.	▪ Comprender el contenido y propuestas de la otra persona, lo que para ella significa la situación así como los sentimientos que le genera. ▪ Replantear la situación teniendo en cuenta su postura, sin ofrecer disculpas o explicaciones. ▪ Si la otra persona divaga o se altera, pedirle calma y que se exprese con tranquilidad.
Paso 3: Indicar nuestro punto de vista, así como nuestras necesidades y sentimientos.	▪ Indicar brevemente cuál es nuestro punto de vista sobre la situación. ▪ Utilizar mensajes en primera persona o "mensajes YO" para indicar con convicción nuestros sentimientos sobre el efecto del conflicto. ▪ Decir la verdad sobre el conflicto, expresarlo y explicar los efectos que nos produce.

Fuente: Carneiro, M. (2007).

Figura 28. **Modelo Racional de Resolución de Conflictos.**

5.1. Reglas fundamentales de intervención

El autor, siguiendo con su Modelo Racional de Resolución de Conflictos, aborda los conflictos con una serie de unas pautas. En este sentido lo primero que hace este Modelo es abordar primero las emociones, y después las cuestiones fundamentales.

Tres son las reglas fundamentales que deben presidir la intención de resolver un conflicto en clave de método aplicado:

- Observar el proceso para anticiparse ante el posible enconamiento de la situación.
- Estar presente física e intelectualmente durante el proceso de resolución.
- Demostrar mediante actitudes y argumentos que se está en disposición de resolver.

5.2 Pautas de comportamiento

A partir de estas tres reglas entendidas como actitudes básicas para la gestión y resolución, hay diez pautas de comportamiento a seguir durante el procedimiento de gestión y resolución:

1. Aclarar desde el inicio las causas que provocan la situación.
2. Diferenciar entre el conflicto real y el percibido, es decir, hay que acotar las dimensiones del conflicto y no dejarse llevar por las impresiones del interlocutor. Puede ser menos grave lo que ocurre de lo que en principio parezca.
3. No hay que buscar culpables. Como mucho, responsables, sobre todo al principio.
4. Tener siempre presente una mentalidad de colaboración y expresarlo.
5. Al buscar alternativas, que éstas sean aceptables y aceptadas por las partes.
6. Una vez que se considera una alternativa, decidirse por ella y llevarla a cabo.
7. Lograr un compromiso, consensuados por ambas partes.
8. Adelantarse a las consecuencias y tratar de despejar las derivadas posibles de la resolución.

9. No olvidar hacer un seguimiento del problema o conflicto aunque aparentemente esté resuelto.
10. No pasar facturas. Si se ha terminado la cuestión o el conflicto debidamente, aunque hayan quedado algunos cabos sueltos, eso sí, menores, no volver constantemente al proceso. Hay que ser magnánimo, olvidar la situación y no alardear de la capacidad para encauzar y resolver situaciones de dificultad.

También determina, una vez abordada la emoción con la otra parte que es cuando se puede abordar el conflicto, las cuestiones fundamentales, las cuales las ponemos en el siguiente gráfico:

Modelo Racional de Resolución de Conflictos. II. Abordar después las cuestiones fundamentales	
Paso 4: Definir el problema en términos de necesidades y no de soluciones.	▪ Afirmar la propia postura. ▪ Escuchar el punto de vista del otro. ▪ Resumir ambas posturas en una sola frase.
Paso 5: Poner en común ideas y sugerencias sobre las soluciones posibles.	▪ Generar opciones o alternativas posibles. ▪ Estimar cada punto de vista. ▪ Pensar en clave de alternativa y resolución.
Paso 6: Elegir la solución o la combinación de soluciones que mejor satisfagan.	▪ Clasificar las soluciones posibles. ▪ Pedir preferencias y pareceres. ▪ Elegir conjuntamente una o más alternativas.
Paso 7: Planificar la puesta en marcha de la o las soluciones.	▪ Fijar los términos de la solución elegida. ▪ Establecer fechas para la resolución. ▪ Si es necesario, poner los términos por escrito.
Paso 8: Aplicar el plan previsto.	▪ Determinar responsabilidades. ▪ Establecer compromisos actuales y futuros. ▪ Cambiar o resolver vías de acción inadecuadas.
Paso 9: Evaluar el proceso de resolución del conflicto y asumir la solución.	▪ Analizar el desarrollo del proceso de resolución. ▪ Opinar constructivamente sobre lo realizado. ▪ Sacar conclusiones y felicitarse por el resultado.

Fuente: Carneiro, M. (2007).

Figura 29. **Modelo Racional de Resolución de Conflictos (II).**

Estudios sobre la gestión de conflictos

8

Son muchos los autores que han escrito sobre la gestión de conflicto, y son muchos los estudios que se han realizado sobre el tema, entre los cuales hemos querido recoger algunos de ellos cuyos resultados han resultado significativamente relevantes. Las autores de este libro presentaremos un nuevo modelo (MERC), desarrollado en el capítulo 10. El propósito de este modelo es elaborar un nuevo constructo mental pedagógico apoyado en las teorías existentes y con un único objetivo, que es hacer que la resolución de conflictos pueda convertirse en un modelo de eficacia.

Para ello nos hemos apoyado en factores imprescindibles como las expectativas, los plazos de tiempo (corto, medio y largo plazo) y sobre todo en un dato imprescindible y es el cambio de perspectiva, es decir, una de las variables imprescindibles que veremos en su desarrollo es "Lo que creo que pretende conseguir el otro", ya que hasta ahora se tomaba la variable "que quiere el otro", sin saber feacientemente aquello que pretende conseguir el contrario.

1. Kenneth W. Thomas y Thomas Gail Fann

Kenneth W. Thomas y Thomas Gail Fann (2008) realizaron un estudio donde se estudiaron los estilos de conflicto según el nivel de organización y el género. Partieron de una muestra de 200 mujeres y 200 hombres trabajadores. Los 400 trabajadores, estaban distribuidos en 6 categorías profesionales, distribuidos desde el nivel más básico hasta altos directivos. Este diseño permitió poner a prueba la relación entre el estilo de afrontamiento y el nivel de organización, así como la comparación de las diferencias de género en los estilos a través de los niveles de la organización.

Los resultados mostraron que los estilos de Competencia y de Colaboración, aumentaban monótona y progresivamente en los niveles más altos de la organización. Mientras que los estilos de Evasión y Cesión disminuían. En cuanto al estilo de Compromiso muestra una distribución normal para los niveles de la organización, disminuyendo en los niveles más altos y más bajos. El gran hallazgo en cuanto al género fue que la puntuación obtenida por los hombres era significativamente más alta en el estilo de Competencia para los seis niveles de la organización.

2. Chusmir y Mills

Chusmir y Mills (1989) realizaron un estudio de 201 directivos. La muestra estaba compuesta por 99 hombres y 102 mujeres que ocupaban diferentes roles, por un lado, en el trabajo; y por otro, en el hogar. Este estudio comprobó que tanto los hombres como las mujeres, utilizan diferentes comportamientos en la resolución de conflictos, dependiendo estos comportamientos del rol que se ocupa en cada situación. Ambos géneros tendían a resolver los conflictos desde el estilo de Competencia más en el rol que se realiza en el trabajo, que en el desempeñado en el hogar. Ambos géneros utilizan el estilo de Cesión con mayor frecuencia en el hogar que en el trabajo. Por otro lado, las mujeres directivas de nivel inferior, estaban más dispuestas a usar el estilo de Colaboración y menos dispuestas a usar el estilo de Evasión en el hogar. Los hombres directivos, generalmente utilizaban menos el estilo de Compromiso en el hogar que en el puesto de trabajo. En este mismo estudio, en el trabajo, los directivos de niveles más altos usaban más, el estilo de Competencia, que los directivos de niveles más bajos. Además, utilizaban menos el estilo de Cesión, que los directivos de bajo nivel. Esto se confirmó en ambos géneros, aunque la relación era más fuerte en los hombres.

En los estudios anteriores relacionados con los estilos de afrontamiento de conflicto, se cuenta a menudo con una muestra proporcionalmente pequeña de mujeres. Holt y DeVore (2005). Rahim (1983) de una gran muestra escogida a nivel nacional de 1.219 sujetos, sólo 50 eran mujeres. El interés por las diferencias de género ha crecido tanto, que la proporción de mujeres ha aumentado en las tres últimas décadas. Como es el caso del número de mujeres ejecutivas y de alta dirección, en las que también ha aumentado de forma continua. Aunque su representación sigue siendo aun baja en relación a los hombres (Appelbaum et al., 2003).

Tomey (1995) afirma que en la práctica, el estilo de Colaboración, es el estilo más eficaz.

3. Holt y DeVore

Holt y DeVore (2005) realizaron un meta-análisis sobre datos relacionados con el autoregistro en relación a los estilos de conflictos en 36 estudios sobre miembros de la organización. En general, encontraron que los hombres en las culturas individualistas, entre las que se encuentra EE.UU., utilizan más el estilo de Competencia, mientras que las mujeres utilizan más el estilo de Compromiso.

4. Nancy A. Schaubhut

Tras revisar el informe técnico realizado por Nancy A. Schaubhut (2007) donde se trabaja con grandes muestras para la actualización del Thomas-Kilmannn Instrument (TKI) N=8.000, se afirma que la muestra utilizada originalmente comparada con la muestra utilizada para la actualización con 8.000 sujetos, no demuestran prácticamente diferencias significativas para el género, el nivel organizacional, nivel educacional o raza. En cuanto a los análisis realizados para la actualización, demuestran en cuanto al género, tras realizar el ANOVA, que no hay diferencias estadísticamente significativas, excepto en el estilo de Colaboración. En cuanto al ANOVA realizado para los niveles organizacionales, los resultados muestran que no hay ninguna diferencia significativa para ninguno de los estilos de afrontamiento. Los resultados presentes en el informe, confirman la consistencia con un estudio reciente que incorpora el género y el nivel organizacional (Thomas, Merriam, Schaubhut, Donnay, y Thomas, 2006) este estudio encuentra que las mujeres utilizan menos el estilo de Competencia que los hombres. Y tanto hombres como mujeres, en los niveles más altos de la organización, usan más a menudo los modos asertivos (estilos de Competencia y Colaboración) y usan menos a menudo los modos menos asertivos (estilos de Evasión y Cesión).

5. Alonso A. et. al.

Hemos realizado un trabajo (2011) dirigido principalmente hacia el estudio de los estilos de afrontamiento de conflicto en trabajadores activos, teniendo en cuenta la edad, el género y el cargo que ocupa en la empresa, dentro de la Comunidad de Madrid.

Las hipótesis planteadas fueron las siguientes:

- Con un mayor nivel jerárquico, el sujeto utiliza un estilo concreto que es el de Competencia. En tanto los niveles inferiores utilizan el estilo de Evasión.
- El género condiciona a distintos estilos de afrontamiento de conflictos dentro de los niveles jerárquicos.

Se escogió una muestra de 619 sujetos, de los cuales, 99 eran Directivo, 318 Mando Intermedio y 202 Colaborador. 312 son hombres y 307 mujeres. La edad media era de 37,17 años, con edades comprendidas entre 19 y 64 años.

Todos estos sujetos pertenecían a los sectores de la consultoría, salud, servicios y la construcción.

Como variable independiente se tomó el cargo, el género, y los intervalos de edad de los sujetos. Y como variable dependiente, los estilos de afrontamiento de conflicto expuesto en el cuestionario de Thomas-Kilmann Instrument (TKI) de Thomas K.W. y Kilmann R. H. (1974).

Los estilos de afrontamiento que se analizan son los siguientes:

- COMPETENCIA. Es un modo orientado hacia el poder, en el que para imponer la posición propia se emplea cualquier medio que parezca apropiado, ya sea la capacidad para discutir, la jerarquía, o sanciones económicas.
- COLABORACIÓN. Es el opuesto de la Evasión. Implica el intento de trabajar con el otro para encontrar una solución que satisfaga plenamente los objetivos de ambos. Supone analizar un tema para identificar los intereses de los dos individuos y encontrar una alternativa que responda a los requerimientos de ambos.
- COMPROMISO. El objetivo es encontrar una solución expeditiva y mutuamente aceptable que satisfaga parcialmente a ambas partes. Implica "partir la diferencia", intercambiar concesiones, o intentar una rápida solución intermedia.

- EVASIÓN. El individuo no persigue en principio ni sus intereses ni los del otro. No resuelven el conflicto. Puede asumir la forma de soslayar diplomáticamente un tema o postergarlo, o simplemente evitar una situación amenazadora.
- CESIÓN. No hay determinación, pero sí cooperación. Al ceder, un individuo deja de lado sus propios intereses para satisfacer los de otra persona. En este modo hay un elemento de autosacrificio.

5.1. Datos obtenidos

Los resultados obtenidos del siguiente estudio fueron realizados en función de las variables independientes: 1) totalidad de la muestra, 2) intervalos de edad, 3) género, 4) cargo, y por último, 4) cargo y género.

5.1.1 Totalidad de la muestra

Según los datos obtenidos para la totalidad de la muestra. La jerarquización de los estilos de afrontamientos son, primero Compromiso, en segundo lugar Evasión, tercero Colaboración, en cuarto lugar Cesión, y por último, Competencia.

Estilos de Afrontamiento	Media
COMPROMISO	8,44
EVASIÓN	6,31
COLABORACIÓN	5,62
CESIÓN	5,52
COMPETENCIA	4,11

Figura 30. **Estilos de afrontamiento del conflicto.**

En el estudio realizado por Rahim y Bonoma (1979), se confirma que los estilos de integración y dominación han sido los más utilizados por los negociadores españoles en la gestión del conflicto. El estilo de integración y dominación, se corresponden con los estilos de Colaboración y Competencia, respectivamente para el cuestionario TKI. Los estilos más utilizados para la totalidad de nuestra muestra, son los estilos de Compromiso y Evasión, al contrario de lo que ocurre en este estudio realizado por Rahim y Bonoma (1979).

En consonancia con los resultados que hemos obtenido en nuestra investigación, encontramos que los estudios desarrollados en nuestro contexto cultural para contrastar el empleo de estos estilos por parte de los directivos españoles, donde han mostrado, que la integración (Colaboración) es el estilo más empleado, seguido del compromiso y la evitación. A su vez, el servilismo (Cesión) y la dominación (Competencia) resultan ser los estilos menos empleados.

Por tanto, en nuestra investigación, coincidimos en el estilo de Colaboración (integración) como uno de los estilos más usados. Al igual que el estilo de Competencia (dominación), es uno de los estilos menos utilizado. Además, se da en el estilo Competitivo una tendencia a una baja puntuación.

En nuestra investigación, por tanto, el estilo más usado, tanto por hombres como mujeres, independientemente de la edad y del cargo que ocupen, es el estilo de *Compromiso.* Estilo dónde el objetivo es encontrar una solución expeditiva y mutuamente aceptable que satisfaga parcialmente a ambas partes. Esta conducta puede significar "partir la diferencia", intercambiar concesiones, o intentar una rápida solución intermedia tal y como definieron los autores Thomas, K. W., & Kilmann, R. H. (1974).

Mientras que el estilo que menos se utiliza, es el de Competencia, dónde el individuo procura satisfacer sus propios intereses a expensas de los del otro. Es un modelo orientado hacia el poder, en el que para imponer la posición propia se emplea cualquier medio que parezca apropiado, ya sea la capacidad para discutir, la jerarquía, o sanciones económicas. Este estilo puede significar defender los derechos propios, sostener una posición que se cree correcta, o simplemente, tratar de ganar.

Esta misma jerarquización de los estilos de afrontamiento que hemos obtenido, Compromiso, Evasión, Colaboración, Cesión y Competencia, coincide con otros grupos dentro de nuestra muestra, entre los que se encuentran, el grupo de sujetos con edades comprendidas entre 31 y 45 años, el grupo total de hombres, y el grupo que comprende el mando intermedio.

La tendencia de cada uno de los estilos según las puntuaciones de cada uno de los sujetos, sabiendo que se puntúa entre "0" y "12". Ha sido de la siguiente forma:

- Competencia, tiene una tendencia a las puntuaciones bajas.
- Colaboración, se da una a las puntuaciones medias.
- Compromiso, hay una tendencia a las puntuaciones altas.
- Evasión, se da una tendencia a las puntuaciones medias.
- Cesión, hay una tendencia a las puntuaciones medias.

5.1.2 Intervalos de edad

La jerarquización de los estilos que los trabajadores realizan según los intervalos de edad, nos muestra que para las edades menores o iguales de 30 años, el estilo de Compromiso ocupa el primer lugar, después está el estilo de Evasión, en tercer lugar el estilo de Cesión, en cuarto lugar el de Colaboración, y por último, el estilo de Competencia.

	Intervalos de edad		
	≤30	31-45	46≥
Estilos de afrontamiento	Compromiso ($\bar{x}$ = 8,3)	Compromiso ($\bar{x}$ = 8,42)	Compromiso ($\bar{x}$ = 8,69)
	Evasión ($\bar{x}$ = 6,62)	Evasión ($\bar{x}$ = 6,3)	Colaboración ($\bar{x}$ = 6,08)
	Cesión ($\bar{x}$ = 5,82)	Colaboración ($\bar{x}$ = 5,56)	Evasión ($\bar{x}$ = 5,93)
	Colaboración ($\bar{x}$ = 5,45)	Cesión ($\bar{x}$ = 5,55)	Cesión ($\bar{x}$ = 5,01)
	Competencia ($\bar{x}$ = 3,84)	Competencia ($\bar{x}$ = 4,16)	Competencia ($\bar{x}$ = 4,29)

Figura 31. **Estilos de afrontamiento del conflicto según la edad.**

Estos mismos datos se muestran de forma gráfica en la siguiente figura.

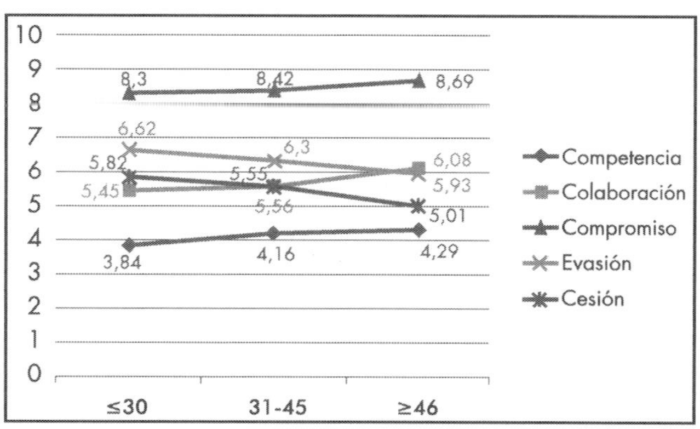

Figura 32. **Estilos de afrontamiento del conflicto según la edad (II).**

Con esta misma jerarquización que realizan los menores o igual de 30 años, nos encontramos con los grupos de la población total femenina y en concreto en el cargo colaborador.

CARGO	GÉNERO		
	Hombre	Mujer	
Directivo	Compromiso ($\bar{\chi}$ = 8,60) Colaboración ($\bar{\chi}$ = 6,37) Cesión ($\bar{\chi}$ = 5,66) Evasión ($\bar{\chi}$ = 4,91) Competencia ($\bar{\chi}$ = 4,44)	Compromiso ($\bar{\chi}$ = 8,74) Evasión ($\bar{\chi}$ = 6,19) Colaboración ($\bar{\chi}$ = 5,48) Cesión ($\bar{\chi}$ = 5,10) Competencia ($\bar{\chi}$ = 4,55)	Estilos de afrontamiento de conflicto
Mando Intermedio	Compromiso ($\bar{\chi}$ = 8,82) Evasión ($\bar{\chi}$ = 6,07) Colaboración ($\bar{\chi}$ = 5,39) Cesión ($\bar{\chi}$ = 4,90) Competencia ($\bar{\chi}$ = 4,82)	Compromiso ($\bar{\chi}$ = 8,37) Evasión ($\bar{\chi}$ = 6,68) Cesión ($\bar{\chi}$ = 5,58) Colaboración ($\bar{\chi}$ = 5,39) Competencia ($\bar{\chi}$ = 4,01)	
Colaborador	Compromiso ($\bar{\chi}$ = 7,83) Evasión ($\bar{\chi}$ = 6,32) Colaboración ($\bar{\chi}$ = 6,31) Cesión ($\bar{\chi}$ = 5,54) Competencia ($\bar{\chi}$ = 4,00)	Compromiso ($\bar{\chi}$ = 8,18) Evasión ($\bar{\chi}$ = 6,96) Cesión ($\bar{\chi}$ = 6,31) Colaboración ($\bar{\chi}$ = 5,45) Competencia ($\bar{\chi}$ = 3,10)	

Figura 33. **Estilos de afrontamiento del conflicto según el género y el cargo.**

Esta coincidencia entre los resultados obtenidos entre los menores o iguales de 30 y las mujeres con el cargo de colaborador, podría deberse al alto porcentaje de mujeres para el cargo de colaborador. Ya que se da un 64,9% de mujeres frente al 35,1% de hombres.

Por el contrario, el porcentaje de mujeres en puestos de dirección sigue siendo aun baja en relación a los hombres (Appelbaum et al., 2003), al igual que ocurre en nuestra muestra con un 31,3% de mujeres frente al 68,7% de hombres.

Para las edades iguales o superiores a 46 años, el estilo de Compromiso ocupa el primer lugar, seguido del de Colaboración, el de Evasión, el de Cesión, y para concluir con el estilo de Competencia.

Por todo ello, el estilo de Compromiso, es el más usado por todos los sujetos de todas las edades de la población de la muestra, mientras que el menos utilizado, es el estilo de Competencia.

El orden jerárquico según los intervalos de edad en cada estilo de afrontamiento de conflicto ha sido, para los estilos de Competencia, de Colaboración y Compromiso, los más usados por los que tienen una edad mayor o igual a 46 años, seguido por el intervalo comprendido entre 31 y 45 años, para finalizar con los sujetos menores o iguales a 30 años. Mientras que para los estilos de Evasión y Cesión, ha sido a la inversa. Es decir, los sujetos menores o iguales a 30 años han usado en primer lugar estos estilos de afrontamiento, de Evasión y Cesión, seguido del grupo de edades comprendido entre 31 y 45 años, y por último, los que tienen una edad mayor o igual a 46 años. Esto implica que los trabajadores con una edad mayor o igual a 46 años, tienden a puntuar más en el estilo de Competencia, Colaboración y Compromiso. Mientras que los menores de 30 años, tienden a puntuar más alto en los estilos de Evasión y Cesión.

El estilo de Cesión, en relación a los intervalos de edad, es el único valor estadísticamente significativo. Los menores o iguales de 30 años, utilizan más el estilo de Cesión, en comparación con los que son mayores o iguales a 46 años.

5.1.3 Género

En relación a los datos obtenidos para el género, la jerarquización de los estilos de afrontamientos para la población masculina, son en primer lugar el estilo de Compromiso, seguido del de Evasión, Colaboración, Cesión y Competencia.

Coincidiendo con los grupos formados por, los sujetos con edades comprendidas entre 31 y 45 años los formados por el cargo de mando intermedio, y para la totalidad de la muestra.

En el caso de la población femenina, ocupa el primer puesto el estilo de Compromiso, continuando los estilos de Evasión, Cesión, Colaboración y Competencia. Datos que coinciden con los realizados por los colaboradores y el grupo formado por sujetos de edad menor o igual a 30 años.

	GÉNERO	
	Hombre	Mujer
Estilos de afrontamiento	Compromiso ($\bar{x}$ = 8,54)	Compromiso ($\bar{x}$ = 8,33)
	Evasión ($\bar{x}$ = 5,88)	Evasión ($\bar{x}$ = 6,75)
	Colaboración ($\bar{x}$ = 5,81)	Cesión ($\bar{x}$ = 5,84)
	Cesión ($\bar{x}$ = 5,21)	Colaboración ($\bar{x}$ = 5,43)
	Competencia ($\bar{x}$ = 4,55)	Competencia ($\bar{x}$ = 3,67)

Figura 34. **Estilos de afrontamiento del conflicto según el género.**

Estos mismos datos se muestran de forma gráfica en la siguiente figura.

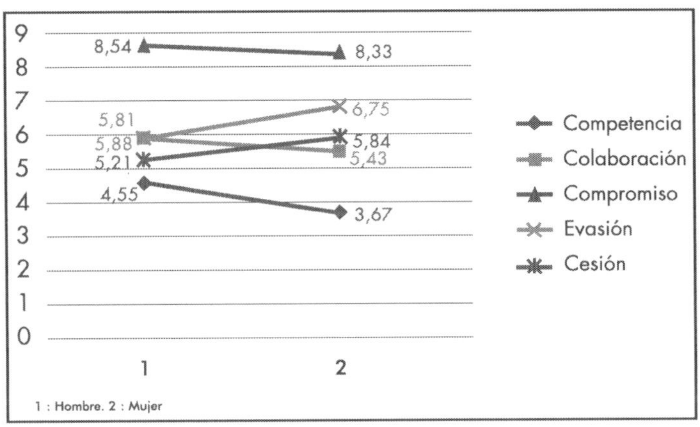

Figura 35. **Estilos de afrontamiento del conflicto según el género (II).**

Al igual que se muestra en nuestro estudio donde el estilo de Compromiso es el más utilizado por el grupo de mujeres. Holt y DeVore (2005) a partir de un meta-análisis realizado con 36 estudios en relación a los estilos de conflictos, vieron también que el estilo de Compromiso, era el estilo más usado por las mujeres en las culturas individualistas.

En cuanto a las medias y su significación por género, hay diferencias significativas en los estilos de Competencia, Colaboración, Evasión y Cesión. En el informe técnico realizado por Nancy A. Schaubhut (2007) no demuestra prácticamente diferencias significativas para el género.

Los estilos de Competencia, Colaboración y Compromiso, son más utilizados por los hombres, los estilos de Evasión y Cesión son los más usados por las mujeres.

En el estudio realizado por Thomas, Merriam, Schaubhut, Donnay y Thomas (2006) se encuentra que las mujeres utilizan menos el estilo de Competencia que los hombres. Al igual que ocurre en nuestro estudio.

No hemos encontrado diferencias significativas para el estilo de Compromiso.

Según Holt y DeVore (2005), en los estudios relacionados con los estilos de afrontamiento de conflicto, se cuenta a menudo con una muestra proporcionalmente pequeña de mujeres. Este dato, lo confirma Rahim (1983), ya que de una gran muestra escogida a nivel nacional de 1.219 sujetos, sólo 50 eran mujeres. El interés por las diferencias de género ha crecido tanto, que la proporción de mujeres ha aumentado en las tres últimas décadas. Como es el caso del número de mujeres ejecutivas y de alta dirección, en las que también ha aumentado de forma continua. Aunque su representación sigue siendo aun baja en relación a los hombres (Appelbaum et al., 2003). En nuestro estudio, se confirma este dato, puesto que los hombres directivos son el 68,7% frente a las mujeres directivo que ocupan el 31,3%. Respecto al mando intermedio, se tiende a dar un equilibrio, puesto que, las mujeres que ocupan el cargo de mando intermedio son el 45,6% frente al mando intermedio masculino con un 54,4%. Viéndose claramente un equilibrio entre los hombres y mujeres para el mando intermedio.

5.1.4 Cargo

Los resultados obtenidos sobre el orden de jerarquía según el cargo, en relación con el directivo, el estilo más utilizado es el de Compromiso, seguidos por los estilos de Colaboración, Cesión, Evasión y Competencia.

Los trabajos realizados con directivos españoles (Munduate, Ganaza y Alcaide, 1993; Serrano y Remeseiro, 1987) apuntan a la tendencia de éstos a alejarse de la confrontación y a moverse hacia técnicas más asertivas y menos autoritarias. Podría haber un paralelismo en nuestro estudio, únicamente con el estilo de Colaboración, situado en segundo lugar.

Para el mando intermedio, el orden establecido es, primero el estilo de Compromiso, para continuar con los estilos de Evasión, Colaboración, Cesión y Competencia. Que se corresponden con los mismos usados por el grupo de edades comprendidas entre 31 y 45 años para el grupo compuesto por la totalidad de la muestra y el grupo de población masculina.

	Cargo		
	Directivo	Mando intermedio	Colaborador
Estilos de afrontamiento	Compromiso ($\bar{x}$ = 8,65)	Compromiso ($\bar{x}$ = 8,61)	Compromiso ($\bar{x}$ = 8,06)
	Colaboración ($\bar{x}$ = 6,09)	Evasión ($\bar{x}$ = 6,35)	Evasión ($\bar{x}$ = 6,74)
	Cesión ($\bar{x}$ = 5,48)	Colaboración ($\bar{x}$ = 5,39)	Cesión ($\bar{x}$ = 6,03)
	Evasión ($\bar{x}$ = 5,31)	Cesión ($\bar{x}$ = 5,21)	Colaboración ($\bar{x}$ = 5,75)
	Competencia ($\bar{x}$ = 4,47)	Competencia ($\bar{x}$ = 4,45)	Competencia ($\bar{x}$ = 3,42)

Figura 36. **Estilos de afrontamiento del conflicto según el cargo.**

Estos mismos datos se muestran de forma gráfica en la siguiente figura de forma gráfica.

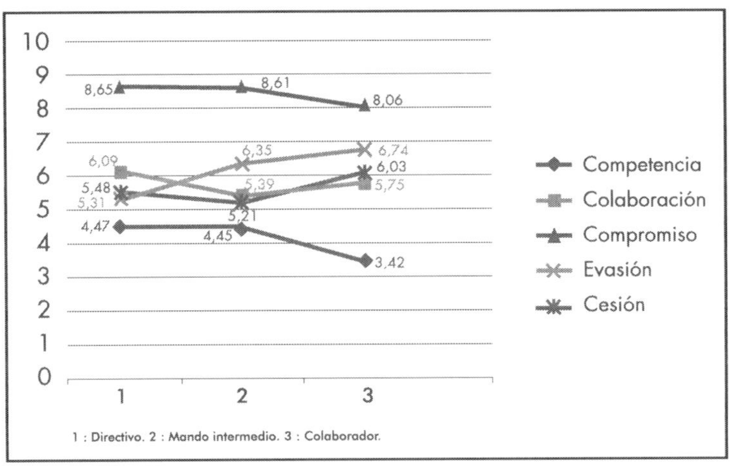

Figura 37. **Estilos de afrontamiento del conflicto según el cargo (II).**

En el trabajo realizado por Chusmir y Mills (1989), se confirma que los directivos de niveles más altos usaban más, el estilo de Competencia, que los directivos de niveles más bajos. En nuestro caso, se confirma este resultado. Ya que los directivos usan más el estilo de Competencia que el mando intermedio, y a su vez éstos, que los colaboradores.

Siguiendo con el estudio, se concluye que los directivos de niveles más altos utilizaban menos el estilo de Cesión, que los directivos de bajo nivel. Al contrario de lo que ocurre en nuestro estudio, dónde se muestra, que el mando intermedio, usa más el estilo de Cesión que los directivos.

En cuanto al colaborador, el estilo que se usa en primer lugar es el de Compromiso, para continuar con los estilos de Evasión, Cesión, Colaboración y Competencia. Con esta misma jerarquización, nos encontramos con los grupos de, la población total femenina y menores o iguales de 30 años.

Todos los estilos de afrontamiento de conflicto son estadísticamente significativos para el cargo. Al contrario de lo que ocurre en el informe técnico realizado por Nancy A. Schaubhut en el que no se demuestran prácticamente diferencias significativas para el nivel organizacional. Quizás este resultado se deba a que Nancy A. Schaubhut (2007) hace una distinción de los cargos en seis niveles, desde el nivel más básico hasta el alto ejecutivo. En cambio, en nuestro estudio hemos realizado tres niveles. Para confirmar estos datos, tendríamos que realizar un nuevo estudio, utilizando los mismos niveles que ha utilizado la autora.

El directivo y el mando intermedio usan más el estilo de Competencia que el colaborador. Al igual que ocurre en el estudio de Kenneth W. Thomas y Thomas Gail Fann (2008), donde el estilo de Competencia aumentaba monótona y progresivamente en los niveles más altos de la organización.

El estilo de Colaboración es más usado por el directivo que por el mando intermedio. Tomey (1995) afirma que en la práctica, el estilo de Colaboración, es el estilo más eficaz. Quizás por esta razón, el directivo opte por un estilo de Colaboración para ser más eficaz con su equipo. Ya que, los teóricos del conflicto sostienen que la colaboración puede resultar muy efectiva para resolver las diferencias.

El mando intermedio usa más el estilo de Compromiso que el colaborador.

El mando intermedio y el colaborador utilizan más el estilo de Evasión que el directivo. Al igual que ocurre en el estudio de Kenneth W. Thomas y Thomas Gail Fann (2008), dónde el estilo de Evasión, disminuye progresivamente según aumentan los niveles de la organización.

El colaborador usa más el estilo de Cesión que el mando intermedio.

5.1.5. Cargo y género

En los resultados obtenidos para el cargo y género, no se han encontrado diferencias significativas.

Por lo tanto, el efecto del cargo sobre los estilos de afrontamiento, es el mismo, sea cual sea el género del sujeto. De igual forma, el efecto del género es independiente del cargo que se ocupe en el puesto de trabajo. Simplemente se suman sus efectos, pero no se potencian ni se antagonizan entre sí.

La jerarquización de los estilos de afrontamientos para la población femenina para el cargo directivo, coincide con la jerarquización realizada por la población masculina tanto para el cargo mando intermedio como el colaborador. (Figura 33)

En la población femenina se da la misma jerarquización para el mando intermedio y el colaborador.

En el estudio realizado por Thomas, Merriam, Schaubhut, Donnay y Thomas (2006), se encuentra que tanto hombres como mujeres, en los niveles más altos de la organización, usan más a menudo los modos asertivos (estilos de Competencia y Colaboración) y usan menos a menudo los modos menos asertivos (estilos de Evasión y Cesión). En nuestra investigación, se confirma el uso del estilo de Colaboración en el caso de los directivos masculinos. También se confirma como estilos menos utilizados, el estilo de Evasión para los hombres directivos y, el estilo de Cesión, en el caso de la mujer directivo.

En el estudio realizado por Kenneth W. Thomas y Thomas Gail Fann (2008) el gran hallazgo en cuanto al género, fue que la puntuación obtenida por los hombres era significativamente más alta en el estilo de Competencia para los seis niveles de la organización. Al igual que los datos obtenidos en este trabajo, para los niveles (cargos) de mando intermedio y colaborador.

Por otra parte, en nuestra investigación, las mujeres directivos usan más el estilo de Competencia que los directivos masculinos. A diferencia que el estudio realizado por Thomas, Merriam, Schaubhut, Donnay y Thomas, (2006).

En el caso del mando intermedio, el estilo de Competencia es más usado por los hombres que por las mujeres, coincidiendo con el estudio realizado por Thomas, Merriam, Schaubhut, Donnay y Thomas, (2006).

En nuestro estudio, para el estilo de Colaboración, el hombre directivo usa más este estilo que la mujer directivo. Mientras que, en el caso del mando intermedio, tanto el hombre como la mujer, lo usan por igual.

6. Breve repaso a la evolución histórica de la gestión de conflictos en España.

Jaca, Cisneros, Dorado y Medina (1999) en su trabajo sobre la evolución de la gestión del conflicto y la negociación en España muestran la relevancia que tienen en la gestión de conflictos los siguientes factores: a) Las conductas de gestión del conflicto, b) los procesos emocionales implicados en dichas conductas, c) las condiciones sociales en las que se dan las mismas, y d) la influencia de aspectos culturales en los procesos de negociación y mediación.

Este estudio se basa principalmente en el modelo de Rahim y Bonoma (1979) sobre la gestión de conflictos. En él, se confirma que la percepción de los negociadores sobre su conducta se ve afectada por el estado afectivo y emocional en el que se encuentren. A su vez, las condiciones de presencia social y las expectativas de eficacia de los negociadores pueden influir en los resultados de la negociación. Finalmente, se confirma que los estilos de integración y dominación han sido los más utilizados por los negociadores españoles en la gestión del conflicto, mostrándose al mismo tiempo la incidencia de los aspectos culturales sobre dichas conductas.

El interés por el estudio de la gestión del conflicto y la negociación en España se ha incrementado en las últimas décadas. Los trabajos realizados con directivos españoles apuntan la tendencia de éstos a alejarse de la confrontación y a moverse hacia técnicas más asertivas y menos autoritarias.

Los estudios desarrollados en nuestro contexto cultural para contrastar el empleo de estos estilos por parte de los directivos españoles, mediante la utilización de auto-informes sobre los estilos utilizados en situaciones previas de conflicto, han mostrado que la integración es el estilo más empleado, seguido del compromiso y la evitación. A su vez, el servilismo y la dominación resultan ser los estilos menos empleados (Munduate, Ganaza y Alcaide, 1993).

Hasta fechas muy recientes, una característica de los estudios sobre la gestión del conflicto ha sido su tendencia a analizar los estilos por separado, adoptando una perspectiva analítica, en la que se comparan los diversos estilos entre sí, como si fuesen independientes. Sin embargo, las personas generalmente emplean los estilos de un modo combinado (Van de Vliert, Euwema y Huismans, 1995). Como indica Nicotera (1994), las personas no se adhieren a un estilo de gestión del conflicto durante el transcurso de una situación de conflicto, sino que cambian de una conducta de gestión a otra.

Entre los factores que pueden incidir en la composición de estas configuraciones o perfiles de estilos, la investigación ha destacado la incidencia de los factores culturales.

El conflicto y otras líneas de investigación

9

Para entender el conflicto es fundamental conocer las líneas de investigación que se complementan unas a otras en algunos casos y supone una aportación extraordinaria para avanzar en el ámbito de estudio del mismo. Son multitud de autores los que indagan, buscan y definen el conflicto y, por ello, hemos realizado una selección exhaustiva de aquellos estudios que nos han aportado una visión amplia para entender el concepto, no solo sobre el conflicto de forma individualizada, sino ligada a otros muchos conceptos como la emoción, la comunicación, el problema, la percepción y actitud, la confianza y la toma de decisiones.

1. Conflicto y emoción

Bisquerra (2000) conceptualiza la emoción como «un estado complejo del organismo caracterizado por una excitación o perturbación que predispone a la acción. Las emociones se generan como respuesta a un acontecimiento externo o interno».

Redorta et al (2006) establece que «el estado emocional de una persona determina la forma en que percibe el mundo... una emoción se produce de la siguiente forma: 1) unas informaciones sensoriales llegan a los centros emocionales del cerebro. 2) Como consecuencia, se produce una respuesta neurofisiológica. 3) El cerebro interpreta la información y prepara al organismo para responder.

Gran parte de lo que el cerebro realiza cuando se produce una emoción sucede independientemente del conocimiento consciente, se realiza de forma automática.

La mayoría de emociones se generan inconscientemente. Es útil distinguir entre reacciones emocionales innatas y acciones emocionales voluntarias. Cuando hablamos de las acciones emocionales voluntarias nos referimos a los sentimientos».

Redorta et al (2006) dicen que el conjunto de fenómenos afectivos constituye un complejo espectro, tal y como aparece a continuación.

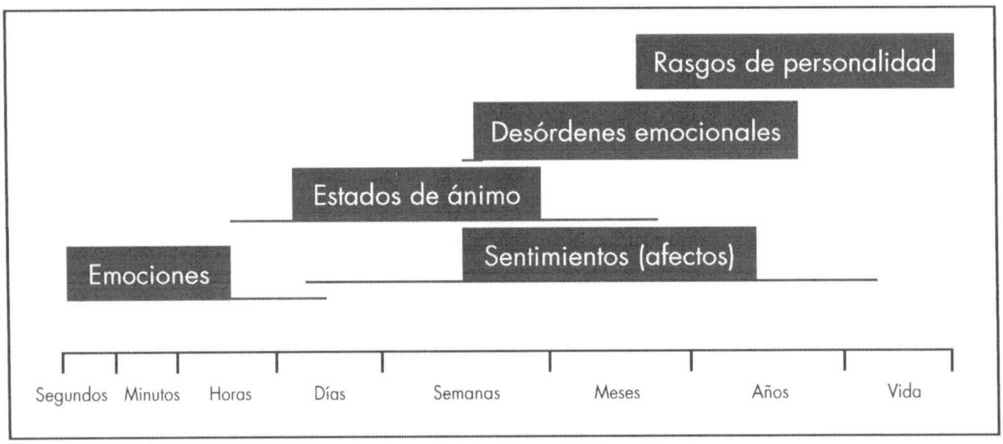

Fuente: Bisquerra (2000).

Figura 38. **Fenómenos afectivos.**

La explicación que hacen los autores es la siguiente:

«La emoción es un fenómeno de duración breve. Suele durar segundos, minutos y a veces horas; pero muy pocas veces una misma emoción dura días, un sentimiento es la componente cognitiva de la emoción.

Un sentimiento, con la participación de la voluntad, puede durar semanas, meses, años e incluso toda la vida.

Los sentimientos son experiencias que nos informan de cómo se están comportando nuestros proyectos o deseos en su enfrentamiento con la realidad. Así, dejan de cumplir esta función si nos informan incorrectamente de manera sesgada o falsa. En este orden de ideas, una pasión sería un sentimiento de intensidad extrema.

El afecto es un sentimiento positivo, mientras no se diga lo contrario. En general se entiende el afecto como un tipo de amor. No obstante, conviene señalar que el uso del lenguaje en las emociones es complejo. Así, por ejemplo, una persona puede decir después de una acalorada discusión: "estoy muy afectado". O bien, como sostiene Marina (2004), el estilo afectivo de una persona puede alterar dramáticamente el ajuste con lo real. Nuestro estilo de sentir es depresivo, melancólico, iracundo, exaltado, furibundo, etc.

Un estado de ánimo, también denominado "estado de humor", es un estado emocional de mayor duración y menor intensidad que las emociones agudas. Su duración es indefinida y puede prolongarse durante horas, días, meses o incluso años. Los estados de ánimo dependen más de valoraciones globales del mundo que nos rodea que de un acontecimiento específico (propio de las emociones agudas). Es el "color del cristal con que se mira". En este sentido, puede considerarse que la depresión es un estado de ánimo.

Los desórdenes emocionales se producen cuando una persona experimenta emociones y estados de ánimo negativos, intensos y frecuentes, hasta tal punto que éstos superan su capacidad de regulación. La conciencia emocional tiene que permitir identificar cuándo una persona se siente superada por los estados de ánimo negativos y ha entrado en desórdenes emocionales que requieren una atención psicoterapéutica o farmacológica.

Las emociones son tan importantes en nuestras vidas que llegan a constituir rasgos de personalidad. Así, por ejemplo, al pensar en una determinada persona a veces pensamos que es alegre, triste, afectuosa, iracunda, rabiosa, miedosa, etc.».

Carneiro (2007) aclara que en el proceso del desarrollo de un conflicto existe la posibilidad de mantener desencuentros que acaben en ruptura. Y ello se da fundamentalmente cuando entran en juego los sentimientos y las emociones y, como consecuencia, se produce el enfrentamiento. Entendemos este no como la mera contraposición de dos posturas irreconciliables y que no permiten avanzar las posiciones de ninguna de las partes; supone además la cerrazón, el encastillamiento, la creación de "bastiones", zonas en la relación que se conviertan en inexpugnables. Deberemos obviar a toda costa los procesos de cerrazón y aislamiento, debido a que encapsulan las razones del conflicto y hacen que estos pervivan excesivamente en el tiempo. Son los *conflictos enquistados,* situaciones de desencuentro y oposición en los cuales se ha perdido ya la razón y causa del conflicto pero que se siguen viviendo con la misma intensidad y dolor que en su primer momento. Para evitar el enquiste de los conflictos, resulta imprescindible no sólo el manejo eficaz de las emociones, sino también la gestión eficiente de una serie de habilidades, tales como:

- El autoconocimiento emocional: que corresponde al grado de conocimiento que tenemos de nuestras propias emociones y sentimientos y el uso que de ellas hacemos en situaciones de discrepancia.
- El control emocional en la relación: lo que nos indica el grado de alteración que sufrimos cuando abordamos procesos conflictivos.
- El manejo de las relaciones interpersonales: o todo aquello que entra a formar parte de la órbita de lo que se llama inteligencia emocional.
- El reconocimiento de las emociones ajenas: el cual va más allá de lo que se denomina "empatía", se trata de que la otra postura puede estar cargada de razón y, por consiguiente, saber no sólo aceptarla sino también razonar en términos de la misma.

2. Conflicto y comunicación

Gracias al trabajo de varios investigadores sobre semántica y códigos verbales, sobre señales no verbales, e interacción humana y sobre la exposición de la naturaleza de la situación, nos ha servido para entender la dimensión de la acción de las estrategias de comunicación que tienen una importancia decisiva para gestionar eficazmente un conflicto. Aunque los trabajos de la mayoría de dichos estudiosos se centran fundamentalmente en la teoría interpersonal en general, también se pueden aplicar a casos específicos de conflicto. La gestión de conflictos, después de todo, se realiza por medio de la comunicación. Para iniciar acciones fructíferas en situaciones de conflicto hay que comprender las técnicas de comunicación y desarrollar la capacidad de utilización de las mismas.

Para Borisoff y Victor (1991) «si los participantes en un conflicto se sirven de las estrategias de comunicación, verbales o no verbales, en un entorno que favorezca en vez de inhibir el intercambio interpersonal deberán prestar especial atención a las siguientes fases de compromiso:

1. Establecer la credibilidad ante la otra parte. Según Gahagan y Tedeschi (1968), todo depende de la credibilidad del oponente. En este sentido, la confianza es un factor a tener en cuenta.
2. Al iniciarse la confrontación, establecer un nivel de confianza, de forma que la transacción pueda avanzar hacia la resolución de las diferencias. Zand (1972) define la confianza como la regulación consciente de la dependencia mutua, que variará según la tarea a realizar, la situación y la otra persona.
3. Plantear el problema desde ambos puntos de vista, de forma que las partes entiendan claramente la postura y los motivos de la otra parte.
4. Utilizar comunicaciones precisas y adecuadas, tanto verbales como no verbales.
5. Durante el intercambio, situar a los participantes en una misma posición. Watson y Johnson (1972) observan que sólo cuando las partes pueden plantear sus objetivos y sentimientos se produce una gestión productiva del conflicto.
6. En una primera fase del intercambio, establecer objetivos comunes.
7. Tratar de comprender por anticipado los intereses de los demás con objeto de que la comunicación no vaya en una sola dirección.
8. Buscar confirmación en todo momento. La única forma de asegurarse de que los demás interpretan con claridad las declaraciones y las preocupaciones que se expresan es suscitar preguntas y conseguir información de los demás. Fisher y Ury (1981) observan que, en tanto que las afirmaciones suelen crear resistencia, las preguntas pueden representar una poderosa herramienta para provocar respuestas.
9. Demostrar el deseo de modificar el propio comportamiento en la comunicación. Como quiera que la gestión de un conflicto supone un proceso y no un procedimiento estático, es importante evaluar el propio comportamiento en la solución del conflicto y adaptarlo a las necesidades de interacción.

10. Elaborar tantas pociones como sea posible, que integren ambos aspectos de la cuestión. En su estudio sobre el liderazgo eficaz, Maier y Sashkin (1971) indican que integrar necesidades y proponer soluciones creativas es la estrategia más deseable y efectiva para gestionar conflictos.
11. Mantener abiertos los canales de comunicación en un entorno que favorezca la interacción. Resultará extraordinariamente difícil lograr soluciones satisfactorias a un problema si sistemáticamente se interpretan mal las ideas y los sentimientos de una de las partes o si no se le cede la palabra. Barnlund (1968) alega que quienes se muestran sordos ante las palabras de los demás y, al mismo tiempo, decididos defensores de su derecho a expresar sus preocupaciones, sólo sirven para negar a las personas un papel significativo en la transacción.
12. Revisar y resumir las expectativas y decisiones de las partes».

Estos autores, Borisoff y Victor (1991), entienden que hay generar una serie de estrategias verbales para crear un clima favorable a la comunicación ya que entienden que «a causa de esta tendencia de abordar los problemas de forma intrapersonal y no interpersonal, los participantes en un conflicto probablemente harán caso omiso de cualquier afinidad con la parte contraria.

Para gestionar productivamente un conflicto es importante que los participantes en el mismo sean capaces de comunicarse. En su trabajo sobre conflictos entre grupos, Watson y Johnson (1972) presentan los cuatro tipos de comunicación necesarios para gestionar eficazmente una situación de este tipo. En primer lugar, es importante que las personas envueltas en un conflicto tengan una idea clara de las posturas y los motivos de la otra parte. Se trata de un proceso difícil porque todos tendemos a centrarnos en nuestras propias preocupaciones. En segundo lugar, es esencial que la comunicación sea precisa para que se produzca un auténtico entendimiento. En tercer lugar, para que la interacción resulte productiva debe transmitirse una actitud de confianza. Y, en cuarto lugar, es necesario que ambas partes compartan la idea de que le conflicto es un problema recíproco, lo que les estimulará a tratar de superar sus diferencias.

El tipo de comunicación de Watson y Johnson (1972) supone la necesidad de que ambas partes participen en la gestión del conflicto. Además, los intentos de lograr una comprensión mutua y de admitir las preocupaciones de los demás reflejan también un esfuerzo por integrar las necesidades de ambas partes dentro del proceso de solución del conflicto. Al tener en cuenta los intereses mutuos y al enfocar todo el proceso como una situación "ganar-ganar", es más fácil adoptar un estilo colaborador.

Blake y Mouton (1964) identificaron inicialmente cinco tipos de comportamiento para la gestión de conflictos: competitivo, elusivo, transigente, colaborador y conformista. De estos cinco tipos de comportamiento, los teóricos del conflicto sostienen que la colaboración puede resultar muy efectiva para resolver las diferencias. Como la colaboración exige el esfuerzo, la comunicación eficaz y la actitud abierta necesarias para garantizar las preocupaciones de ambas partes van a ser articuladas y expresadas en toda su amplitud, y la probabilidad de llegar a soluciones aceptables para ambas partes es mucho mayor.

Barnlund (1968) indicaba que cuando la gente no escucha, interrumpe constantemente o no hace caso de lo que se dice se suelen producir interpretaciones erróneas, alienación y frustración. Considera que, en este caso, la comunicación interpersonal se sitúa en los niveles más bajos. Todo ello puede evitarse si se actúa en un clima de confianza. El trabajo de Gibb (1961) sobre la comunicación define la naturaleza de este clima favorable.

Plantea dos climas opuestos y describe sus efectos sobre la comunicación. Uno de ellos lo define como defensivo y amenazador. Un clima defensivo se caracteriza porque la comunicación en él es evaluativa, controladora, estratégica, neutral, superior y cierta.

El otro clima presentado es el favorable y crea un ambiente que lleva a la confianza mutua, a la sinceridad y a la colaboración. Al contrario de lo que ocurre en el ambiente defensivo, el favorable se caracteriza porque la comunicación en él es descriptiva, se centra en el problema, es espontánea, empática, igual y provisional.

Aunque el trabajo de Gibb se refiere al ambiente comunicativo en general, sus observaciones son también aplicables a la comunicación que se produce en el comportamiento utilizado para resolver conflictos. El clima defensivo revela el tipo de ambiente característico de la competencia que, según Deustch (1973), impide que surja la confianza mutua necesaria para mantener eficazmente un conflicto. El clima favorable presentado por Gibb es característico del tipo de entorno que requiere la colaboración, entorno que, según Filley (1975) conduce a la mutua confianza y proporciona las condiciones que permitirán abordar las diferencias.

Por tanto, si consideramos las técnicas de comunicación interpersonal que facilitan un clima favorable a la comunicación como el descrito por Gibb, veremos que son las mismas que permiten abordar el conflicto desde un punto de vista integrador y de colaboración.

En esta línea de trabajo, Gibb (1961) define el discurso descriptivo como «aquel que "tiende a suscitar un mínimo de incertidumbre. Todo discurso que el oyente percibe como una clara petición de información o cuya carga es neutral, puede considerase descriptivo". En un ambiente de controversia no resulta fácil reducir la incertidumbre y conseguir información. Según Rogers (1961), las personas tienden por naturaleza a enjuiciar y evaluar a los demás. Por tanto, crean barreras que impiden una comunicación interpersonal productiva. Si, en opinión de Rogers, dicha tendencia es natural. Las personas que quieran comunicarse sin prejuicios, sin ideas preconcebidas y sin que su comunicación entrañe una amenaza, tendrán que hacer un esfuerzo consciente por emplear estrategias verbales que den lugar a sinceridad y comprensión, y deberán compartir información excluyendo cualquier tipo de connotaciones peyorativas. Las cinco estrategias verbales siguientes han sido ideadas para permitir que las partes involucradas en un conflicto puedan participar en un ambiente favorable como el descrito por Gibb: 1) admisión de las propias afirmaciones, 2) definición clara y específica de los problemas, 3) selección semántica: elección de palabras, 4) obstáculos de carácter semántico a la comunicación: uso de jerga, estereotipos y expresiones automáticas; y 5) selección sintáctica: impacto de amenazas, chistes hostiles, sarcasmos y preguntas hostiles sobre la gestión de conflictos».

La gestión de conflicto se realiza por medio de la comunicación: verbal o no verbal

Fases de compromiso

1. Establecer la credibilidad ante la otra parte
2. Al iniciarse la confrontación, establecer un nivel de confianza
3. Plantear el problema desde ambos puntos de vista, de forma que las partes entiendan claramente la postura y los motivos de la otra parte
4. Utilizar comunicaciones precisas y adecuadas, tanto verbales como no verbales
5. Durante el intercambio, situar a los participantes en una misma posición
6. En una primera fase del intercambio, establecer objetivos comunes
7. Tratar de comprender por anticipado los intereses de los demás con objeto de que la comunicación no vaya en una sola dirección
8. Buscar confirmación en todo momento
9. Demostrar el deseo de modificar el propio comportamiento en la comunicación
10. Elaborar tantas pociones como sea posible, que integren ambos aspectos de la cuestión
11. Mantener abiertos los canales de comunicación en un entorno que favorezca la interacción.
12. Revisar y resumir las expectativas y decisiones de las partes

Un clima defensivo se caracteriza porque la comunicación en él es evaluativa, controladora, estratégica, neutral, superior y cierta.

Tipos de comportamiento para la gestión de conflictos: competitivo, elusivo, transigente, colaborador y conformista.

↓

La colaboración

Puede resultar muy efectiva para resolver las diferencias

↓

Exige esfuerzo, comunicación eficaz y actitud abierta

Un clima favorable crea un ambiente que lleva a la confianza mutua, a la sinceridad y a la colaboración. Se caracteriza porque la comunicación en él es descriptiva, se centra en el problema, es espontánea, empática, igual y provisional.

Las cinco estrategias verbales

13. admisión de las propias afirmaciones
14. definición clara y específica de los problemas
15. selección semántica: elección de palabras
16. obstáculos de carácter semántico a la comunicación: uso de jerga, estereotipos y expresiones automáticas
17. selección sintáctica: impacto de amenazas, chistes hostiles, sarcasmos y preguntas hostiles sobre la gestión de conflicto

Figura 39. **Conflicto y comunicación verbal y no verbal.**

3. Conflicto y problema

¿Es igual un problema que un conflicto? ¿quien tiene un problema tiene un conflicto? En más de una ocasión se puede llegar a confundir la gestión del conflicto con la resolución de problemas. Puede ocurrir que un problema pueda desembocar en un conflicto y viceversa y para aclarar estos dos términos, Carneiro (2007) hace la distinción entre problema y conflicto, establece que «nos encontramos frente a un problema cuando existe una diferencia entre la situación real y la esperada. Un problema es un efecto que no deseábamos, aquello que no ha salido como se presumía y que genera una tensión que habrá que resolver. En contraposición, existe un conflicto, cuando alguien encuentra en el comportamiento de los demás, en sus necesidades y objetivos un obstáculo que se interpone en el logro y satisfacción de los objetivos propios. Establecemos que un comportamiento es conflictivo cuando existe en alguna persona o grupo el intento evidente de bloquear el logro de metas por parte de otras personas o grupos. La mayor parte de las situaciones que nos alteran a lo largo de los días son más problemas que conflictos. Estos surgen de manera constante; algunos de ellos son realmente complejos y, en determinadas ocasiones, se pueden acabar convirtiendo en verdaderos conflictos. Así, a diferencia de los problemas, los conflictos suelen durar tiempo, precisan un gran aporte de energía para su resolución, mueven gran cantidad de emociones y, muy habitualmente, dejan heridas abiertas. Los problemas, no. Cuando se solucionan, desaparecen. Curiosamente, algunos problemas que nos ocurren suelen tener una resolución que no precisa de nuestra intervención directa. Es decir, hay problemas que se resuelven solos, dejándolos que maduren y, como por arte de magia, acabarán desapareciendo. La gran cuestión es que no sabemos cuáles de los que nos ocurren se solucionan por sí mismos. Lo que sí parece claro es que los conflictos, por si solos no se arreglan. Realmente tienden a empeorar; por eso resulta necesaria su gestión y, hasta donde sea posible, su resolución».

Hemos realizado una distinción entre lo que es un problema y un conflicto, porque entienden que su tratamiento o gestión es distinta. Según los autores el problema está relacionado con cosas u objetos, mientras que el conflicto surge cuando al menos una de las partes implicadas experimenta frustración ante la obstrucción o irritación causada por la otra parte. También se deduce de lo que escriben que la no solución de un problema puede desencadenar un conflicto. Tal y como se indica en el esquema "Ejes de Escalada", donde el desplazamiento va de los problemas a las personas.

Redorta (2007 b) hace una explicación entre la diferencia del problema y el conflicto, entendiendo aquel como el uso del ensayo/error como adopción de decisiones provisionales, así como la capacidad intuitiva. Sin embargo, estas actitudes y mecanismos puestos en acción, parecen evidentes en un problema que carece de implicaciones emocionales. Estos mismos mecanismos y actitudes se olvidan cuando se trata de problemas que afectan a personas reales (el autor se refiere a conflictos) donde se actúa atropelladamente, poco instintivamente o con excesiva emocionalidad. Llamamos conflicto a un problema con los aspectos emocionales desbocados, mientras que denominamos problema a un conflicto con los aspectos emocionales bajo control.

	Diferencias entre Problema y Conflicto	
	Problema	**Conflicto**
Definición	Diferencia entre la situación real y la esperada	Interposición en el logro, necesidades y satisfacción de los objetivos propios.
Efecto	Es un efecto que no deseábamos, aquello que no ha salido como se presumía y que genera una tensión que habrá que resolver	El conflicto surge cuando al menos una de las partes implicadas experimenta frustración ante la obstrucción o irritación causada por la otra parte
Relación	Está relacionado con cosas u objetos	Está relacionado con personas
Actuación	El problema uso del ensayo/error como adopción de decisiones provisionales, así como la capacidad intuitiva	Se actúa atropelladamente, poco instintivamente o con excesiva emocionalidad
Duración	La mayor parte de las situaciones que nos alteran a lo largo de los días son más problemas y se suelen resolver rápido	Suelen durar tiempo, precisan un gran aporte de energía para su resolución, mueven gran cantidad de emociones y, muy habitualmente, dejan heridas abiertas

Figura 40. **Diferencias entre Problema y Conflicto.**

4. Conflicto, percepción y actitudes

¿Cuál es la actitud más correcta para enfrentarse a un conflicto? En vez de plantear qué actitudes son las adecuadas, vamos a responder a esta pregunta mostrando aquellas actitudes inadecuadas, que favorecen el conflicto, para intentar evitarlas en la mayor medida posible. Si conocemos lo que "no se debe de hacer" será más fácil eludir el conflicto.

Carneiro (2007) comenta que durante la resolución del conflicto se suelen producir una serie de actitudes que dificultan la resolución del mismo durante su gestión, incrementando con ello su nivel de tensión y energía negativa empleada. En consecuencia, es conveniente evitarlas y para eso es mejor conocerlas.

1. La personalización, que consiste en atribuir a la persona las consecuencias de un único comportamiento. Que alguien actúe de manera inconveniente para nosotros en un momento del conflicto, no quiere decir que siempre se comporte de la misma manera.
2. La rigidez, opuesta concretamente a la actitud positiva de la flexibilidad. En casos extremos se convierte en intransigencia y es fundamental evitarla tratando de encontrar cauces para la solución. Seguir insistiendo cuando nos encontramos con una situación de nula colaboración suele resultar inútil.
3. Atacar, que va más allá de la mera defensa. Suele ser la actitud basada en la agresividad más habitual. Sobre todo aparece cuando ya no existen argumentos racionales y razonables durante la contienda y, para ganar no sólo a través de los argumentos sino también "barrer" al oponente, acudimos a las agresiones directas tales como los insultos, las provocaciones, la descalificación y, lo más extremo, que es el uso de la violencia física.
4. Apartarse del tema, aparece habitualmente debido a dos razones. Una es la propia divagación, la salida en sí de los temas expuestos. La discusión y el enfrentamiento van derivando hacia otras cuestiones y al final se pierde el hilo de lo que se está tratando. Sobre todo resulta habitual la deriva hacia las consideraciones personales y los puntos de vista meramente subjetivos. Por otro lado, salirse del tema puede suponer una táctica de diversión sobre la cuestión de fondo que se está tratando.

5. Trampa ganar/perder, que se produce cuando nos damos cuenta de que la otra parte plantea una estrategia donde alguien gana y, como directa consecuencia, otro pierde, concretamente, nosotros. Resulta obvio que quién prevalece es el que utiliza la táctica. Aparece cuando una parte pretende mostrar un comportamiento de colaboración pero que el fondo tiene la pretensión de ganar haciendo perder al otro. Provocar o hacer perder al contrario los nervios suelen ser medios muy utilizados en estos casos.
6. Prejuicios que, en definitiva, utilizamos todos en algún momento de las discusiones y los conflictos. El prejuicio supone, en este caso, el juicio previo que se expresa sobre algo o sobre alguien sin posibilidad de ser rebatido y que se manifiesta de manera rotunda y sin paliativos más allá del ejercicio del comportamiento ajeno. Los prejuicios suelen conllevar la descalificación y la generalización enlazadas.

En contraposición, están las actitudes que reducen el nivel de desencuentro y pugna durante las situaciones conflictivas.

1. Pedir tiempo muerto, que se puede solicitar cuando los ánimos estén ya muy exaltados o la discusión haya llegado a un punto de difícil retorno. Cuando lo requiera, debe hacerse de manera que suene convincente y sincero, eludiendo dar la impresión de poner tiempo de por medio para manejar mejor la situación a posteriori.
2. Separar los hechos de las opiniones, ésta resulta una cuestión decisiva pero, difícil de conseguir. Cuando la pugna se acalora, acabamos diciendo lo que pensamos pero que considerábamos que no debíamos decir. Pero lo hemos dicho y la exposición suele estar cuajada de subjetividad, de juicios sobre la persona y sobre su comportamiento. En el calor de la refriega, rara vez tomamos los meros hechos y los utilizamos para argumentar.
3. Separar a las personas del problema, con la anterior, configuran las dos dimensiones fundamentales de la tendencia habitual que mostramos en las discusiones y los conflictos a involucrar nuestra visión del contrario en el enfrentamiento. Aprovechamos así, sin que se nos haya solicitado, para dar opiniones generalizadas sobre el proceder ajeno.

4. Dar otra visión del tema, en numerosas ocasiones, sobre todo cuando se cae en un proceso de obcecación e intransigencia, es conveniente ver el problema desde otra perspectiva o aportar otro punto de vista sobre cuestiones decisivas en el mismo.
5. Favorecer una participación igualitaria, lo que conlleva el ejercicio de la transigencia como actitud válida para mejorar el proceso de gestión de conflicto. Lo que sirva para una de las partes ha de valer asimismo para la otra. Suele mostrarse más evidente cuando se empieza a estar de acuerdo en partes concretas de lo que se supone la contienda general.
6. Evitar el surgimiento de coaliciones, cuando la contienda, la pelea, se de entre dos, evite que un tercero se incorpore a la refriega. Salvo que, cumpla la función de mediador o árbitro. Otro, lo que suele incorporar es más barullo.
7. Escuchar activamente, que suele resultar la actitud más adecuada en procesos de aparición y gestión de los conflictos, hay que interesarse por lo que le cuentan y prestar atención no sólo a los argumentos expuestos sino también a cómo se expongan así como a los sentimientos que los hechos producen en su interlocutor. Si no se presta atención, no sólo no se enterará de lo que están diciendo sino que tampoco se saldrá de la propia argumentación.

La palabra empatía deriva del término alemán einfülung, que literalmente significa "sentir con" otra persona sus ideas, emociones y voliciones. Según Gibb (1961) la actitud de empatizar favorece la comunicación, define la empatía como «especialmente favorable y reductora de posturas defensivas».

Munduate y Martínez (2004) entienden como parte fundamental en la gestión de conflictos, la actitud y la percepción de las partes involucrados en el conflicto. Definen la actitud como el «sentimiento positivo o negativo hacia alguna persona, objeto o situación», mientras que entienden por percepción «la creencia o un modo de ver esa persona, objeto o situación», continúan diciendo que «las actitudes y percepciones tienden a ser consistentes en sus valencias, en el sentido de que si tenemos un sentimiento negativo –o positivo– hacia alguien, tendemos a tener una percepción predominantemente negativa –o positiva– de esa persona o grupo, aunque esta consistencia entre actitud y percepción no tiene porqué darse en su totalidad».

Al analizar la incidencia de las actitudes y la percepción durante el proceso de resolución de conflictos, nos damos cuenta de que no se captan a las personas implicadas como lo haría una cámara de fotos. «La percepción es un proceso psicofísico, por el cual la realidad de nuestro entorno es tamizada por nuestra propia realidad psíquica: nuestras experiencias anteriores, los estereotipos, nuestra jerarquía de valores o nuestras tensiones personales... no vemos a las personas tal y como son sino por lo que significan para nosotros... tendemos a percibir a la otra parte como deshonestos, inamistosos y hostiles hacia nuestros deseos y preferencias, y, a su vez, sus actitudes y percepciones sobre nosotros tienden a ser similares, produciéndose la denominada "imagen de espejo". La existencia de esta imagen no es reconocida por las partes implicadas en el conflicto, por lo que quienes tienden a desconfiar de sus adversarios no son conscientes en ocasiones de que la otra parte también desconfía de ellos».

Pruitt y Rubin (1986) recogen siete aspectos sobre los que puede incidir esta tendencia del grupo hacia las actitudes y percepciones negativas sobre la otra parte y que tienden a incrementar la escalación del conflicto. En primer lugar, se tiende a buscar un culpable de las experiencias desagradables. Incluso cuando la evidencia sobre el grupo o persona en el que recae la culpabilidad de la experiencia aversiva pueda ser ambigua, las actitudes tienden a estructurar las percepciones, de modo que se culpa a las partes sobre las que existe cierta animadversión y se presta el beneficio de la duda a los simpatizantes. Como reconocen Blumenthal et al. (1972) en sus estudios sobre la incidencia de las actitudes y las percepciones al culpabilizar a los responsables, son por lo general las actitudes políticas de las personas las que llevan a culpabilizar, bien a la policía, bien a los manifestantes, de los desagradables resultados de ciertos disturbios callejeros, llegando a emplear el término "violencia" para describir la conducta de los grupos menos afines y el término "fuerza justificada" para los grupos más afines a los propios evaluadores. Un segundo mecanismo relacionado con el anterior y que fortalece la escalación del conflicto consiste en que las partes de las que se desconfía tienden a ser consideradas como amenazantes cuando realizan alguna acción en principio ambigua.

No se concede el beneficio de la duda a cualquier acción que proviene de la otra parte. En consecuencia, se produce una escalación de movimientos defensivos y disuasorios por la otra parte que tienden a suscitar nuevos problemas añadidos. Una tercera vía por la que las actitudes y percepciones negativas dificultan la resolución del conflicto consiste en su incidencia sobre la disminución de la inhibición de la agresión entre las personas que han sido provocadas. Mientras las personas evitan la agresión hacia las partes con las que simpatizan y a las que respetan, incluso cuando pueden ser acusadas sin dificultad como responsables de experiencias desagradables, tienden no obstante a agredir con facilidad a las partes hacia las que sienten cierta animadversión. Un cuarto modo por el que las actitudes y percepciones negativas dificultan el acuerdo, reside en su interferencia con la comunicación entre las partes. Las personas tienden a evitar a los que les son hostiles. Las razones aducidas por Pruitt y Rubin (1986) para explicar esta tendencia a evitar reunirse y hablar con un grupo que resulta hostil residen en el carácter amistoso y acomodador de las reuniones y contactos, por lo que cualquier signo de aproximación o de diálogo hacia el oponente puede dar una falsa imagen de aceptación de sus posiciones. Esta situación tiende a incrementar las distancias entre las partes. De hecho, y según la teoría del equilibrio de Heider, las actitudes negativas hacia un objeto psicológico implican relaciones negativas con el mismo y una tendencia a establecer una distancia psicológica entre uno mismo y dicho objeto. Una quinta vía por la que las actitudes y percepciones negativas resultan perjudiciales para aproximar posiciones y lograr un acuerdo reside en que éstas dificultan empalizar con el adversario (White, 1984). Los adversarios resultan tan diferentes a nosotros que es difícil ponerse en su lugar. La falta de empatía con el adversario es similar a la falta de comunicación con el mismo, en el sentido de que fuerzan la incomprensión entre las partes. De hecho, si fuésemos conscientes de que la hostilidad en la conducta de la otra parte es una reacción ante nuestra propia hostilidad, tenderíamos a aproximar las posiciones enfrentadas, como un mecanismo de autoprotección. Pero si la falta de empatía nos impide ponernos en el lugar del otro y conocer sus motivos y necesidades, nos impide también realizar dicha aproximación. Un sexto aspecto apunta a que las actitudes y percepciones negativas hacia el oponente tienden a adjudicar una situación de suma cero a la negociación, asumiendo que lo que es bueno para una de las partes es malo para la otra y viceversa.

Esta concepción de la negociación resulta antiética con el desarrollo del potencial integrativo, ya que impide observar el campo común, en la planificación estratégica. En séptimo lugar, ante la escalación del conflicto se incrementan las actitudes y percepciones negativas sobre la otra parte, por lo que el adversario comienza a ser considerado como un "diabólico enemigo" y el conflicto comienza a ser observado como una guerra entre "buenos" y "malos". En dichas circunstancias, se tiende a acusar a la otra parte de todo lo que va mal, se cortan totalmente las comunicaciones, la empatía es especialmente débil y la resolución del conflicto se torna realmente difícil.

En realidad este fenómeno por el que los miembros de un grupo perciben y juzgan a su propio grupo más favorablemente y le otorgan mayores preferencias que a cualquier otro grupo, provocando la competencia intergrupos, es una situación común y ampliamente aceptada por la investigación psicosocial. El hecho de que dicha discriminación ocurra incluso cuando los miembros de los diversos grupos nunca se hayan encontrado los unos con los otros indica que el aspecto que se halla implicado no es exclusivamente una consecuencia sino incluso una causa del conflicto intergrupos.

Redorta (2007 b) hace mención a la importancia de la percepción para entender el conflicto, definiéndolo como «la entrada en la conciencia de una impresión recibida a través de los sentidos que llega previamente a los centros nerviosos. Percibimos las cosas como un todo... porque en ese proceso intervienen otros aspectos además de la recepción de la información sensorial. En la percepción influyen aspectos complejos tales como las expectativas, los valores, los elementos incompletos que se convierten en completos y es tal la importancia de dichos aspectos que se han hecho multitud de experimentos para aclarar cómo percibimos las distintas situaciones, e incluso se ha llegado a denominar "percepción social" a la forma en que una persona percibe rasgos o informaciones ordenadas pertenecientes a otra persona. La realidad es que, en la mayoría de los casos, hay más cosas perceptibles de las que podemos registrar en ese momento en el cerebro. De ahí que tenga lugar un proceso de selección de la información que es relevante para nosotros. Por ello no es casual que en español existan al menos tres verbos clave para designar la percepción visual: ver, mirar y observar. Cada uno de ellos indica un nivel de acceso a la información ofrecida. No hay verdad en la percepción, ya que ésta nunca es completa, es decir, el cerebro lee la información de distinta manera y según sus propias reglas. Aunque la realidad sea la misma, la interpretación puede ser distinta. No obstante, tal principio es la excepción, o si se quiere, el límite. En términos generales vemos un mundo estable y organizado».

Redorta (2007 b) también hace mención a la percepción desde "la forma". La denominada orientación gestáltica de la psicología, derivada de la palabra *Gestalt,* que significa *forma,* cuyo criterio básico es que el *todo es más que la suma de las partes.* Donde se dan unos principios de organización de la percepción, con el fin de describir cómo es más probable que aparezcan dichas percepciones. Tales principios son los siguientes:

a) Proximidad: las cosas que están próximas tienden a constituir grupos.
b) Similitud: las cosas que parecen similares se agrupan entre sí.
c) Destino común: las cosas que parecen moverse juntas se agrupan entre sí.
d) Buena continuación: la organización perceptual tiende a la continuidad suave en lugar de producir cambios bruscos.
e) Clausura: de varias organizaciones geométricamente posibles, se verá mejor la que produce una figura "cerrada" que una "abierta".
f) Otras: se refieren al tamaño relativo, envolvimiento, orientación y simetría.

Redorta, comenta que todas estas leyes fueron presentadas como derivas de la ley de pregnancia, que, según Koffka (1935), dice así: «De varias organizaciones geométricamente posibles, la que de hecho tendrá lugar será aquella que posea la mejor, la más simple y más estable de las formas». En 1960 aparece otra idea: cuanto más complejo, asimétrico y discontinuo sea el patrón, con más probabilidad se percibirá que representa la proyección de una figura. Es decir, buscamos lo regular dentro de las irregularidades. En psicología ha sido la orientación de la Gestalt la que ha utilizado el concepto de patrón, cuya influencia ha sido enorme. Wertheimer (1923), Kohler (1947) y Koffka (1935) dieron las claves fundamentales de lo que hoy es la sensopercepción.

Siguiendo esta línea de pensamiento, en clave de "forma" o gestáltica, Redorta (2007) expone una realidad a través de dos cosas: objetos y fenómenos. Donde los objetos han cambiado o intercambiado sus elementos constitutivos. «De ser una cosa pasamos a ser otra diferente. Las personas somos materia orgánica y la muerte nos transforma en materia inorgánica. En otras palabras, los objetos entendidos en sentido amplio, y por tanto también los seres humanos, cambian de identidad. A diferencia de los objetos, que ocupan el espacio, los fenómenos ocupan el tiempo. La identidad de los objetos viene marcada por sus características, que los hace distintos. Las formas aparecen en la naturaleza de manera natural, abundante y reiterativa. La función de la esfera es proteger, el hexágono pavimenta. Es decir, rellena los intersticios de materia y del mismo modo podemos analizar la función que desempeñan la espiral, la hélice, el ángulo, la onda, la parábola, etc. En resumen, la existencia de formas simples, muy comunes en la naturaleza, nos permite comprobar que la forma está asociada a una función específica para cada caso. Por ello, tanto en la naturaleza como en la cultura de los seres humanos, no es en modo alguno irrelevante el que un objeto sea redondo o cuadrado».

Concluye Redorta diciendo que hay que «analizar la forma que adoptan los conflictos, cuya propia naturaleza es de carácter irregular. Un conflicto de poder se da tanto en la pareja como en una comunidad más amplia o entre dos naciones. Cambia la escala, pero el conflicto es, en esencia, el mismo. Para que un fenómeno pueda darse a distintas escalas debe existir un mecanismo que lo produzca, o mejor dicho, que lo "reproduzca". A dicho mecanismo se le denomina "iteración", que no es otra cosa que la repetición de una constante. La iteración produce regularidad porque parte de la misma base, pero también irregularidades, aunque sean muy pequeñas, porque se aplica en otro contexto natural. Este mecanismo de repetición puede observarse en los conflictos humanos, en los que, si se permite el neologismo, podríamos decir que las personas tendemos a "conflictuar" siguiendo las mismas pautas. Es decir, aplicamos patrones de conducta aprendidos a situaciones diversas que tratamos como si fueran idénticas».

Actitud sentimiento positivo o negativo hacia alguna persona, objeto o situación

actitudes que **dificultan** la resolución del conflicto	actitudes que **favorecen** la resolución del conflicto
18. La personalización 19. La rigidez 20. Atacar, que va más allá de la mera defensa 21. Apartarse del tema 22. Trampa ganar/perder 23. Prejuicios	24. Pedir tiempo muerto 25. Separar los hechos de las opiniones 26. Separar a las personas del problema 27. Dar otra visión del tema 28. Favorecer una participación igualitaria 29. Evitar el surgimiento de coaliciones 30. Escuchar activamente

Percepción creencia o modo de ver esa persona, objeto o situación

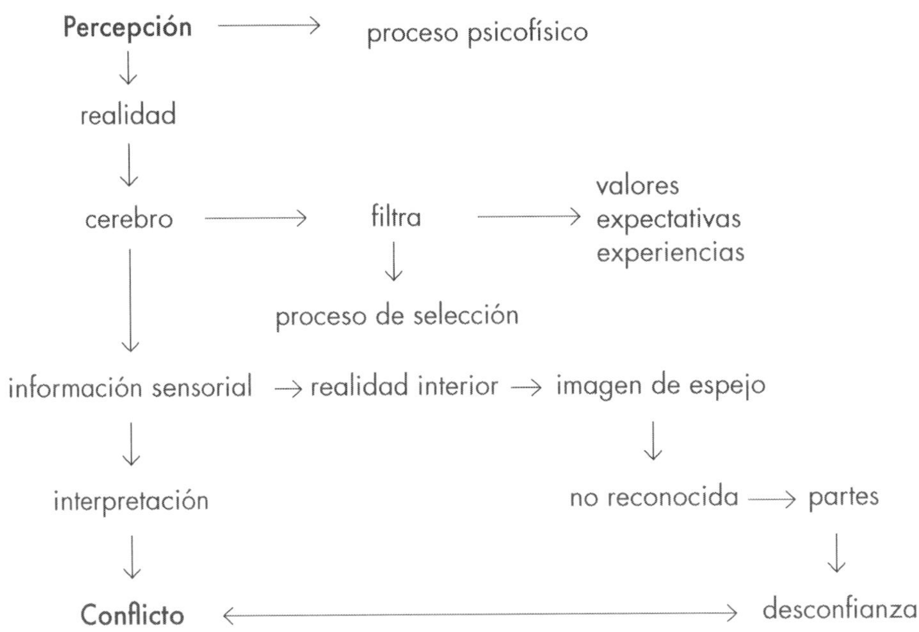

Figura 41. **Definiciones e implicaciones de la percepción y la actitud.**

Orientación gestáltica de la psicología
• Proximidad: las cosas que están próximas tienden a constituir grupos. • Similitud: las cosas que parecen similares se agrupan entre sí. • Destino común: las cosas que parecen moverse juntas se agrupan entre sí. • Buena continuación: la organización perceptual tiende a la continuidad suave en lugar de producir cambios bruscos. • Clausura: de varias organizaciones geométricamente posibles, se verá mejor la que produce una figura "cerrada" que una "abierta". • Otras: se refieren al tamaño relativo, envolvimiento, orientación y simetría.

Figura 42. **Leyes de la percepción desde la forma.**

Actitud y Percepción: su interrelación
Si tenemos un sentimiento negativo –o positivo– hacia alguien (actitud), tendemos a tener una percepción predominantemente negativa –o positiva– de esa persona o grupo, aunque esta consistencia entre actitud y percepción no tiene por qué darse en su totalidad

Actitudes y percepciones negativas sobre la otra parte
1. Se tiende a buscar un culpable de las experiencias desagradables 2. Las partes de las que se desconfía tienden a ser consideradas como amenazantes cuando realizan alguna acción en principio ambigua 3. Incidencia sobre la disminución de la inhibición de la agresión entre las personas que han sido provocadas 4. Interferencia con la comunicación entre las partes 5. Posiciones dificultan empalizar con el adversario 6. Situación de suma cero a la negociación 7. El adversario comienza a ser considerado como un "diabólico enemigo" y el conflicto comienza a ser observado como una guerra entre "buenos" y "malos"

Figura 43. **La percepción y la actitud: interrelación e interpretación negativa.**

5. Conflicto y confianza

Zand (1972) argumenta que un factor fundamental en la gestión eficaz de un conflicto reside en el grado de confianza de una persona en las palabras de otra. La confianza es posible en un clima libre de engaños y caracterizado por la búsqueda de una dirección común.

En esta misma línea Gibb (1961) aclara la diferencia entre estrategia y espontaneidad indicando que es la misma que existe entre una manipulación deliberada (a través de una aparente sinceridad y de otras formas de simulación o impostura) y una comprensión genuina que permiten una comunicación sincera. El comportamiento estratégico provoca un comportamiento defensivo en la otra parte. Por el contrario, la comunicación espontánea facilita la reciprocidad y la colaboración.

Redorta (2007) comenta que «en la fase de punto muerto, la mediación es una de las estrategias más recomendadas. Las partes han agotado su capacidad de confianza, y la mediación consigue asegurar la confianza mínima y la reestructuración de las relaciones que permiten encarrilar la solución.

En la fase de desescalada es preciso controlar adecuadamente los procesos emocionales que tienden a dispararse como consecuencia del incremento de la interacción de las partes y de la desconfianza existente. Al comienzo, la cooperación será siempre mínima y tentativa, lo que debe verse como algo normal. Es importante no precipitarse y respetar el ritmo y proceso de las personas implicadas. Los acuerdos llegan una vez que se han establecido las condiciones óptimas para los mismos».

6. Conflicto y toma de decisiones

Redorta (2007 b) entiende que un factor crítico para la toma de decisiones está relacionado con la jerarquía. «La jerarquía desempeña una función social muy importante: evita el estrés de tener que tomar decisiones continuamente y la necesidad de generar consensos. Es cierto que quien ostenta el poder tiende al abuso, pero hay que considerar tal tendencia en el sentido de que debemos establecer mecanismos de participación y codecisión en lugar de suprimir la jerarquía. Ante situaciones en las que conviene tomar decisiones rápidas, sólo cabe la jerarquía».

Modelo de Eficacia en la Resolución de Conflicto (MERC)

10

Tras varios años estudiando y analizando las claves del conflicto, hemos querido ampliar con detalle mediante la propuesta de un nuevo modelo al que hemos llamado Modelo de Eficacia en la Resolución de Conflictos (MERC). El propósito de este modelo es elaborar un nuevo constructo mental pedagógico apoyado en las teorías existentes y con un único objetivo, que es hacer que la resolución de conflictos pueda convertirse en un modelo de eficacia.

Para ello nos hemos apoyado en factores imprescindibles como las expectativas, los plazos de tiempo (corto, medio y largo plazo) y sobre todo en un dato imprescindible y es el cambio de perspectiva, es decir, una de las variables imprescindibles que veremos en su desarrollo es "Lo que creo que pretende conseguir el otro", ya que hasta ahora se tomaba la variable "que quiere el otro", sin saber fehacientemente aquello que pretende conseguir el contrario.

1. Antecedentes y elementos diferenciadores del nuevo modelo

El Modelo de Eficacia en la Resolución de Conflictos, en adelante MERC, es un modelo intuitivo, basado en el CONFLICT MODE TKI (Thomas Killmann Instrument). Sin embargo MERC, incorpora elementos que le diferencian, como son:

1. Tratamiento de la negociación y el conflicto como un todo.
2. Establecimiento de 3 fases: antes, durante y la finalización del conflicto.
3. Incorporación de las expectativas, por la importancia y/o relevancia que suponen en el tratamiento y resolución del conflicto.

4. Plazos de desarrollo en el conflicto: corto, medio y largo plazo.
5. El análisis del conflicto a través de los siguientes puntos cardinales: objetivos, intereses, posicionamiento y necesidades.

MERC expone las variables basándose en el razonamiento y estrategia siempre desde la perspectiva del "YO". Es decir, desde lo que YO pretendo conseguir y lo que YO creo que pretende conseguir el otro. Hasta ahora los modelos existentes se desarrollan desde dos perspectivas, el YO y el OTRO. En el MERC se muestra esta distinción, dado que nunca podremos conocer lo que piensa el otro. Podemos intuir a través de sus palabras, gestos y comportamientos qué es lo que el OTRO quiere, pretende o piensa, pero jamás podremos tener la certeza de lo que realmente pasa por su cabeza.

Este modelo desarrolla 9 nuevas zonas de actuación y comportamiento en la Resolución de conflictos.

La praxis del modelo permite acometer el análisis y comprensión de los conflictos, ya sean leves, moderados o graves. El Modelo de Eficacia en la Resolución de Conflictos (MERC) muestra de forma dinámica, lógica y estructurada el análisis y la estrategia a seguir en la resolución del conflicto.

Cuando decimos que el modelo muestra de forma dinámica el conflicto, se refiere a que el conflicto se tiene que interpretar, no como algo estático, sino como algo dinámico, de forma holística y en su totalidad. Si bien es cierto, que para explicarlo y entenderlo, es necesario ir por partes desde una secuencia lógica y estructurada. De esta forma, el análisis resulta más fácil para su comprensión y entendimiento.

Lo verdaderamente importante es, entender el conflicto como algo dinámico, fluido, elástico y flexible.

1.1. Negociación y conflicto

Para Munduate y Medina (2006) la negociación es una "discusión entre dos o más partes que desean resolver intereses incompatibles". Otra definición que establece Puchol (2007) es "una actividad en la que dos partes, cuyos intereses son en parte complementarios y en parte opuestos, tratan de alcanzar un acuerdo que satisfaga al máximo los intereses de uno y otro".

Según Munduate y Medina (2006) existen diferentes formas de gestionar un conflicto cuando las partes desean mantener o continuar la relación de intercambio. Entienden que "una de las partes puede optar por gestionar el conflicto individualmente: a) bien atacando directamente al adversario, emprendiendo un curso de acción con el fin de doblegar al oponente, b) bien aceptando las propuestas o demandas del adversario, o c) negociando tácitamente, es decir, tomando posiciones ante el adversario sin mediar ningún tipo de enfrentamiento" Continúan explicando que "todas las situaciones de negociación poseen una serie de características comunes:

1. *Hay dos o más partes implicadas,* bien sean personas, grupos, organizaciones o naciones, entre las cuales existe un cierto grado de interdependencias. Aunque es posible la presencia de situaciones sociales con una alta interdependencia entre las partes, y donde las acciones y decisiones de los demás interfieran significativamente en los propios resultados, como sucede en los dilemas sociales, la negociación se refiere a procesos interpersonales o intergrupales, donde la interacción entre las partes es algo necesario.
2. *Aparece un conflicto de intereses subyacentes.* La negociación surge como una de las formas posibles de gestionar un conflicto. Efectivamente, hay situaciones donde los intereses, deseos o necesidades de las partes no coinciden y éstas buscan una vía de solventar dicho conflicto. Esto implica que la negociación es un proceso voluntario, elegido por las partes, de forma que si alguna de las partes no tiene libertad para tomar decisiones o realizar propuestas, es imposible la negociación.
3. *Existe una cierta relación de poder entre las partes.* Para que se produzca la negociación es necesario un cierto equilibrio de poder, ya que si una de las partes posee un poder muy elevado sobre la otra, puede imponer sus posiciones más que negociar con el adversario.
4. *Existe voluntad de llegar a un acuerdo.* Las partes, al menos inicialmente, han optado por la búsqueda de un acuerdo con su adversario, más que por la capitulación, la lucha abierta, la ruptura total de relaciones, la apertura de un proceso judicial o un arbitraje. En un proceso de negociación existe aunque sólo sea una mínima voluntad de llegar a un acuerdo y un cierto margen de maniobra.
5. *Se produce un proceso sistemático de ofertas y contraofertas,* las cuales suponen un toma y daca entre las partes. En la negociación

existe una cierta modificación de las posiciones iniciales en cada uno de los negociadores y un acercamiento hacia el acuerdo.

6. *En las negociaciones existen aspectos tangibles e intangibles.* Los aspectos tangibles de una negociación son, por ejemplo, los acuerdos económicos alcanzados. Los aspectos intangibles se refieren a los aspectos psicológicos y sociales que inciden en el comportamiento de las partes durante la negociación. Muchos de esos aspectos tienen una gran relevancia en el proceso negociador, como la necesidad de salvar la cara ante la parte a la que se representa.

Tanto en la negociación como en el conflicto se genera un proceso de comunicación que sirve para llegar a un tipo de acuerdo entre las partes. La diferencia más importante es el grado de emoción. En el conflicto, suele ser más intensa la emoción negativa, mientras que en la negociación, la emoción puede ser tanto positiva como negativa.

Lo más destacado en la negociación, es que hay un acuerdo previo sobre los temas a tratar, de ahí la importancia de la planificación y preparación antes de "sentarse a negociar" entre las dos partes, mientras que el conflicto surge de "forma espontánea", y en determinados momentos se resuelve "sobre la marcha", sin una preparación previa. Si bien es cierto, que para conflictos muy intensos y arraigados, la preparación y el análisis son claves fundamentales. No hay que olvidar que un conflicto puede derivar en negociación y una negociación dar pie a un conflicto.

En la figura 44 se muestran las diferencias y similitudes que proponemos:

Diferencias y similitudes entre Negociación y Conflicto			
		Negociación	**Conflicto**
Similitudes	**Proceso**	De comunicación	De comunicación
	Partes	Dos o más personas	Dos o más personas, grupos
Posibilidad de solapamiento	**Intención**	Llegar a un acuerdo	Llegar o no a un acuerdo
	Emoción	Positiva o negativa	Negativa intensa
Diferencias	**Foco de actuación**	Fase de preparación o planificación	Fase de desarrollo
	Momento	Acuerdo previo sobre los temas a tratar	No hay acuerdo previo sobre los temas a tratar

Figura 44. **Diferencias y similitudes entre Negociación y Conflicto.**

1.2. Las fases del conflicto y la negociación

Según Puchol (2007) las fases de **negociación** las enumera sencillamente como: antes, durante y después. Estas fases consisten en:

- *Antes* de la negociación o periodo de preparación. Es una condición necesaria pero no suficiente para conseguir una buena negociación. En esta fase previa la mayor parte de la actividad se centra en definir el objeto de la negociación (lo que queremos negociar y lo que no queremos negociar) nuestros objetivos (máximos, medios, mínimos y punto de ruptura), recopilar información sobre nuestra oferta, la otra empresa y los negociadores de la otra parte con los que vamos a encontrarnos, calcular el tiempo que vamos a dedicar a la negociación, establecer una agenda tentativa, porque la agenda definitiva será probablemente objeto de la negociación con la otra parte en la primera etapa.
- Llamamos *durante* la negociación al tiempo que media entre el primer encuentro con la otra parte hasta que se cierra la negociación, tanto si hemos conseguido un acuerdo como si no. En este tiempo se utilizan distintos tipos de comunicación: verbal (oral o escrita) y no verbal. Las actividades prioritarias son establecer la agenda, intercambiar información, dar a conocer las respectivas posiciones, se constatan los puntos de coincidencia y las discrepancias, se argumentan, se hacen ofrecimientos alternativos, se regatea. A veces una parte o la otra se meten en un callejón sin salida y las dos partes hacen esfuerzos por superar estos ocasionales despistes. Se hacen promesas, se amenaza con romper la negociación, a veces se rompe y se buscan argumentos para reanudar las conversaciones... y de este modo se van aproximando las posturas de una y otra parte. Eventualmente se consigue el acuerdo o se interrumpe la negociación sin acuerdo.

  El tiempo que puede durar esta fase es de difícil previsión, pero conviene tomar amplios colchones de tiempo para no negociar con prisas, que es una manera segura de hacer malas negociaciones. En esta etapa se pone a prueba muchas veces el control emocional de los negociadores, porque las negociaciones suelen ser bastante lentas, y se requiere de paciencia.
- *Después* de la negociación es el momento de ponernos de acuerdo sobre la decisión tomada. Hay que tener en cuenta que la percep-

ción por parte de unos y de otros puede no coincidir. Se trata de conseguir una redacción aceptable para ambas partes, teniendo cuidado de que no queden cabos sueltos o aspectos sin tratar que puedan constituir después una sorpresa. Los acuerdos suelen comprender plazos de revisión, prórrogas de lo acordado, cláusulas de incumplimiento (cláusulas penales), jurisdicción a que se someten las partes para arbitrar en caso de incumplimiento de una u otra parte.

Este es el momento ideal para reflexionar sobre lo que hemos hecho y los resultados que hemos obtenido. Si los resultados han sido buenos, corresponde tomar nota de nuestras buenas prácticas, con el fin de repetirlas en el futuro. Y si los resultados no han sido tan buenos, será el momento de identificar nuestros errores con el fin de evitarlos en futuras negociaciones.

Las fases que entendemos para el MERC son parecidas a las propuestas por Puchol (2007), aunque con aspectos diferenciadores, tal y como aparece en la Figura 45.

Las fases que establecemos en el **MERC** son las siguientes:

- *Antes*. En el caso de la negociación, el foco de actuación se encuentra en la preparación y estrategia concebida de antemano. Es decir, ambas partes se disponen a negociar. Cada parte piensa y planifica lo que se quiere conseguir, haciendo un análisis de los temas a tratar en tiempo y forma: tanto los propios, como los de la otra parte.

  En el caso del conflicto, hemos señalado que no se corresponde con la fase "Antes", puesto que el conflicto surge de forma espontánea, con lo cual no existe preparación alguna. En última instancia podría identificarse esta fase con la prevención del conflicto. Para ello es importante establecer una buena comunicación y generar un clima de confianza suficiente como para que ambas partes al interactuar, sean lo más cordial y profesional posible, evitando de esta forma que se provoque conflicto alguno.
- *Durante*. Para la negociación, esta fase se corresponde con la táctica, es decir, la exposición de los argumentos, el contenido, la forma y el contexto en el que se produce. No hay que olvidar que en la fase ante-

rior (Antes), se han establecido sobré qué temáticas se van a trabajar, y qué objetivos se quieren conseguir, e incluso la estrategia a seguir. Es, en esta fase de "Durante", donde se pone en práctica la fase anterior.

Por otra parte, en la fase "Durante", se van concluyendo las distintas temáticas a tratar. Es importante que en esta fase, quede bien entendido por ambas partes la conclusión o cierre real de cada uno de los puntos a tratar en la negociación.

Para el conflicto, sin embargo, es en esta fase dónde identificaremos las 9 zonas propuestas sobre cómo se desarrolla el conflicto. Para ello es necesario tener en cuenta los objetivos, necesidades, intereses y posicionamiento estableciendo la estrategia a seguir. El análisis de las 9 zonas lo desarrollamos más adelante en este mismo capítulo.

- *Finalización.* En la negociación esta fase la consideramos irrelevante, como ya hemos comentado. En definitiva, se trata de afianzar lo pactado, como aparece en la figura 45. Por tanto la fase de negociación en este punto radicará en la confianza del cumplimiento de lo acordado por ambas partes. Pero para el MERC, la negociación "supuestamente" concluye al finalizar la fase "Durante".

Consideramos que las fases de negociación y de conflicto tienen mucho en común con algunas diferencias propias de cada proceso, aunque no por ello se tienen que tratar de forma independiente y excluyente.

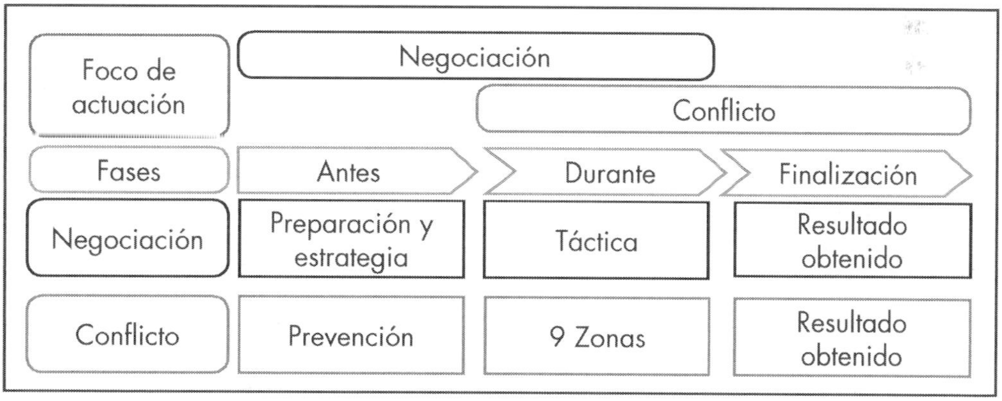

Figura 45. **Fases de la Negociación y del Conflicto agrupadas.**

Como se puede apreciar en la figura 45, el foco de actuación en la negociación se corresponde con las fases de: Antes y Durante. No consideramos la fase de Finalización (Puchol, la denomina *Después*) porque entendemos que en la fase de Durante, se han cerrado y aclarado las concesiones a realizar entre ambas partes de forma correcta y definitiva, sin necesidad de una última revisión para posibles correcciones.

El foco de actuación en el conflicto se corresponde con las fases de Durante y Finalización. Lo consideramos así, porque el conflicto normalmente surge de una forma "espontánea", es decir, no hay una fase previa de preparación. Además, es importante la fase de Finalización, dando lugar al resumen y aclaración de lo que ha ocurrido, con el fin de intentar que no se vuelva a repetir el mismo conflicto. Como se ve en la figura 45, la fase de "Finalización" está también relacionada con el resultado obtenido. En esta fase, las emociones que se producen en el conflicto son por lo general intensamente negativas. Esto significa que en la fase de Durante, se pueden dar "equívocos o confusiones", ya que la interpretación de la comunicación, es muy diferente cuando las partes involucradas están "tranquilas, calmadas" frente a cuando están "nerviosas". Es muy usual, que se tengan que repetir y confirmar los preacuerdos establecidos en la fase anterior (Durante) y validarlos de nuevo en esta fase de Finalización. La insistencia en corroborar lo acordado, es fundamental en el conflicto, por las emociones negativas que se producen en este proceso, frente al proceso de negociación. Salvo con la excepción de que en la negociación se haya dado alguna situación conflictiva.

Hay que tener muy claro en todo momento, como hemos dicho anteriormente, que un conflicto puede dar lugar a una negociación y viceversa.

1.3. Las expectativas

Victor Vroom (1988) desarrolla la teoría de las expectativas, en la que afirma que la fuerza de una tendencia a actuar en determinada forma depende de la fuerza de la expectativa de que el acto esté seguido por un resultado determinado y de lo atractivo de ese resultado para el individuo. Esta teoría dice que, 1º) un empleado se motiva para ejercer un alto nivel de esfuerzo cuando cree que ese esfuerzo llevará a una buena evaluación de su desempeño; 2º) una buena evaluación dará lugar a recompensas organizacionales, como bonificaciones, incrementos de salario o un ascenso; y 3º) las recompensas satisfarán las metas personales del empleado.

En esta misma línea conceptual, entendemos que las expectativas se están "formando" y van variando continuamente a lo largo de una relación interpersonal.

Desde el primer momento en que se interactúa con otra persona, se generan expectativas sobre la otra persona. Éstas expectativas previas generadas respecto de la otra persona, pueden ser positivas, negativas y neutras. Las expectativas neutras "puras", son muy difíciles que se produzcan, puesto que, normalmente se produce una expectativa con tendencia más o menos positiva o más o menos negativa. Dichas expectativas pueden variar y oscilar de lo positivo a lo negativo y viceversa, tal y como aparece en la Figura 46.

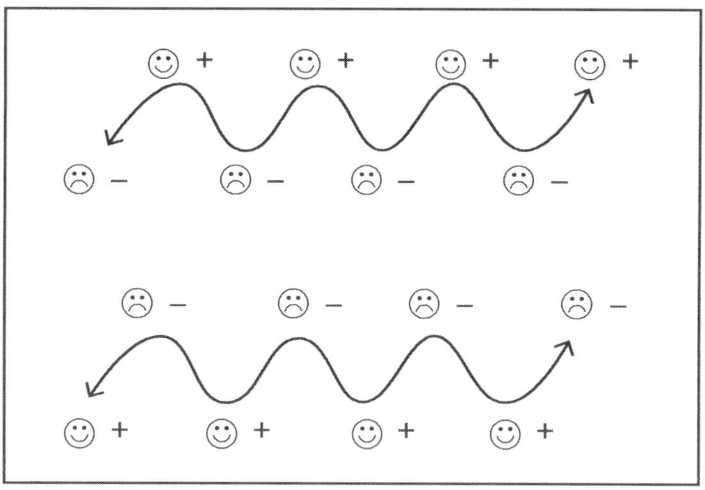

Figura 46. **Oscilación de las expectativas de lo negativo a lo positivo y de lo positivo a lo negativo.**

Las expectativas oscilan de la siguiente forma:

En primer lugar, se genera una expectativa previa sobre la otra persona que puede ser tanto positiva como negativa. Durante una conversación, la expectativa previa se puede modificar en función de cada situación y/o conversación.

En segundo lugar, dicha modificación, se compara con la expectativa previa, creándose otra expectativa llamada de aproximación. Esta nueva expectativa puede coincidir, o no, en función de la aproximación del juicio que se ha realizado respecto de la expectativa previa. De tal forma que se compararía la expectativa previa, con esta nueva expectativa (de aproximación), y según se confirme o no, lo hablado en la conversación mantenida, tendrán el mismo signo (positivo o negativo).

Por último, la expectativa se verá cumplida o no con respecto a la expectativa de aproximación. Por esta razón, se producen continuamente variaciones u oscilaciones en las expectativas respecto de lo que pensamos acerca del otro.

El resumen de todas las posibles variaciones que se pueden dar, se reflejan de forma abreviada en la Figura 47.

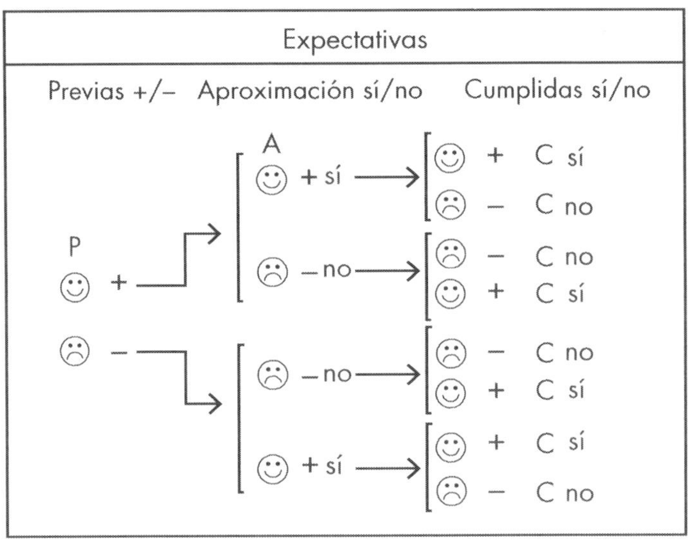

Figura 47. **Expectativas previas, de aproximación y cumplidas.**

Por ejemplo, un posible "recorrido" podría ser:

Expectativa previa negativa (P☹) - expectativa de aproximación positiva (A☺) –expectativa cumplida positiva (C☺).

Yo tengo una expectativa previa negativa (P☹) sobre una persona con la que tengo un conflicto, y hablando con esa persona, me doy cuenta de que no es tan impertinente como pensaba: expectativa previa negativa (P☹). Por tanto mi expectativa se modifica. Esta expectativa de aproximación cambia respecto de lo que yo pensaba antes, y pasa a ser positiva (A☺). Llegados a este punto, si el conflicto se resuelve, el resultado será que la expectativa cumplida que tengo es positiva (C☺).

Como comentábamos en este ejemplo, el "recorrido" de expectativas respecto de la otra persona es el siguiente:

(P☹) = (A☺) = (C☺)

Es importante tener en cuenta la siguiente aclaración. Las personas continuamente, van analizando las conductas, comentarios y acciones de los demás. Es decir, van generando opiniones sobre los demás, desde las sensaciones y/o juicios que van teniendo. Provocando en su cerebro elementos positivos (☺) o negativos (☹). De tal forma que se expresan diciendo: "esta persona me da buenas vibraciones", o por el contrario expresan: "esta persona me da malas vibraciones". O simplemente comentan: "me cae bien" o "me cae mal". Lo que significa que continuamente se está valorando al otro en función de lo que dice, hace, o simplemente como va vestido. Por este motivo, las expectativas respecto del otro van cambiando o modificándose continuamente tanto en positivo como en negativo. Este es un efecto oscilante, que puede ser más o menos cambiante en relación a las expectativas que se tienen respecto de la persona "valorada".

Para una mayor aclaración, pongamos otro ejemplo basado en el "recorrido" anterior.

(P☹) = (A☺) = (C☺)

Tengo un conflicto con Alberto, mi expectativa previa sobre Alberto es que "no va a hacer bien su trabajo" (P☹) Empiezo a hablar con él y me doy cuenta de que sí sabe hacer bien su trabajo, por tanto mi expectativa de aproximación cambia, se convierte en positiva (A☺). A partir de este momento, Alberto y yo nos ponemos a trabajar y lo hacemos con la intención de resolver el conflicto que tenemos, dando como resultado la resolución del conflicto gracias al buen trabajo realizado por Alberto y provocando en mí una expectativa final cumplida (C☺).

Como se aprecia en este ejemplo, la comparación de la expectativa se hace respecto de la expectativa anterior, consiguiendo pensamientos y sensaciones positivas.

También puede darse el caso, de hacer una comparación entre una expectativa previa (P) y una cumplida (C). Un ejemplo común sobre este tipo de comparaciones es cuando alguien dice: "yo no me imaginaba que trabajaras tan bien" Se ve claramente como se hace una comparación sobre la expectativa previa (P☹) respecto de una expectativa cumplida (C☺). Es decir, la expectativa cumplida, es el resultado final de lo que sucede en relación a lo que pienso sobre la otra persona.

Además, las oscilaciones de las expectativas se pueden dar a lo largo de todo el proceso o fases comentadas anteriormente: antes, durante y finalización. De tal forma que, en las partes involucradas en el conflicto, las expectativas, pueden ir variando o modificándose, en relación tanto a las expectativas de aproximación, como de las cumplidas, independientemente de que las expectativas sean positivas o negativas. Tal y como quedan representadas en la Fig. 48.

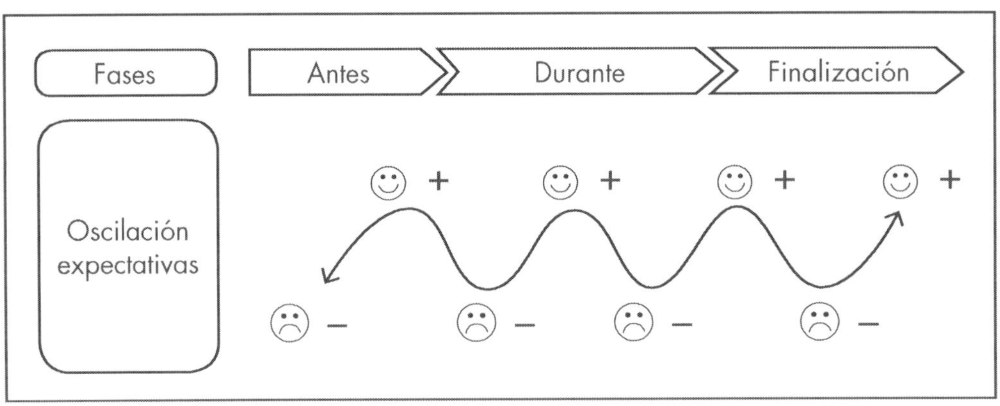

Figura 48. **Fases y oscilación de las expectativas.**

También es necesario considerar que, las expectativas, al estar en continuo movimiento u oscilación, van a influir en el tipo de relación que se establezca entre las partes que negocian o que están en conflicto. Provocando un grado de emoción en ambas partes, que puede ser tanto positivo como negativo, dando lugar a la subjetividad, la cual puede estar presente durante todas las fases. Figura 49.

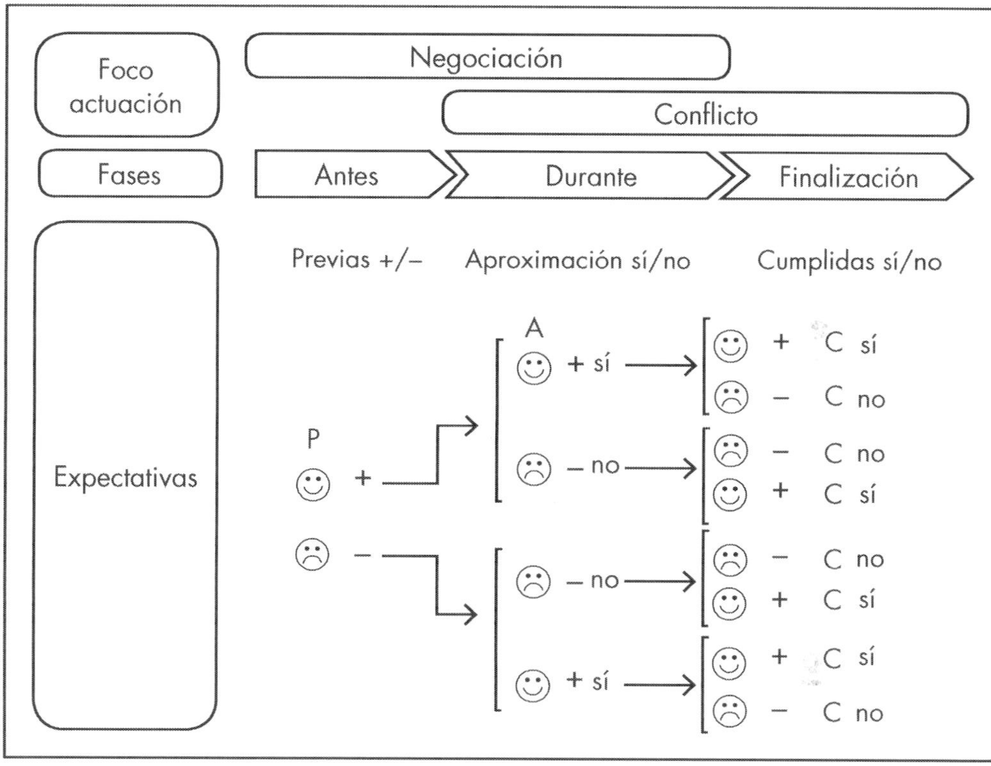

Figura 49. **Focos de actuación, Fases y Expectativas de la Negociación y del Conflicto agrupadas.**

Otra consideración a tener en cuenta, es que en una fase, se pueden dar todas las demás fases, tal y como aparece en la Figura 50. Por ejemplo, en la fase o la preparación de la negociación, cada parte puede imaginar cómo se va a desarrollar dicha negociación, explorando diferentes escenarios, opciones, alternativas, lo que implica la posible reacción del oponente. En este sentido, una de las partes puede "visualizar" el desarrollo posible de la negociación en su totalidad, es decir, el *Durante* y la *Finalización.* Y así prepararse los posibles acuerdos y temas a tratar. El visualizar todas las fases, para tener una visión conjunta o global de la situación se suele hacer en la Fase Antes, en la cual, van a ir oscilando las expectativas, y con ellas, las emociones que podrían entrar en juego. De esta forma, en la fase Antes, se pueden estar produciendo y variando distintas expectativas, del tipo positivo (☺) o negativo (☹), de esta forma, se produce la oscilación de las expectativas, que a su vez pueden estar presentes en todas y cada una de las fases.

En cada fase se pueden repetir todas las fases, esto se produce porque las personas normalmente están anticipando las posibles consecuencias ante un hecho en concreto, sobre todo y fundamentalmente cuando se tiene un conflicto.

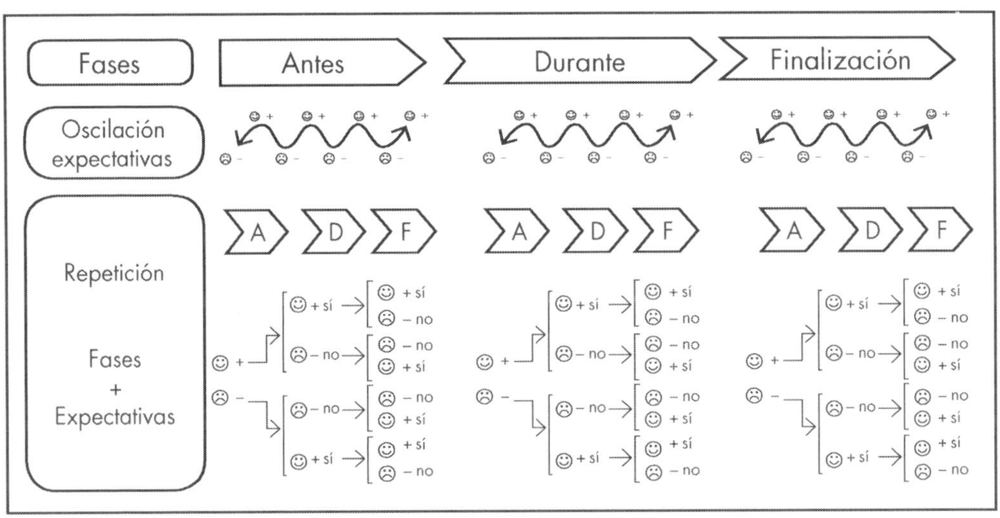

Figura 50. **Fases, oscilación de las expectativas y repetición de las fases con las expectativas.**

1.4. Plazos de desarrollo en el conflicto: corto, medio y largo

Los plazos de desarrollo en el conflicto son el corto, medio y largo plazo. Comentábamos que las personas tienen una tendencia natural a anticiparse a las consecuencias. Es decir, la tendencia a predecir la probabilidad sobre un hecho que puede ocurrir aunque no haya pasado. Las consecuencias están presentes, sobre todo en situaciones de miedo, de esta forma, nos "ponemos en el peor de los casos", aunque aún no haya pasado tal acontecimiento.

En la figura 51, se muestra un resumen de las posibles variaciones que se pueden dar a corto, medio y largo plazo, teniendo en cuenta que los resultados (bueno y malo) pueden verse afectados, o pueden variar, según las expectativas (positiva y negativa). Por ejemplo, si le contesto bien a mi jefe y le entrego todas las tareas que me pide, parece normal que mi jefe esté contento a corto, medio y largo plazo. De esta forma el resultado que se produce es: bueno a corto, bueno a medio y bueno a largo plazo. Tal y como aparece en la primera línea de la Figura 51. Sin embargo, no siempre ocurre de esta forma. Pueden ocurrir y darse tantas variaciones como aparecen en esta Figura 51.

EXPECTATIVAS: POSITIVA/NEGATIVA

PLAZOS		
CORTO	MEDIO	LARGO
Bueno	Bueno	Bueno
Bueno	Bueno	Malo
Bueno	Malo	Bueno
Bueno	Malo	Malo
Malo	Bueno	Bueno
Malo	Bueno	Malo
Malo	Malo	Bueno
Malo	Malo	Malo

RESULTADOS

Figura 51. **Plazos de desarrollo en el conflicto: corto, medio y largo.**

Además de lo anteriormente dicho, hay que tener en cuenta lo siguiente:

- La realidad se torna buena o mala, según la interpretación de la persona que lo está percibiendo. Por ejemplo, un mismo hecho puede verse como bueno o malo en función del estado de ánimo que se tenga.
- Entre el intervalo, lo bueno y lo malo, existen multitud de opciones. Por ejemplo, regular, normal, menos bueno, etc.

Hemos optado por denominar a los resultados como bueno y malo, para poder facilitar la comprensión de la figura 51. Una vez aclarado este concepto, en el que los resultados son del tipo: bueno y malo. Hay que prestar atención, tanto los plazos (corto, medio, largo) como a las expectativas (positiva, negativa), ya que en función de estos datos, pueden variar los propios resultados.

Los plazos, a su vez, están vinculados a las distintas fases: antes, durante y finalización, como aparece en la figura 52. Dichas fases, también pueden estar vinculadas al mismo plazo. De esta forma, en el corto plazo, se pueden dar todas y cada una de las fases, incluso repetirse más fases dentro del corto plazo.

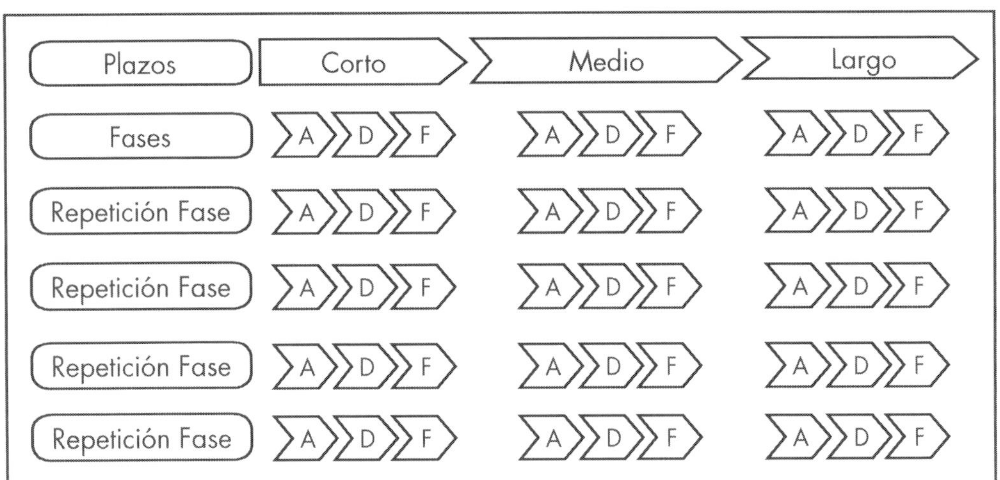

A: antes, D: durante, F: finalización.

Figura 52. **Plazos de desarrollo en el conflicto, Fases, y repetición de las Fases.**

Por ejemplo, imaginemos un jefe y un colaborador que han tenido una discusión por el enfoque de un informe que hay que entregar a la dirección general y que tienen que acabar antes de las 14.00 horas. Puede ocurrir que durante la mañana, hayan gestionado el conflicto en donde se han dado las distintas fases: antes, durante y finalización. Finalizando en una correcta resolución del conflicto con la entrega correcta del informe a las 14.00 horas. Siguiendo con este ejemplo, y a medio plazo, es decir, a una semana para la entrega del informe, se generan las 3 fases del conflicto durante toda la semana, con la entrega correcta del informe en tiempo y forma. Al igual que puede ocurrir para el conflicto a largo plazo, para este caso, podemos hablar de la entrega de una obra (un túnel de montaña) que dure 2 años su realización, en la cual, durante ese período de 2 años, se ha producido y resuelto un conflicto entre el cliente (el ayuntamiento) y el proveedor (una empresa de construcción) dándose en esos dos años las distintas fases y la repetición de las mismas tal y como se muestra en la figura 52.

Como comentábamos al principio del capítulo, lo verdaderamente importante es entender el conflicto como algo dinámico, fluido, elástico y flexible.

Si nos centramos en la figura 53, vemos que puede ocurrir que las expectativas también entran en juego, junto con los plazos (corto, medio, largo), las fases (antes, durante, finalización), y su repetición en cada fase. En esta figura, coincide la expectativa previa con la fase Antes, la expectativa de aproximación con la fase Durante, y la expectativa Cumplida con la fase Finalización tanto a corto, medio y largo plazo.

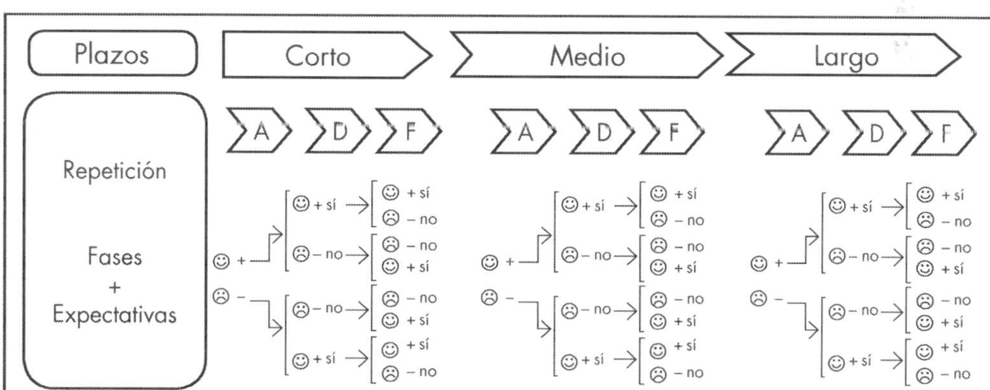

Figura 53. **Plazos de desarrollo en el conflicto y repetición de las Fases con las expectativas.**

Sin embargo, no siempre sucede así, como se puede apreciar en la figura 54, además de todo lo anterior, pueden entrar en juego las oscilaciones de las expectativas en cada una de las fases y su repetición, como se ha comentado en la figura 50. En este caso, y como comentamos anteriormente, las expectativas pueden estar cambiando constantemente independientemente de la fase y de los plazos, es decir, se pueden generar infinidad de escenarios tanto para el conflicto como para la negociación, todo dependerá de la interpretación que tenga la persona que lo está percibiendo.

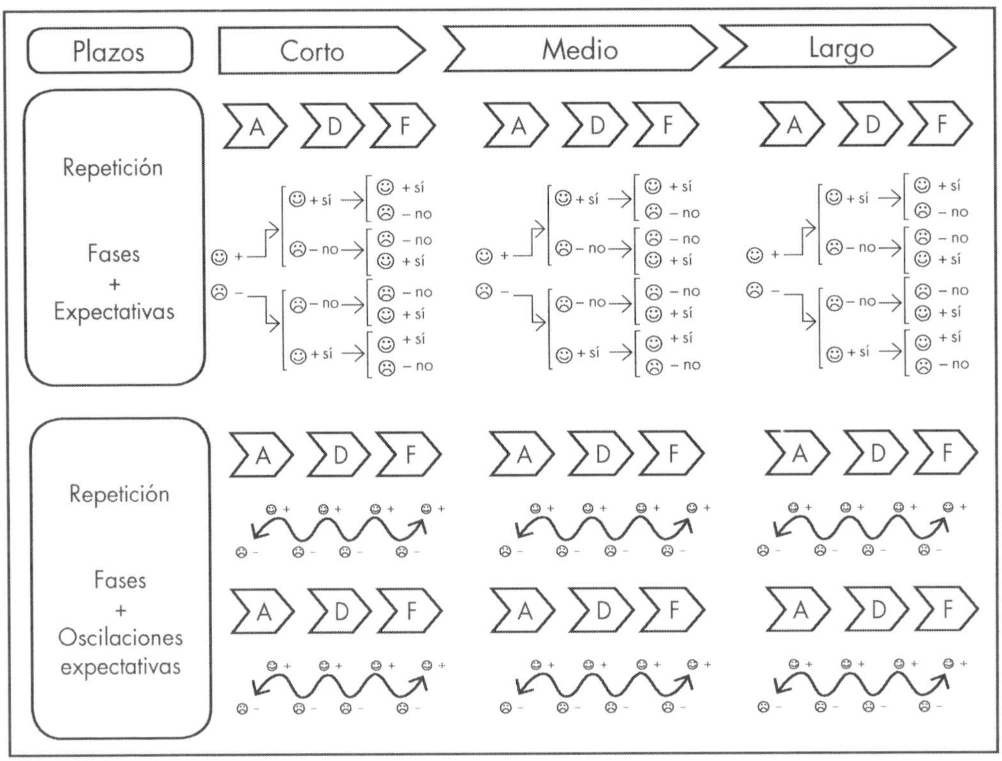

Figura 54. **Plazos de desarrollo en el conflicto, repetición de las Fases con las expectativas y repetición de las Fases con las Oscilaciones de las expectativas.**

Como comentamos en el apartado de las fases del conflicto y la negociación (Figura 45), el conflicto puede dar lugar a una negociación y la negociación a un conflicto, tal y como aparece en la Figura 55. De este modo, la secuencia conflicto-negociación y negociación-conflicto, provocan un movimiento continuo y dinámico. Dicho movimiento, puede llegar a ser muy duradero en el tiempo, en función de lo que las partes involucradas estén dispuestas a tolerar.

Figura 55. **Secuencia y Oscilaciones del conflicto con la negociación y viceversa.**

En la figura 56 se puede apreciar el movimiento dinámico temporal negociación-conflicto y viceversa, tanto en los plazos corto, medio y largo, así como en las fases antes, durante, finalización. Lo que significa que tanto en la negociación como en el conflicto se pueden dar todas las fases, aclarando que el foco de actuación en la negociación se corresponde con las fases de Antes y Durante. Mientras que el foco de actuación en el conflicto se corresponde con las fases Durante y Finalización.

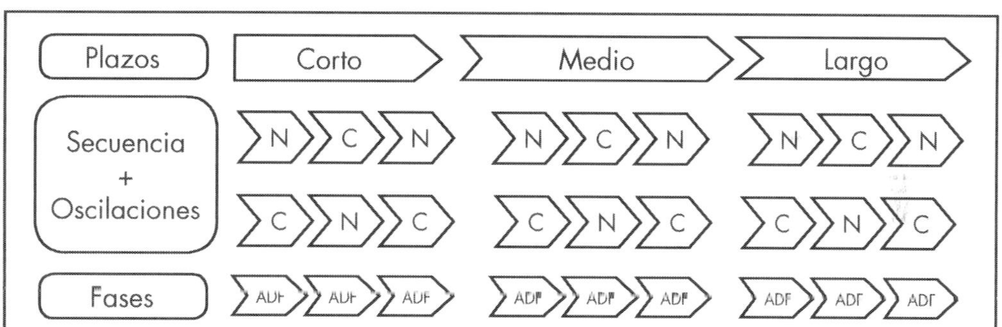

Figura 56. **Plazos de desarrollo en el conflicto y la negociación, Secuencia y Oscilaciones del conflicto con la negociación y viceversa y Fases.**

La figura 57 recoge además de lo comentado en la figura 56, las expectativas y el tipo de oscilación, lo que significa que según la interpretación que haga la persona de lo que está percibiendo, variaran las expectativas en positivo o en negativo, así como el cumplimiento o no de las mismas.

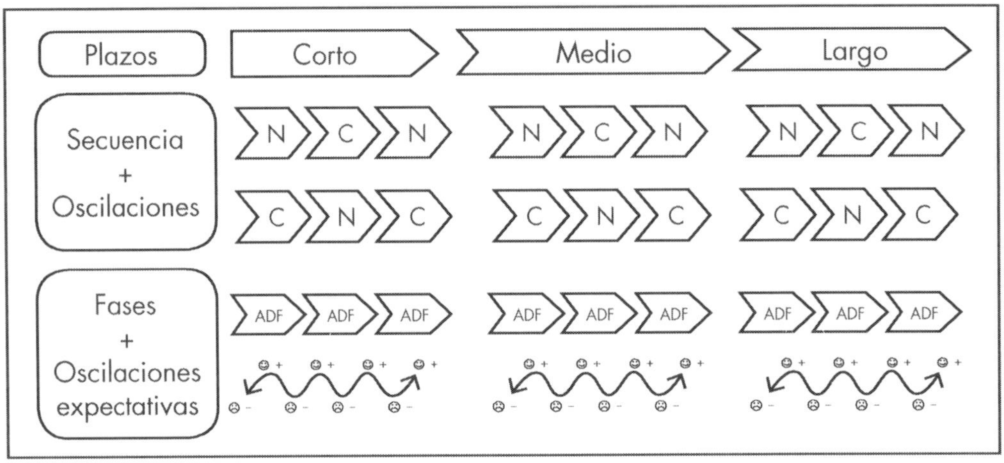

Figura 57. **Plazos de desarrollo en el conflicto y la negociación, Secuencia y Oscilaciones del conflicto con la negociación y viceversa y Fases con las Oscilaciones de las expectativas.**

Para finalizar este punto, hay que tener en cuenta dos consideraciones:

1. La **complejidad** va aumentando a medida que se va desarrollando la teoría.
2. La **interconexión** que se produce en el MERC y en sus elementos, genera una visión holística y al mismo tiempo específica, cuando se gestiona un conflicto o una negociación.

A continuación explicamos en qué consiste el MERC y uno de los elementos clave que todavía no se ha desarrollado, el ***análisis del conflicto***.

Este análisis se realiza a través de cuatro perspectivas que hemos denominado puntos cardinales del conflicto. Los cuales son: objetivos, intereses, posicionamiento y necesidades.

Recordemos que lo verdaderamente importante es entender el conflicto como algo dinámico, fluido, elástico y flexible. Esta visión holística es clave tenerla en cuenta, para el correcto entendimiento de la gestión del conflicto.

2. El Modelo de Eficacia en la Resolución de Conflictos

Para explicar el modelo tomaremos como referencia las zonas estratégicas en su totalidad como marco de actuación, para explicar en qué consiste el MERC. (Fig. 58).

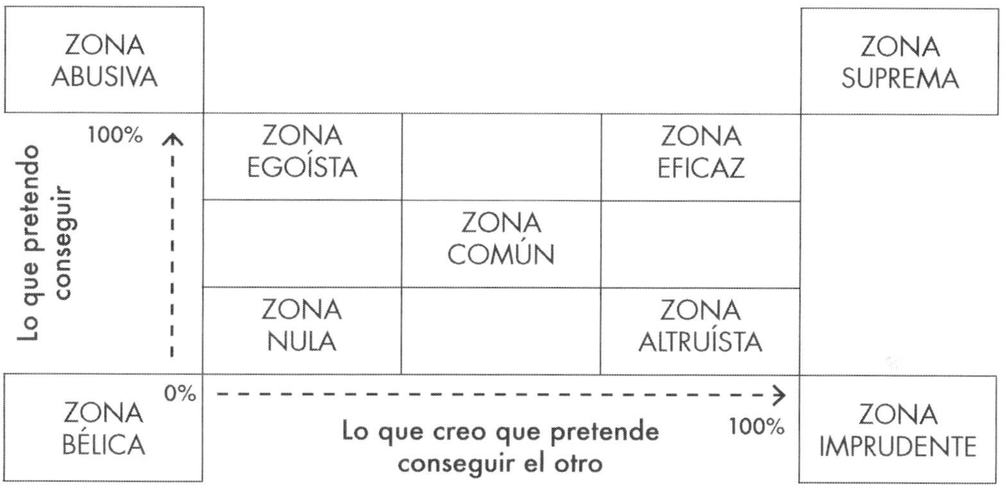

Figura 58. **Modelo de Eficacia en la Resolución de Conflictos.**

Es importante tener en cuenta lo siguiente: "cada persona interpreta la estrategia realizada desde su propio punto de vista". Por lo tanto, la forma de percibir cada zona estratégica se valora según la persona en sí, es decir, según su personalidad, estado de ánimo, edad, experiencia, etc. Lo que significa, que la interpretación siempre es subjetiva. Sin embargo, en el conflicto se dan unos parámetros "estándares" que permiten de alguna forma dar objetividad al conflicto.

El fin último es intentar solucionar el conflicto, haciendo que la comunicación y la confianza sean lo más efectivas posibles, para que de esa forma se produzca un mayor acercamiento entre las partes en conflicto. Es decir, cada parte involucrada utiliza su propia estrategia, de tal forma que, lo importante para estar alineados es comprender en qué zona se está moviendo la otra parte, para sincronizar los movimientos. Y de esta forma, la solución al conflicto será un éxito.

El MERC propone 9 zonas estratégicas diferentes, según los niveles de eficacia para la gestión del conflicto, dibujando la línea imaginaria de eficacia, tal y como aparece en la figura 59.

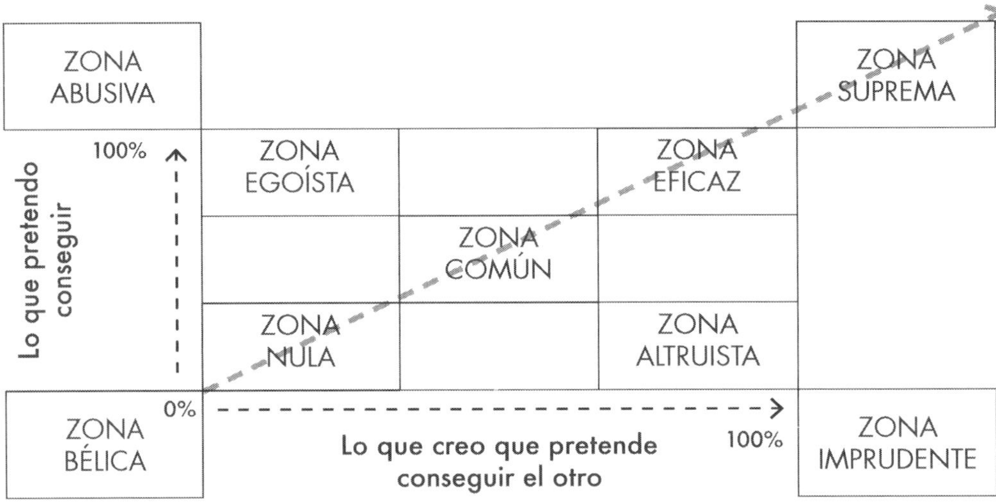

Figura 59. **Disposición de la eficacia en el Modelo de Eficacia en la Resolución de Conflictos.**

Para entender este modelo, es importante detallar los siguientes aspectos:

1. Variables.
2. Puntos Cardinales.
3. Zona estratégica.
4. Línea de Eficacia.

2.1. Variables

El modelo parte de dos variables muy estrechamente relacionadas con la consecución de objetivos, (figura 60) definidas de la siguiente manera:

- **Lo que pretendo conseguir.**
- **Lo que creo que pretende conseguir el otro.**

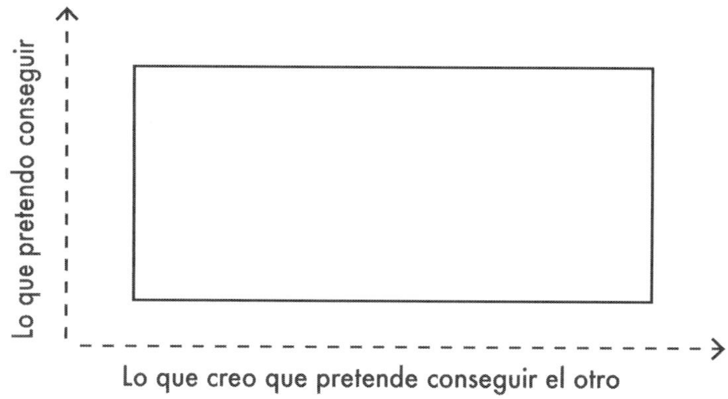

Figura 60. **Disposición de las variables en el Modelo de Eficacia en la Resolución de Conflictos.**

En estas dos variables, el análisis se realiza a través de la misma persona, que se sitúa frente a los dos puntos de vista, el suyo propio y la percepción que tiene de lo que pretende conseguir el otro.

En cuanto a la percepción desde el punto de vista propio, la representación sería la mostrada en la Figura 61:

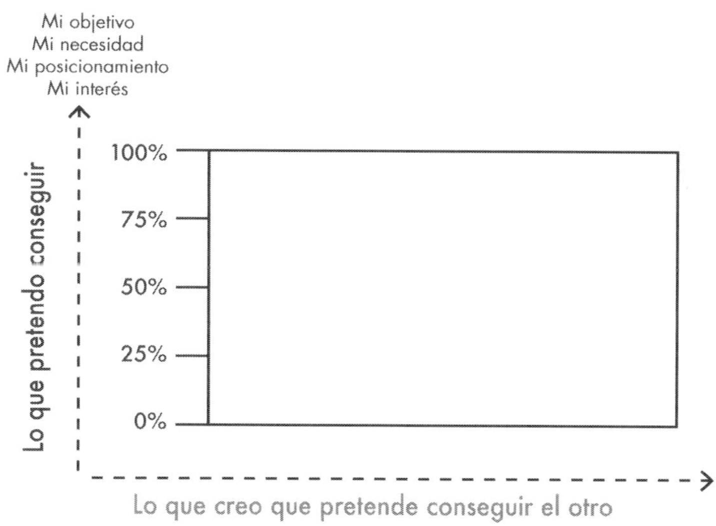

Figura 61. Disposición de la variable "Lo que pretendo conseguir" en el Modelo de Eficacia en la Resolución de Conflictos.

La variable "Lo que yo pretendo conseguir", viene definida en clave de:

- Mi objetivo.
- Mi posicionamiento.
- Mi necesidad.
- Mi interés.

En cuanto a la percepción que tiene del otro, la representación sería la siguiente:

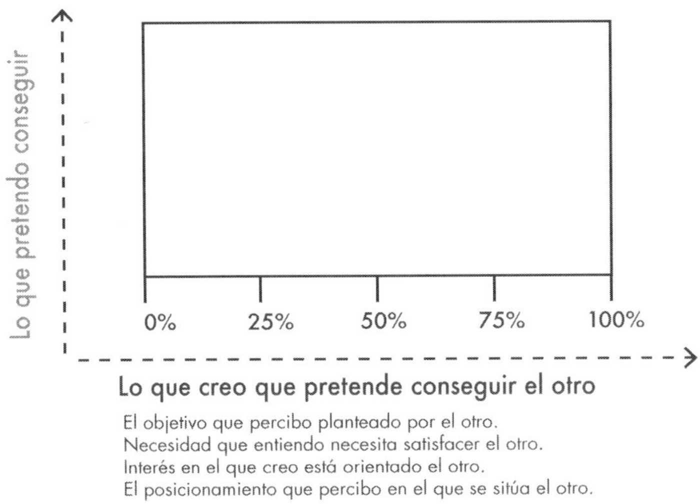

Figura 62. **Disposición de la variable "Lo que creo que pretende conseguir el otro" en el Modelo de Eficacia en la Resolución de Conflictos.**

La variable "Lo que creo que pretende conseguir el otro" (figura 62) se define en clave de:

- El objetivo que percibo planteado por el otro.
- Necesidad que entiendo que necesita satisfacer el otro.
- Interés en el que creo que está orientado el otro.
- El posicionamiento que percibo en el que se sitúa el otro.

Por ejemplo, yo (persona "a") tengo un conflicto con otro (persona "b"), hago un análisis sobre lo que yo pretendo conseguir por un lado ("a"), y por otro lado, lo que creo que pretende conseguir la otra persona ("b"). Es importante tener en cuenta que la interpretación y percepción es subjetiva. Esto indica que tanto las variables "Lo que yo pretendo conseguir" (persona "a") y "Lo que creo que pretende conseguir el otro" (persona "b"), son una interpretación de lo que percibe una única persona: el que valora el conflicto. Es decir, yo (persona "a").

Para explicar el término "pretender conseguir", hay que hacer mención a las dos variables: "lo que **yo pretendo conseguir**" y "Lo que creo que **pretende conseguir el otro**".

Hay cuatro aspectos que definimos como puntos cardinales que son los que definen y explican el término "pretender conseguir", siempre dentro del contexto de conflicto. Por ejemplo, cuando un individuo está en conflicto con otra persona y pretende conseguir algo respecto de esa otra persona, debe de realizar un análisis o valoración de sus objetivos, intereses, necesidades y posicionamiento. El posicionamiento se entiende como ***punto mínimo de partida*** de lo que pretendo conseguir y lo que creo que pretende conseguir el otro. Al igual que ocurre en una negociación, las partes involucradas tienen un punto de partida mínimo, por debajo de este, se rompe la negociación.

Un aspecto diferencial y de máximo rigor respecto de otros modelos, es que **la valoración siempre es de *una única persona* frente a sí mismo** ("lo que pretendo conseguir") **y frente al otro** ("lo que creo que pretende conseguir el otro").

El modelo identifica la interpretación o valoración que hace esa "una única persona" para sí misma y para lo que cree que pretende conseguir el otro.

2.2. Puntos cardinales

Una vez determinadas las dos variables con las que actúa el modelo, es primordial entender los puntos cardinales que las impulsan (figura 63):

- Las necesidades.
- Los objetivos.
- Los intereses.
- El posicionamiento.

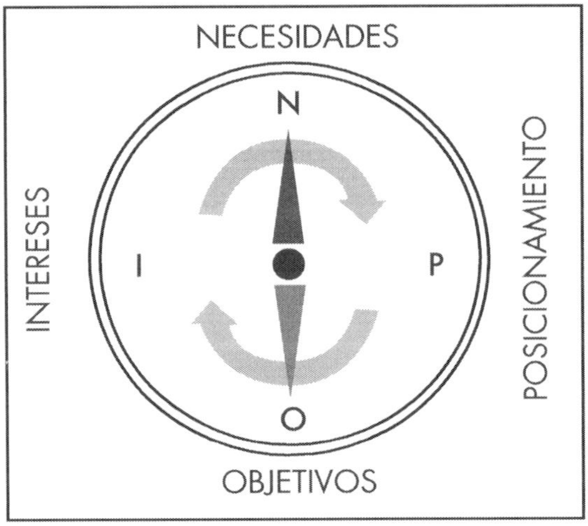

Figura 63. **Puntos cardinales en el Modelo de Eficacia en la Resolución de Conflictos.**

El primero de los puntos cardinales, y de mayor relevancia, son las necesidades, que tal y como están definidas, no son susceptibles de negociación. En una negociación, al igual que las emociones, las necesidades, no se pueden negociar. Lo que siente una persona es algo que ocurre y es sentido por la persona que lo está experimentando. Es decir, cuando alguien está triste, y se siente triste, lo que siente es tristeza, no se puede discutir ni negociar sobre su estado de ánimo. Aunque en un momento dado, la persona que se siente triste pueda cambiar de estado de ánimo ya sea por agentes externos o por decisión propia.

De igual forma, las necesidades tienen esta misma característica. Si alguien está muy preocupado por una serie de mareos y migrañas que ha estado sufriendo durante los dos últimos meses, tendrá la necesidad de solucionar este problema de salud. Para ello, optará por acudir al profesional oportuno. Por mucho que otra persona le diga que no tiene importancia, la necesidad de "recuperar su salud" no se verá modificada. Va a seguir queriendo acudir al especialista para tranquilizarse y averiguar qué es lo que le pasa.

Por tanto, los puntos **gestionables en el conflicto** en la mayoría de los casos, son los objetivos, los intereses y el posicionamiento, tal como veremos más adelante.

Los puntos cardinales están delimitados por cuatro aspectos:

- **Necesidades.** Son las *motivaciones* reales que dirigen a la persona hacia lo que pretende conseguir. Es lo realmente auténtico, a lo que se le presta mayor importancia. Es lo prioritario. Se le da la máxima importancia puesto que implica una emoción profunda. Por ejemplo, sabiendo que estamos saturados en la oficina, solicito un día libre, para acudir al médico y realizar una serie de pruebas diagnósticas importantes para mi salud. La necesidad es recuperar la salud. Es mi prioridad. Es lo que "quiero hacer".

  La necesidad y la emoción, van muy ligadas normalmente. A mayor necesidad, mayor emoción, y viceversa.

  La necesidad suele ser un agente interno.

- **Objetivos.** Es el *propósito* o meta planteada con el máximo detalle. Es lo que se pretende conseguir, algo en concreto. Por ejemplo, negociar el sueldo en la reunión de objetivos para el año que viene, no sería suficiente para considerarlo un buen objetivo. Este dato tiene que ser más específico, es decir, no basta con "aumentar el sueldo", el objetivo bien planteado para este caso, es aumentar un 10% el sueldo. El objetivo puede estar asociado y vinculado a la necesidad, pero no siempre ocurre así, puesto que pueden llegar a ser antagónicos. Por ejemplo, "aguantar" a un jefe tóxico en un trabajo por dinero durante un año, cuando lo que se quiere es disfrutar de un clima laboral conciliador y positivo. El objetivo se puede convertir en lo que "tengo que hacer".

  El objetivo suele ser un agente interno si va asociado a la necesidad, mientras que suele ser un agente externo si va asociado al interés.

- **Intereses.** Es el *motivo* por el que se realiza una tarea. Es lo que moviliza a la persona, lo que "empuja" a realizar la acción.

  Por ejemplo, surge en mi empresa una vacante para el puesto en un departamento de marketing en el que desempeñaría tareas vinculadas a mis estudios. Actualmente estoy en el departamento financiero dónde no disponen de personal suficiente. El director de recursos humanos lleva un año insistiendo en la dificultad del cambio al área financiera. Yo estoy muy interesado en este departamento. El interés o motivo en este caso, es la existencia de la vacante en el departamento de marketing. Conocer la existencia de esa vacante es lo que ha generado o "impulsado" mi interés en este cambio.

El interés suele ser un agente externo.

- **Posicionamiento.** Viene delimitado por la postura *frente a lo que se pretende conseguir* a la hora de enfrentarse a un conflicto. El posicionamiento viene identificado mediante un porcentaje. Normalmente, los individuos se enfrentan a un conflicto con la intención de conseguir el 100% de sus expectativas. También se plantea una postura más flexible frente al conflicto, lo que implica disminuir el porcentaje, y conformarse con lograr un 30, 60 o 70% de las expectativas en vez de conseguir el 100% según las necesidades, intereses y objetivos que se desarrollan durante la gestión o proceso del conflicto.

  Por lo tanto, el posicionamiento es la franja que delimita la ruptura o no en la resolución de un conflicto.

  Por ejemplo, en el área de gestión de cobros uno de los gestores mantiene una conversación con un cliente que lleva un retraso de 6 meses para efectuar un pago de 850.000 €. Se le informa que tiene 20 días para abonar el total del importe. En caso de no efectuar el ingreso se tomarán las medidas legales oportunas.

  En este ejemplo la postura es firme. El posicionamiento se sitúa en un 100% de lo que pretende conseguir a la hora de enfrentarse a esta situación de impago. Es decir, el cliente tiene 20 días para pagar el total de la deuda, y la decisión es inamovible, el posicionamiento está en un 100%. La postura es inflexible.

Hemos comentado de manera independiente los puntos cardinales, sin embargo, pueden haber asociaciones de dos, de tres o de los cuatro puntos cardinales. Es decir, pueden coincidir las necesidades y los objetivos, siendo casi imperceptibles las diferencias entre ambos. De la misma forma puede ocurrir entre los objetivos, las necesidades, los intereses y el posicionamiento, aunque como hemos dicho, puede ocurrir que las diferencias entre los cuatro puntos cardinales sean muy notorias, dándose diferencias muy grandes entre los distintos puntos cardinales.

Es realmente importante saber que se pueden negociar o gestionar los objetivos, los intereses y el posicionamiento. Mientras que en caso de las necesidades, esto no es factible.

Los objetivos, posicionamiento, necesidades e intereses, están en continuo movimiento. Estos puntos cardinales son dinámicos y cambiantes en el tiempo. Por tanto, en el momento de actuación durante la gestión del conflicto, es imprescindible situarse en un punto estático, pero siempre teniendo en cuenta la variabilidad constante. Del mismo modo que ocurre cuando damos al botón de "pausa" en una película, y se selecciona un fotograma (una imagen sin movimiento).

En el MERC ocurre algo similar, es importante tomar como punto de referencia el momento presente, el "aquí y ahora", este dato es importante, porque transcurrido un tiempo, ya sean unos minutos, horas, días o años, la forma de enfrentarse al conflicto varía.

Por ejemplo, en un departamento comercial dónde dos personas están en continuo conflicto, la necesidad de una de ellas por salir de ese departamento, varía en el momento en el que le proponen otro puesto de trabajo a nivel internacional. A partir de ese momento cambian, sus intereses, objetivos, necesidades y posicionamiento. En este caso, la necesidad es encontrar una nueva residencia, ya que vivirá en un nuevo país. Puede valorar la situación priorizando las condiciones económicas, tener la necesidad de saber cuánto dinero va a ganar, beneficios sociales, condiciones de trabajo, etc. Lo que significa, que el conflicto que tenía con su compañera de departamento se diluye. De hecho, el conflicto en ese momento desaparece.

Un aspecto a tener en cuenta, es la forma en la que se desarrolla y gestiona el conflicto. Durante el transcurso de una conversación entre dos partes enfrentadas, la situación va cambiando de zona o cuadrante (figura 59). Este cambio lo podemos constatar desde el análisis de los puntos cardinales. En dicha conversación, se hablarán de una serie de temas que aportaran datos e información relevante relativa al conflicto y a su gestión. Estos nuevos datos hacen que las partes involucradas en el conflicto puedan modificar los intereses, objetivos, necesidades y posicionamiento tanto propios, como de la otra parte, para una correcta resolución del conflicto.

Además del cambio de los puntos cardinales, hay que tener en cuenta la interacción de las expectativas que van apareciendo y variando en cada una de las personas y entre las mismas, tal y como aparece en la figura 64.

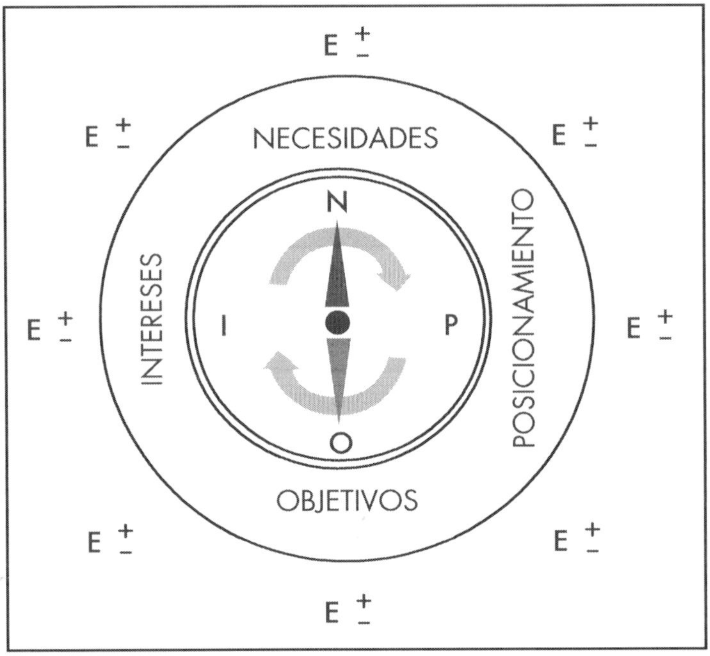

Figura 64. **Puntos cardinales y Expectativas en el Modelo de Eficacia en la Resolución de Conflictos.**

MERC es un modelo dinámico, que responde y se plantea a partir de las variables, "lo que pretendo conseguir" y "lo que creo que pretende conseguir el otro", de la siguiente forma:

- **La variable: "Lo que pretendo conseguir"**

  En un conflicto, la variable "lo que pretendo conseguir" está directamente ligada, tanto al pensamiento, como a la forma de actuar de la persona implicada: en este caso "Yo". Esta variable viene marcada y determinada por: mis objetivos, mis intereses, mis necesidades y mi posicionamiento que aclaramos a continuación.

  Mi objetivo. Responde a la pregunta: ¿Qué quiero conseguir? Es algo en concreto. Ejemplo: "Pretendo conseguir llegar a casa a las 7.00 pm después del trabajo". El objetivo que se quiere conseguir es algo muy concreto y preciso.

  Si el objetivo fuera "llegar a casa después del trabajo", este objetivo no estaría bien definido, ya que es un argumento muy impreciso al no establecer una hora en concreto. El objetivo bien definido es: "llegar a casa a las 7.00 pm después del trabajo".

Mi interés. Responde a la pregunta: ¿Cuál es el motivo por el que pretendo conseguir algo? Es el móvil que lleva a la acción. El interés puede ser pensado o puede surgir de forma inesperada e impulsiva. El interés está vinculado a los estímulos, por ejemplo: "veo un compañero de trabajo que va al gimnasio y revivo mi interés por estar en forma". El interés surge por la conversación con este compañero de trabajo. Es la conversación la que provoca el interés por reanudar mi actividad física. De tal manera que, si no se hubiera llegado a dar dicha conversación, no se hubiera producido el interés por estar en forma.

El interés está vinculado a los estímulos, al igual que el efecto que causa la publicidad sobre nosotros cuando vemos un anuncio de una bebida refrescante en verano. En el momento de recibir la información, se genera un interés y provoca el deseo de consumir esa bebida, independientemente de que exista una necesidad real o no.

Mi necesidad. Responde a la pregunta: ¿Qué considero indispensable conseguir? Son las motivaciones "reales" que me dirigen hacia lo que pretendo conseguir, por ejemplo: "considero indispensable cuidar mi salud y bajar la tensión arterial". En este ejemplo, "yo" necesito tener salud y para ello, hago algún tipo de cambio: deporte, ejercicio, comer de forma equilibrada, o cualquier otro aspecto que considere relevante para poder estar en forma.

Las necesidades son de vital importancia para la persona, normalmente se trata de la referencia vital que quiere conseguir la persona.

Mi posicionamiento. Responde a la pregunta: ¿Cuál es mi postura frente a lo que pretendo conseguir? Esta información viene determinada de forma cuantitativa, mediante un porcentaje.

Ejemplo: "Tres días a la semana tengo que nadar para evitar la tensión laboral, y esta decisión la considero inamovible".

En este ejemplo el posicionamiento estará situado en el 100%, en el que me muestro inflexible sobre lo que pretendo conseguir. Se trata de mantenerse en una postura determinada.

El porcentaje se valora en base al objetivo, el interés y la necesidad de la variable "lo que pretendo conseguir".

El porcentaje puede variar, en función del posicionamiento en el que me sitúo con respecto a mis expectativas. Puede situarse en un porcentaje específico del, 70%, 50%, 30%, etc.

- **La variable "Lo que creo que pretende conseguir el otro"**

  Dado que no podemos conocer los objetivos, intereses, posicionamiento y necesidades del otro, MERC asume esta limitación proponiendo una nueva variable definida como "*Lo que creo* que pretende conseguir el otro".

  Lo que creo, es algo subjetivo, no es un dato objetivo. Es obvio, que no se puede saber exactamente lo que tiene pensado la otra persona. Se puede intuir, o hacer una inferencia respecto de lo que piensa la otra persona. Por esta razón, es imposible saber exactamente lo que piensa la otra parte, salvo cuando ésta, lo expresa de forma explícita.

  Al añadir "Lo que creo", se incluye la perspectiva del otro desde la empatía. Esta perspectiva es necesaria para analizar y poder reaccionar ante las respuestas del otro.

  Esta variable viene determinada por los puntos cardinales citados anteriormente. No se puede olvidar que ésta puede estar sujeta a diferentes interpretaciones.

  Los objetivos, intereses, necesidades y posicionamiento del otro vienen determinados de la siguiente forma:

  Su objetivo. Responde a la pregunta: ¿Qué creo (según mi interpretación) que quiere conseguir el otro? por ejemplo: "mi compañero (el otro) me dice que terminará los 5 informes a las 16.00 pm".

  En muchas ocasiones "el otro" hace explícito un objetivo. En este caso, no es necesario realizar ninguna interpretación, ya que el objetivo ha sido expresado verbalmente por el otro. Hay que tener en cuenta, que hay ocasiones en las que la exposición del objetivo del otro, no es tan clara.

  Su interés. Responde a la pregunta: ¿Cuál es el motivo (según mi interpretación) de lo que pretende conseguir el otro? Por ejemplo: "Quiere estar nadando una hora después de trabajar, porque el otro día le comentó un amigo que le viene muy bien nadar para estar en forma". Como hemos dicho anteriormente, el interés está vinculado con los estímulos.

Normalmente, en una situación de conflicto, el interés es desconocido, ya que la otra parte, no suele dar explicaciones del motivo que le impulsa, salvo que el conflicto sea entre personas que se "llevan bien" y tienen la suficiente confianza como para conocer la mayor parte de los detalles de su entorno, y de esta forma "intuir" los motivos subyacentes.

Su necesidad. Responde a la pregunta: ¿Qué considera (según mi interpretación) indispensable conseguir el otro? Por ejemplo: "se entra en conflicto debido a que un compañero está saliendo diez minutos antes de su hora. Descubro que lo está haciendo porque tiene problemas de salud y no ha dicho nada a la empresa". En este ejemplo se oculta la información relevante sobre la necesidad, provocando un conflicto que se podría haber evitado.

En el ámbito laboral, las necesidades se suelen enmascarar, y al igual que ocurre con el interés y el objetivo, no se suelen dar explicaciones entre las partes involucradas en el conflicto, a menos que tengan una buena relación o estén muy involucrados en la resolución del conflicto.

Su posicionamiento. Responde a la pregunta: ¿Cuál es la postura del otro (según mi interpretación) frente a lo que pretende conseguir? Por ejemplo: "mi compañero pretende irse todos los viernes a las tres, y bajo ningún concepto va a aceptar la programación de reuniones que excedan de esa hora". En este caso se posiciona en el 100%.

El posicionamiento, suele ser evidente en la gestión del conflicto, es lo más fácil de observar, simplemente hay que estar atento a lo que dice y hace la otra parte. Es más claro ver el posicionamiento que ocupa la otra parte por su forma de actuar.

El posicionamiento, puede ser muy emocional, es decir, en un conflicto, la emoción puede impedir dar paso a la razón, por lo que, se recomienda en esos casos, calmar los ánimos para que el conflicto no vaya en progresión ascendente. Es importante poder llevar a cabo una conversación lo menos "acalorada" posible, hablando del asunto que se esté tratando desde un conocimiento más razonado y estructurado.

2.3. Zonas estratégicas

Las zonas son los cuadrantes imaginarios o resultantes en los que se sitúa la persona frente al conflicto, teniendo en cuenta las variables: "lo que pretendo conseguir" y "lo que creo que pretende conseguir el otro". La zona establecida se identifica con la estrategia que se está utilizando.

Hemos establecido 9 zonas o cuadrantes.

Cada zona o cuadrante es el resultado del diálogo realizado entre las partes en conflicto. Son en definitiva, las acciones resultantes. Durante la gestión del conflicto, se puede ir cambiando de zona. Este cambio viene determinado por el análisis derivado de los puntos cardinales, a través, o como consecuencia, del intercambio de argumentos y acciones durante la gestión del conflicto. Es decir, yo puedo enfrentarme a un conflicto con una estrategia "a priori", e ir modificándola en función del intercambio de la información entre las dos partes.

Durante la gestión del conflicto, se irá pasando por diferentes zonas o cuadrantes, en donde las partes involucradas obtendrán resultados tanto previstos como inesperados, derivados del análisis de los objetivos, intereses, necesidades y posicionamiento tanto propio, como de la parte contraria. Como comentamos, cada parte involucrada en el conflicto valorará las dos variables de forma independiente, "lo que pretendo conseguir" y "lo que creo que pretende conseguir el otro".

Este proceso es completamente subjetivo, es decir, lo que para uno puede ser un objetivo, para otro puede identificarse como una necesidad o un interés.

Independientemente de dónde me posicione yo, cada persona se puede percibir dentro de una zona u otra. Cada una de las partes involucradas, tiene su razón partiendo de su verdad subjetiva, que no siempre es compartida. Es decir, cree que su visión o versión de los acontecimientos es la correcta y no siempre la percepción de la realidad coincide en las partes implicadas. Esto implica que yo me puedo posicionar ante una situación en un 100% y verlo justo, mientras que otro lo percibe como injusto. Esta es la razón por la que siempre se trabaja desde el YO: "lo que yo pretendo" y "lo que yo creo que pretende el otro". No podemos olvidar que cada persona interpreta a su manera: la botella se puede ver, medio llena, o medio vacía, según quien la mire.

A continuación explicaremos con detalle las 9 zonas. Las 5 primeras zonas (Fig. 65) están basadas teniendo en cuenta las expectativas previas y de aproximación (Fig. 47). En cambio las 4 últimas zonas, están descritas tomando como referencia las expectativas de aproximación y cumplidas (Fig. 47). Cada una de estas últimas 4 zonas va a generar normalmente un estado emocional positivo o negativo, debido al factor sorpresa. Será positivo, en el caso en que la expectativa sea superada positivamente, y negativo, justamente por lo contrario, por superar una expectativa negativamente. A esto se le suma, que los objetivos planteados pueden ser superados mucho más de lo que "a priori" se había podido plantear. También se puede dar el caso contrario, en donde los objetivos planteados estén muy por debajo del mínimo esperado. Por lo tanto, y, dado que nos situamos temporalmente en el momento posterior, podemos comprobar que las interpretaciones pueden superar nuestras expectativas y objetivos, tanto en exceso como en defecto, de ahí que surjan estas últimas cuatro zonas resultantes.

Para ir paso a paso, empezaremos a definir las cinco primeras zonas estratégicas más intuitivas, entre las que se encuentran: la zona eficaz, nula, egoísta, altruista y común, tal y como se puede apreciar en la Fig. 65.

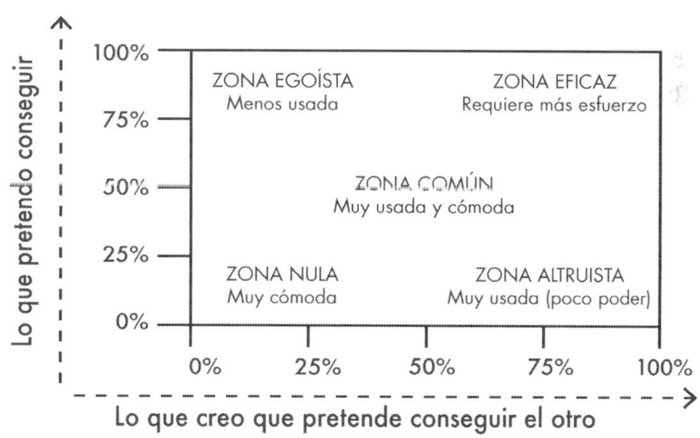

Figura 65. **Distribución de zonas en el Modelo de Eficacia en la Resolución de Conflictos.**

Es importante recordar que el análisis lo hace siempre la misma persona desde su propia perspectiva. Se trata de un análisis y una interpretación de "lo que pretendo conseguir" y "lo que creo que pretende conseguir el otro".

Es obvio que "lo que pretendo conseguir" es fácil de analizar, ya que depende de uno mismo. Lo complicado radica en "lo que creo que pretende conseguir el otro". En este caso, el que analiza, de alguna forma, se pone en la cabeza del otro, intentando averiguar si lo que realmente dice, piensa y hace el otro, se ajusta a "lo que creo que pretende conseguir el otro".

2.3.1. Zona Eficaz

Llamamos zona Eficaz, cuando lo que ocurre es lo siguiente:

El posicionamiento en el que me situó respecto a las dos variables "lo que yo pretendo conseguir" y "lo que creo que pretende conseguir el otro", está comprendido entre el 75% y el 100%.

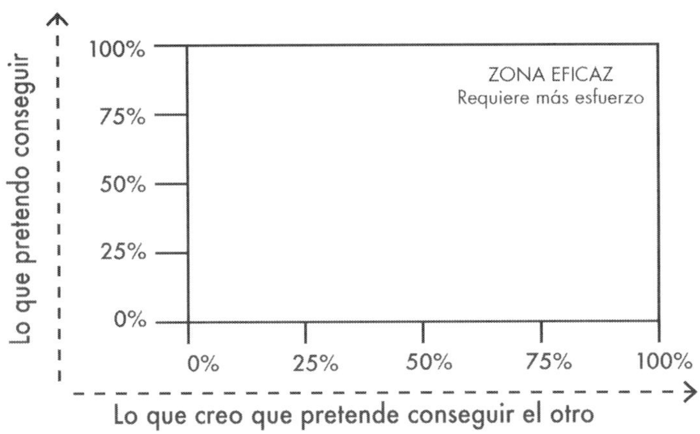

Figura 66. **ZONA EFICAZ en el Modelo de Eficacia en la Resolución de Conflictos.**

Es importante aclarar, que el tanto por ciento del que se habla, se refiere al punto cardinal "posicionamiento", no el del "objetivo". Hay que prestar mucha atención, ya que se suelen mezclar simultáneamente estos dos puntos cardinales.

Es muy frecuente durante un conflicto que sólo se actúe pensando en los puntos cardinales de uno mismo (lo que pretendo conseguir), sin tener en cuenta los puntos cardinales del otro (lo que creo que pretende conseguir el otro). En este cuadrante o zona Eficaz, hay una voluntad de resolver el conflicto para que ambas partes salgan lo más beneficiadas posible.

Tal y como aparece en la Fig. 66, estar en la zona Eficaz, requiere de un mayor esfuerzo, puesto que supone la valoración de más opciones para una mejor resolución del conflicto, lo que significa que hay que buscar tantas alternativas de solución como sea posible para llegar al acuerdo más favorable entre las partes involucradas en el conflicto. Es muy usual, que para situaciones de conflicto difíciles de solucionar, se tenga que ser más creativo para encontrar soluciones distintas, a veces atrevidas y poco convencionales.

Es importante señalar que el sentimiento que se genera en ambas partes, es positivo, ya que ambas partes consiguen en un tanto por ciento muy elevado lo que se han planteado.

Según se desarrolla el conflicto, los ánimos pueden empeorar. Es en ese momento cuando pueden comenzar a entrar otros factores, como el carácter personal o grado de tolerancia que se tiene hacia el conflicto. A mayor intolerancia, más obstinación y menos capacidad de escucha, por tanto el conflicto puede crecer de forma exponencial. Con esta forma de pensar y actuar, nos vamos alejando del cuadrante "Zona Eficaz", hacia otras zonas. Por estos motivos, la persona que está en un conflicto puede llegar a ser menos eficaz en el desarrollo del conflicto según su grado de tolerancia.

En definitiva, para mantenerse en la Zona Eficaz es importante evitar factores personales como el egocentrismo, el enfado, la intolerancia o el pensar mal de la otra parte. El autocontrol en el conflicto, determinará la buena o mala gestión del conflicto.

2.3.2. Zona Nula

Llamamos zona Nula, cuando lo que ocurre es lo siguiente:

El posicionamiento sobre "lo que yo pretendo conseguir" y "lo que creo que pretende conseguir el otro" está comprendido entre el 0% y el 25%.

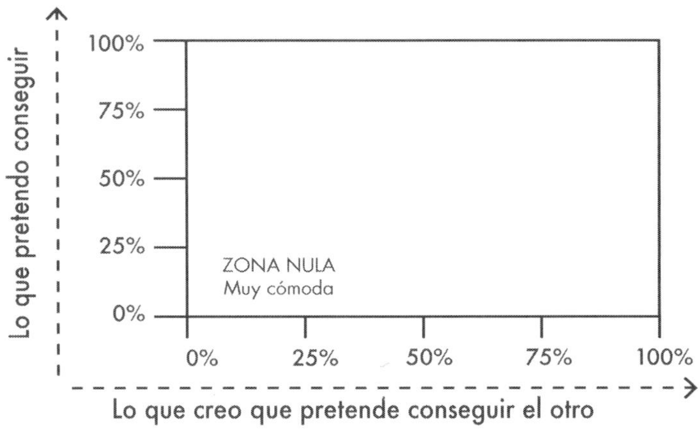

Figura 67. **ZONA NULA en el Modelo de Eficacia en la Resolución de Conflictos.**

Curioso, y a la vez aparentemente absurdo realizar esta estrategia o mantenerse en este cuadrante, debido a que ninguna de las partes implicadas se posicionan de forma adecuada para conseguir lo que pretenden.

Las razones por las que se utiliza esta zona pueden ser diversas, como pasividad, poca intención de resolver el conflicto, falta de decisión o de información.

En general se puede confundir la expectativa, con el posicionamiento, ya que el posicionamiento se realiza en base a una expectativa. En esta zona en concreto, esta confusión se convierte en un bucle reactivo, es decir, se auto realimenta constantemente lo que impide salir de esta zona.

Las expectativas y el posicionamiento van muy ligadas en determinadas ocasiones y pueden dar lugar a errores y malos análisis desde el punto de vista de la gestión del conflicto.

2.3.3. Zona Egoísta

Llamamos zona Egoísta, cuando lo que ocurre es lo siguiente:

Lo que yo pretendo conseguir está comprendido entre el 75% y el 100% y lo que creo que pretende conseguir el otro, entre el 0% y el 25%.

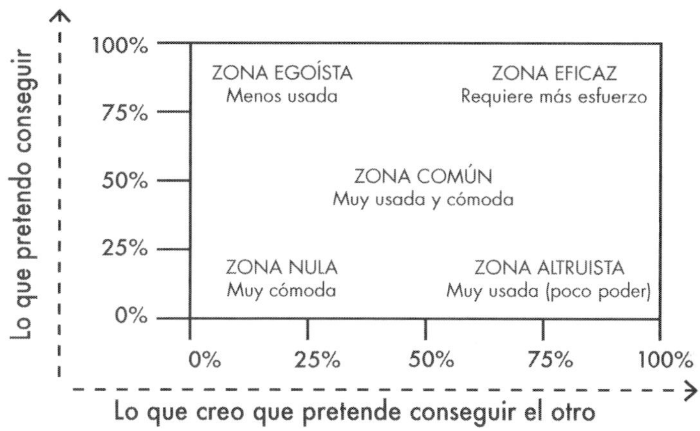

Figura 68. **ZONA EGOÍSTA en el Modelo de Eficacia en la Resolución de Conflictos.**

Por lo general, esta zona se utiliza y se presenta desde una postura radical por parte de "lo que yo pretendo conseguir", hasta incluso, una actitud absurda, que podría estar provocada por el ego o la soberbia. Pueden ser situaciones envueltas de una gran carga emocional negativa. Con comentarios del tipo: "¡se va a hacer así, porque lo digo yo!... ¡y punto!". Tanto es así, que no se tiene ningún tipo de empatía hacia el otro.

En definitiva, esta actitud tiende a cortar el diálogo entre ambas partes por una razón ilógica, irracional y con falta de fundamento, llevado por la soberbia, sin un argumento razonable, pensado o justificado. En este caso, la actitud ha sido dirigida por la emoción, dándose una intención clara: "¡se va a hacer lo que yo diga y punto!"

También se da cuando la persona se siente "en posesión total de la verdad", sin necesidad de entrar en un estado de emoción alto, ya que la persona para ese punto conflictivo está jerárquicamente por encima del otro.

Por último, se produce en situaciones en donde sea muy evidente la necesidad por una de las partes.

Cuando ambas partes, llegan a un "punto muerto" en el cual, ninguna de las partes está dispuesta a hacer y/o escuchar la parte contraria, en este caso, lo adecuado es "darse un respiro" y esperar a que cambien las circunstancias, como por ejemplo: que cambie el estado de ánimo, disminuya la tensión, etc. De esta forma, se podrá volver a abordar el conflicto de una forma más racional y no tan emocionalmente negativa.

También puede darse la situación en la que la carga emocional no sea negativa, sino simplemente, el otro no posee ninguna intención frente a lo que se pretende conseguir, por tanto, en ese caso, dudosamente podría llegar a surgir el conflicto, aún así, hay que tenerlo en cuenta.

2.3.4. Zona Altruista

Llamamos zona Altruista, cuando lo que ocurre es lo siguiente:

Lo que yo pretendo conseguir está comprendido entre el 25% y el 0% y lo que creo que pretende conseguir el otro, entre el 75% y el 100%.

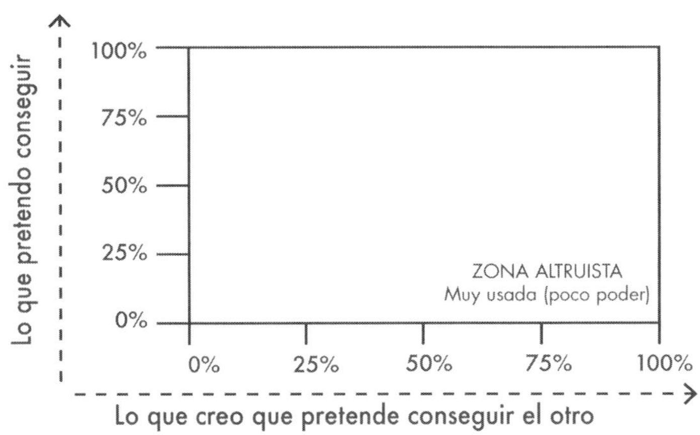

Figura 69. **ZONA ALTRUISTA en el Modelo de Eficacia en la Resolución de Conflictos.**

Esta zona se utiliza si el tema que se está tratando durante el conflicto es mucho más importante para la otra persona que para uno mismo, por lo que requiere una visión a largo plazo. De esta forma, existe una especie de autosacrificio a corto plazo para estar favoreciéndose una negociación o conflicto a futuro. Es un gesto de buena voluntad estratégica para disminuir el conflicto, o para "tener más puntos" a favor para una futura negociación.

También puede ocurrir que durante el conflicto, la persona se da cuenta de que está equivocado con su postura adaptándose a una nueva, mostrándose más razonable y demostrando con ello mayor importancia a la buena relación.

2.3.5. Zona Común

Llamamos zona Común, cuando lo que ocurre es lo siguiente:

Lo que yo pretendo conseguir está entre el 45% y el 55% y lo que yo creo que pretende conseguir el otro está entre el 45% y el 55%.

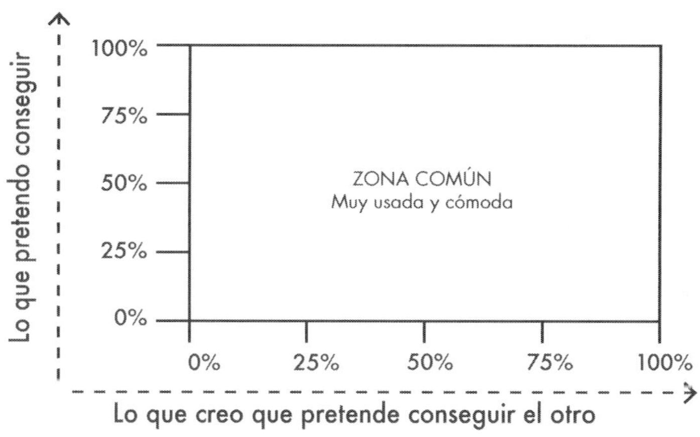

Figura 70. **ZONA COMÚN en el Modelo de Eficacia en la Resolución de Conflictos.**

Es la zona más utilizada. Es la zona más cómoda, en cuanto a que ninguna de las dos partes reflexiona lo suficiente sobre las distintas alternativas posibles, y se "conforman" tanto con el esfuerzo realizado, como con lo que consiguen. Ambas partes muestran poco interés en aportar otras soluciones, y se suelen conformar con la primera opción que encuentran. Suele ser una zona o estrategia muy convencional y poco creativa.

También puede ocurrir, que no exista más que una alternativa, y no se puede hacer más. Por ejemplo, cuando se ha hecho algo "irreversible" y no se puede dar "marcha atrás". En este caso, la virtud está en el término medio, que es lo que se suele hacer.

Anteriormente, hemos comentado que se dan cuatro zonas más como resultado, no tanto como estrategia ante un conflicto.

Como decimos, existen 4 zonas más, que forman parte de situaciones menos corrientes, pero que también se dan. Se consideran zonas poco representativas, aunque entendemos que son necesarias para un mayor entendimiento de todas las posibles situaciones que se pueden dar y abordar cuando se produce un conflicto laboral entre varias partes.

Estas zonas son "a priori" menos comunes, porque están por debajo del 0% y por encima del 100%. Por lo que supone comportamientos y/o resultados poco esperados.

Siempre se trabajarán desde la fase de expectativas cumplidas, es decir, una vez cumplidas o no, las expectativas planteadas.

Estas zonas se vinculan más al resultado obtenido, que al planteamiento de las variables que se han establecido, a saber, "lo que pretendo conseguir" y "lo que creo que pretende conseguir el otro". Es la conclusión a la que se ha llegado, o el resultado que se ha obtenido, lo que facilita la comprensión del lector, el por qué se ha acabado en esa zona determinada.

Las zonas menos comunes son: abusiva, bélica, imprudente y suprema.

2.3.6. Zona Abusiva

El conflicto que se produce entre las partes es el siguiente:

Lo que yo pretendo conseguir es el +100% y lo que creo que pretende conseguir el otro es el -0%. Recordemos en todo momento que lo que creo que pretende conseguir la otra persona, es una interpretación o un juicio de valor que hago yo. Este dato es lo que diferencia respecto de otros modelos de resolución de conflictos.

Esta zona está relacionada con el abuso de poder, frente a la "destrucción" de la otra parte. Es la zona más destructiva hacia una de las partes, el otro.

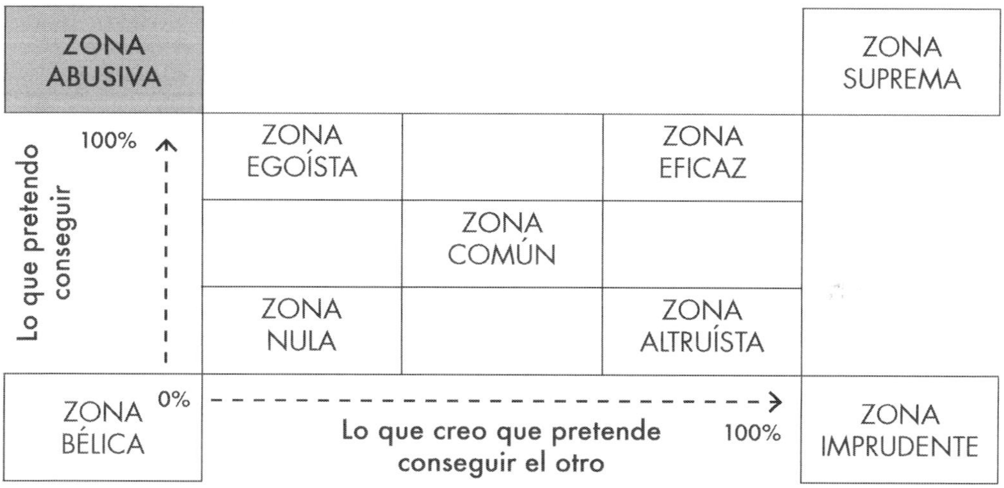

Figura 71. **ZONA ABUSIVA en el Modelo de Eficacia en la Resolución de Conflictos.**

En la zona Abusiva, "lo que yo pretendo conseguir" supera mis expectativas, y "lo que creo que pretende conseguir el otro" están muy por debajo de mis expectativas.

En este tipo de situaciones de excesivo abuso de poder, es muy difícil manejar el conflicto por parte del otro, salvo que busque otro tipo de opciones como, cambiar de trabajo, tener dinero ahorrado y provocar que le despidan, cambiar de departamento dentro de la propia empresa, saltar a su jefe y hablar con el superior de su jefe, hacer un escrito y ponerlo en manos de los abogados, etc. Para que el posicionamiento sea mayor, es fundamental actuar aumentando paulatinamente el tanto por ciento en positivo, no en negativo. Para poder cambiar de expectativas, y hacerlas en positivo, es necesario que el otro crea firmemente en su capacidad para buscar alternativas a esas expectativas hacia un sentido más positivo. Si esto no ocurre, no habrá posicionamiento positivo, y cada vez, las expectativas se irán haciendo más y más negativas.

La emoción del otro es el miedo, convertida en angustia, por lo que el análisis que haga de la situación, será muy negativo para el otro. Este es un ejemplo típico de cómo la emoción (negativa) supera a la razón (capacidad de análisis).

2.3.7. Zona Bélica

La tendencia que se ha dado entre las dos partes es la siguiente:

Lo que yo pretendo conseguir es el -0% y lo que creo que pretende conseguir el otro es el -0%. Este dato es en sí mismo extraño, ya que "a priori", nadie quiere un -0% para una parte y la otra, si esto fuera así, se rompería la relación. Sin embargo, hay que recordar que cuando se produce un conflicto, pueden darse más escenarios, de lo que "a priori" se pueda entender desde la lógica.

Como se puede apreciar en esta zona, ambas partes se están destruyendo entre sí. Están actuando desde la rabia con el único pensamiento de destruir al otro aunque tenga que sacrificarme yo, haciendo alusión a la frase de "morir matando". El posicionamiento en esta zona, puede darse debido a una expectativa negativa de una persona respecto de la otra. Por lo que habría que confirmar si ese dato es correcto.

Esta es la zona más negativa y demoledora de todas, se trata de la estupidez humana en grado superlativo. Carlo Cipolla en su ensayo Allegro Ma Non Troppo expone como tercera ley fundamental de la estupidez humana: "Una persona estúpida es una persona que causa daño a otra o grupo de personas sin obtener, al mismo tiempo, un provecho para sí, o incluso obteniendo un perjuicio".

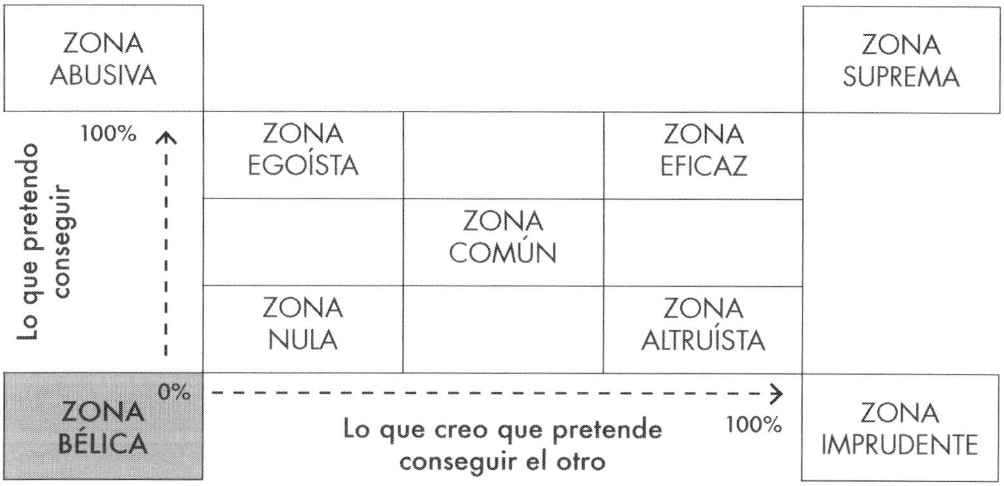

Figura 72. **ZONA BÉLICA en el Modelo de Eficacia en la Resolución de Conflictos.**

En la zona Bélica, tanto lo que yo pretendo conseguir como lo que creo que pretende conseguir el otro, es decir, las expectativas previas que se tienen, quedan muy por debajo de las expectativas cumplidas, por lo que la gestión del conflicto deriva en la zona Bélica. Y decimos, que la gestión del conflicto deriva en la zona Bélica, porque como estrategia, parece ser poco entendible. Distinto es, que después del conflicto, es decir, una vez que se haya intentado resolver el conflicto, la situación en la que se encuentren ambas partes sea la zona Bélica.

Lo cierto, es que trabajar en esta zona, es lo menos inteligente que se puede hacer, porque a largo plazo, el que actúa desde la rabia, no piensa. Y esa es precisamente, la mayor de las trampas que puede hacerse uno a sí mismo.

2.3.8. Zona Imprudente

La tendencia que se ha dado entre las dos partes es la siguiente:

Lo que yo pretendo conseguir es el -0% y lo que creo que pretende conseguir el otro es el +100%.

Hay que recordar, que estas cuatro últimas zonas: abusiva, bélica, imprudente y suprema, están más relacionadas con el resultado que se obtiene en la resolución del conflicto, que con la estrategia "a priori" planteada en la fase Durante del conflicto.

Es la zona generosa por excelencia. Se puede hablar de exceso de altruismo. Está concebida como zona imprudente dado que se pierde mucho más de lo que tiene previsto. La diferencia que se da respecto de la zona altruista es que la persona se posiciona entre el -0% y el -100%, lo que implica perder.

En esta zona es muy importante valorar la intencionalidad (positiva o negativa) de lo que quiere conseguir el otro, puesto que si es positiva, no habrá problemas a futuro, mientras que si es negativa, la resolución del conflicto es muy cortoplacista, y se volverá excesivamente en contra. Lo que se consigue es un enemigo para toda la vida.

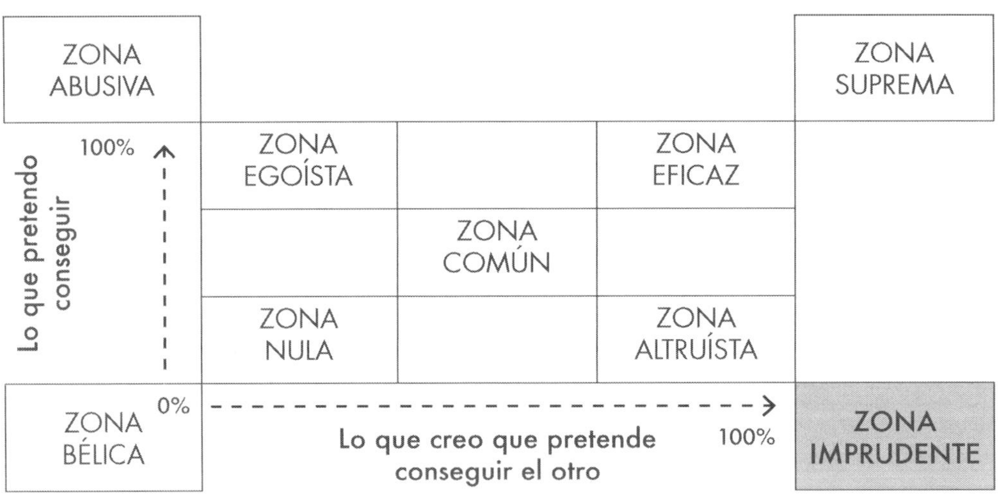

Figura 73. **ZONA IMPRUDENTE en el Modelo de Eficacia en la Resolución de Conflictos.**

2.3.9. Zona Suprema

El conflicto que se produce entre las partes es el siguiente:

Lo que yo pretendo conseguir es el +100% y lo que creo que pretende conseguir el otro es el +100%.

Es la zona más positiva, se trata de la inteligencia humana en grado superlativo. La actitud positiva es lo que genera la máxima potencia. Se genera una sensación de bienestar recíproco, avalado por un grado de confianza insuperable. Se puede decir que es una relación que quiere enfocarse en el largo plazo, sin fecha de caducidad. Se construye desde unos cimientos positivos, y se trabaja de forma productiva, con una intencionalidad honesta y justa por ambas partes. Ayudar es el elemento fundamental en este tipo de relación. No hay prejuicios, simplemente se interactúa desde la ilusión y desde el "hacer las cosas bien".

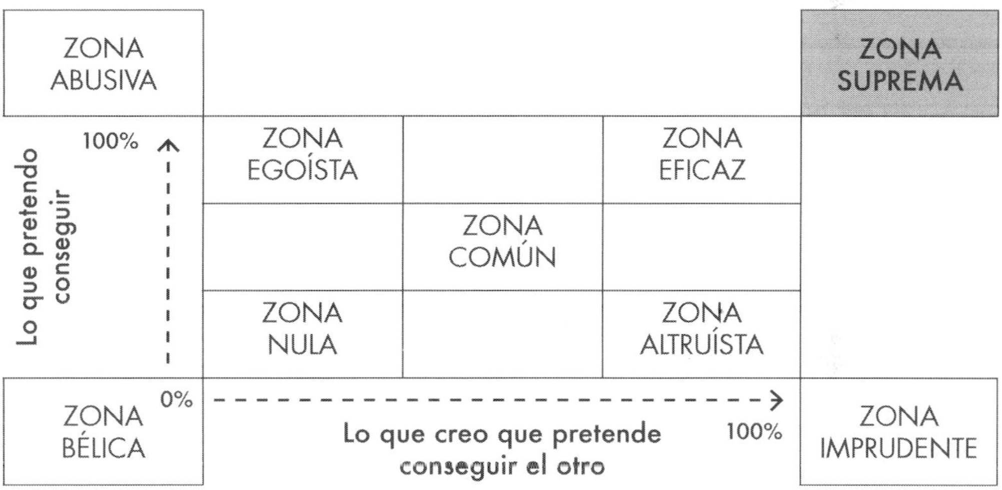

Figura 74. **ZONA SUPREMA en el Modelo de Eficacia en la Resolución de Conflictos.**

En la zona Suprema tanto "lo que yo pretendo conseguir" como "lo que creo que pretende conseguir el otro" superan las expectativas. En este caso, a veces, lo que se consigue es vislumbrar una posible amistad para toda la vida.

3. Línea de Eficacia

La línea de Eficacia es una línea de equilibrio compensatorio en donde ambas partes van aportando al otro "lo mismo" en términos de valor relativo.

Como es lógico, cada parte valora de forma distinta cada concesión dada por la otra parte. La valoración realizada, depende de cada persona, por ejemplo, hay personas que valoran un cuadro de Picasso de forma diametralmente opuesta. Lo que significa que una persona valora: "me gusta Picasso", frente a otra que valora justo lo contrario: "no me gusta Picasso". Esto mismo ocurre en la gestión del conflicto. Cada persona valora las concesiones de forma independiente y distinta. Por tanto, una misma concesión, puede ser valorada por una persona de forma "buena", y por otra, justo lo contrario, es decir, como "mala". En cualquier caso, como decíamos anteriormente, el valor es relativo según quien sea la persona que valora. Para mayor complejidad, este tipo de valoraciones "se desvirtúan" cuando hay dos partes en conflicto, puesto que en el caso del conflicto las emociones se ven afectadas categóricamente, de hecho las emociones son altamente negativas, por lo tanto la valoración que se hace respecto de la actuación de la otra parte no suele ser objetiva, por lo que se añade un sesgo mayor, haciendo una valoración "altamente sesgada" o lo que es lo mismo, demasiado impregnada de subjetivismo. En definitiva la valoración de la situación no es realista.

Muchas veces, los conflictos se enredan mucho y son más complicados de desactivar por no haber un "criterio objetivo" de valoración, de forma que cuando se valora "emocionalmente" o por impulsos, el criterio objetivo se convierte en subjetivo, de ahí la importancia en la gestión de conflictos de la figura del mediador, el cual tiene una visión más objetiva o menos sesgada de la situación de conflicto.

Por ejemplo, hay personas que prefieren salir antes del trabajo para pasar más tiempo con la familia, mientras que otras personas, prefieren salir después, y así ganar méritos para ascender de puesto. En este mismo ejemplo, la situación también puede cambiar según el momento. Es decir, la persona que quería salir antes del trabajo, por alguna razón su situación cambia y prefiere quedarse más tiempo en busca de ese ascenso. Siguiendo este mismo ejemplo, puede ocurrir también, que en un momento dado, se valora más una concesión que "a priori" no era la más valorada, y que, en otro momento, hubiera sido la concesión más querida. Como hemos comentado en el ejemplo anterior, una persona que tenga un trabajo donde gane un salario muy alto, puede ansiar más tiempo libre para pasar con la familia. Mientras que en otro momento dado esa misma persona al haber comprado una casa de mucho valor, necesita volver a ascender de puesto de trabajo para ganar más dinero para poder pagar la casa. En este segundo escenario, la prioridad ha cambiado radicalmente. En la primera situación el trabajador quiere pasar más tiempo con la familia mientras que en la segunda situación lo que quiere es ganar más dinero, ascender de puesto para pagar la casa. Como decíamos anteriormente, las necesidades cambian y por tanto también la priorización en los conflictos.

En la línea de eficacia, se ve claramente que el "quic pro quo" o ley de reciprocidad es fundamental para establecer desde el primer momento una buena relación, poniéndose el foco en el largo plazo para de esta forma generar relaciones de éxito.

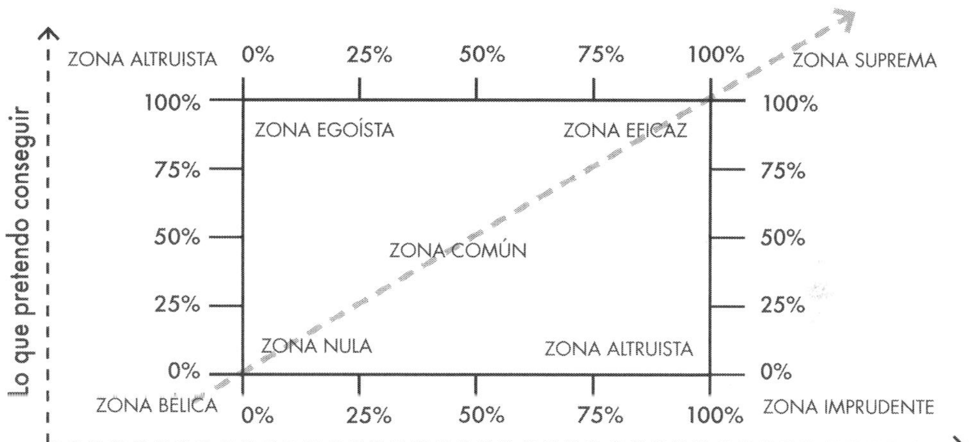

Figura 75. **Línea de eficacia del MERC.**

La línea de la eficacia es la que nos aproxima a la zona más Eficaz y en última instancia a la zona Suprema.

Suponen relaciones basadas en la ley de Reciprocidad aquellas en las que cada parte "entiende que ha recibido lo adecuado, en base a lo que ha aportado", lo que en una negociación implican las concesiones realizadas por ambas partes.

La línea de eficacia busca el equilibrio en el intercambio entre lo que se da y lo que se recibe tanto racional como emocionalmente. En este caso lo racional y emocional se valora de forma objetiva, no por impulsos. Eso no significa que la comunicación sea más rica sino que los hechos consolidan que el trato sea coherente entre lo que se dice y lo que se hace. No se trata simplemente de comunicarse eficazmente sino de constatarlo con los hechos o los actos derivados de la relación interpersonal establecida.

Son los mismos hechos los que tienen que avalar la comunicación. Puede haber muy buena comunicación y los hechos ir en otra dirección. Por mucho que se prometa o se diga algo, si los hechos no lo avalan, no sirve de nada lo comunicado. Por ejemplo si en un conflicto las dos partes se comunican bien pero no se cumple lo "pactado", entonces la situación conflictiva o de negociación empeora, ya que si la comunicación establecida no se corrobora con los hechos o actos establecidos, la comunicación deja de ser productiva, por lo que empeorará más el conflicto. Por el contrario, si la comunicación no requiere de mucho tiempo (no es necesario estar reunidos constantemente) y los hechos o actos avalan lo pactado, hay una alta probabilidad de éxito para que el conflicto entre ambas partes se desactive y por ende se resuelva.

Para mayor comprensión, pongamos el siguiente ejemplo:

Pedro como director del departamento de producción, tiene una reunión con Isabel, la directora de marketing, para resolver una situación de conflicto. Los dos salen contentos con lo que han acordado en la reunión, parece que se ha resuelto el conflicto. Sin embargo, Pedro, hace caso omiso a lo acordado y empieza a hacer lo contrario a lo que se había acordado en la reunión. De esta forma, Isabel se enoja, porque entiende e interpreta que Pedro no es de "fiar". Con lo cual, el conflicto empeora independientemente de que se haya dado una comunicación muy buena y fluida.

En este ejemplo se entiende que la comunicación ha sido buena, "salen contentos de lo acordado en la reunión". Sin embargo, la actuación y comportamiento de Pedro va en contra de lo acordado. Por este motivo, la relación entre ambos empeora incrementándose el conflicto.

Las expectativas y los puntos cardinales: objetivos, intereses, necesidades y posicionamiento, están presentes durante todo el proceso, desde el inicio hasta el fin de la gestión de conflicto, lo que implica que tanto las expectativas como los puntos cardinales pueden variar durante la duración del conflicto.

Para que la línea de eficacia sea buena tiene que haber coherencia entre lo que se dice y lo que se hace, además de que cada parte tiene que adaptarse a las expectativas y los puntos cardinales del otro. De tal forma que entre ambas partes se de una línea de equilibrio compensatoria y así, ambas partes vayan aportando al otro "lo mismo" en términos de valor relativo.

La mejor forma para gestionar el conflicto se produce cuando entre las partes se establece una línea de eficacia, es decir, cuando hay un equilibrio compensatorio, a corto, medio y largo plazo.

4. MERC: la visión global y conjunta del conflicto y la negociación

El MERC tal y como hemos visto, tiene un enfoque tanto para la negociación como para la gestión de conflictos.

En este capítulo se ha desarrollado paso a paso el modelo, empezando en primer lugar por las fases, tanto de la negociación como del conflicto; en segundo lugar, la importancia de las expectativas y sus oscilaciones, y cómo éstas afectan al proceso; en tercer lugar, la importancia de los plazos; en cuarto lugar, los puntos cardinales y las 9 zonas; y por último, la línea de eficacia.

Este proceso, tiene como consecuencia, no sólo la visión pormenorizada y al detalle para entender el modelo en su totalidad, sino también, una vez entendido y asimilado el MERC ponerlo en práctica desde su globalidad, en donde tanto la negociación como el conflicto y viceversa, son el reflejo de "una misma cosa". Aunque cada uno, negociación y conflicto, tiene sus propios matices tal y como se aclaró en páginas anteriores.

Sin embargo llegados a este punto, tener la visión global es lo que afianzará de forma más efectiva la puesta en práctica del MERC, por la sencilla razón de que la totalidad del conjunto hacen que el MERC sea más eficaz.

Para entender lo que significa el concepto de visión global y conjunta del conflicto-negociación haríamos alusión a: "un sistema es más que la suma de las partes". Aplicando esta frase al ser humano podemos decir que el ser humano, como sistema, es mucho más complejo que hablar de cada una de las partes que componen el cuerpo. O lo que es lo mismo, el ser humano es más que la suma de las piernas, el tronco, la cabeza, los pulmones, etc. El ser humano, como sistema, es mucho más complejo, y hay que analizarlo, desde su totalidad, y no, desde la suma de las partes. Para lo cual es necesario tener una visión global.

De igual modo ocurre lo mismo con la empresa: "una empresa es más que la suma de todos sus departamentos". Y continuando con este razonamiento, lo mismo ocurre con dos partes en conflicto-negociación. Se trata de analizar tanto las partes como la suma de la totalidad de las partes, de ahí la importancia de entender: 1º) "por separado" o por partes, y 2º) en su "totalidad" o globalmente, el significado del conflicto-negociación. No hay que olvidar que la interacción entre las partes es tan importante como las partes es sí mismas, esta es la razón fundamental por la que entendemos que tanto la negociación como el conflicto, y viceversa, están vinculados o unidos. El conflicto puede dar lugar a una negociación y una negociación a un conflicto.

En la figura 76 se aprecia como desde el MERC, en cada una de las fases se pueden realizar o pasar por las 9 zonas, además de lo que influyen las expectativas y las oscilaciones que también se pueden dar en cada una de las zonas. Al igual que se comentó y aclaró en la figura 48, es importante aclarar también que las 9 zonas están basadas en los puntos cardinales, es decir, en el análisis por el cual se determina estar en una zona u otra, independientemente de que los puntos cardinales no se reflejen en el gráfico, éstos son implícitos a la valoración que se hace para estar en una zona determinada.

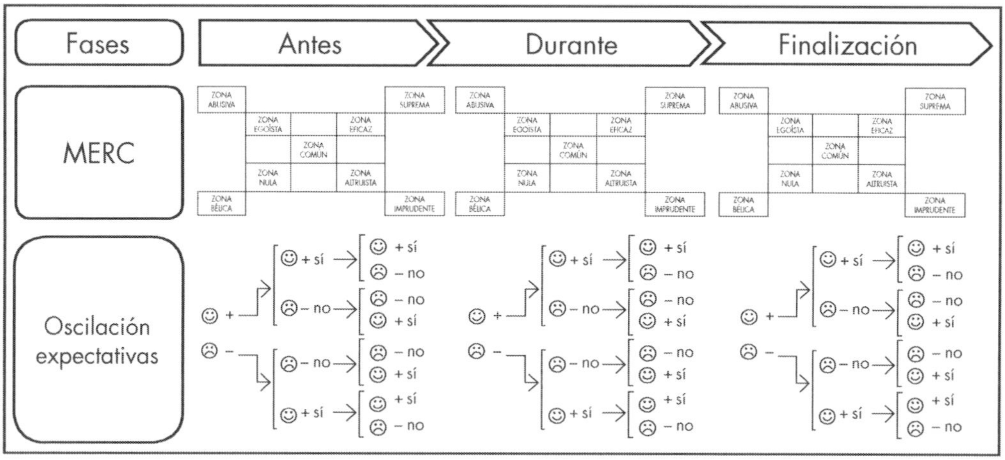

Figura 76. **Fases con el MERC y las expectativas con sus oscilaciones.**

En la figura 77 se representan los plazos y las 9 zonas para cada uno de los plazos, en donde cada plazo tiene la totalidad de las fases y las expectativas. En esta figura 77, se puede apreciar que el MERC está presente durante todo el proceso de las partes en conflicto-negociación. Tanto en el corto, medio como largo plazo.

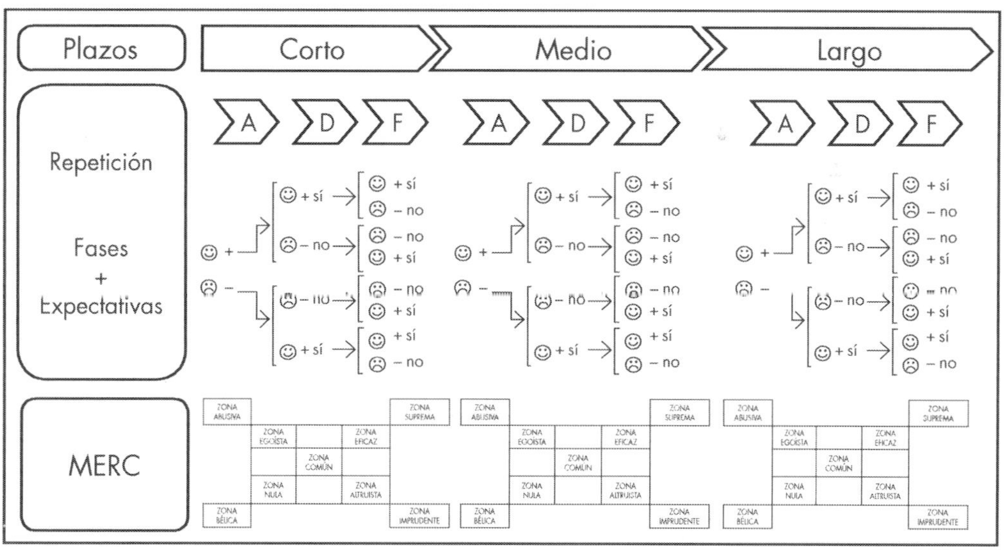

Figura 77. **Plazos y Fases con el MERC, con sus expectativas, sus oscilaciones y sus repeticiones.**

La figura 78 representa la visión global y conjunta del conflicto-negociación de forma explícita, aunque como hemos estado comentando continuamente, ambas están unidas y son independientes. Recordemos que aunque los puntos cardinales no aparecen en la figura, hay que considerarlos, porque el MERC incluye tanto las 9 zonas como los puntos cardinales. Sin éstos, el análisis no se puede realizar, con lo cual, no sabríamos en qué zona deberíamos estar.

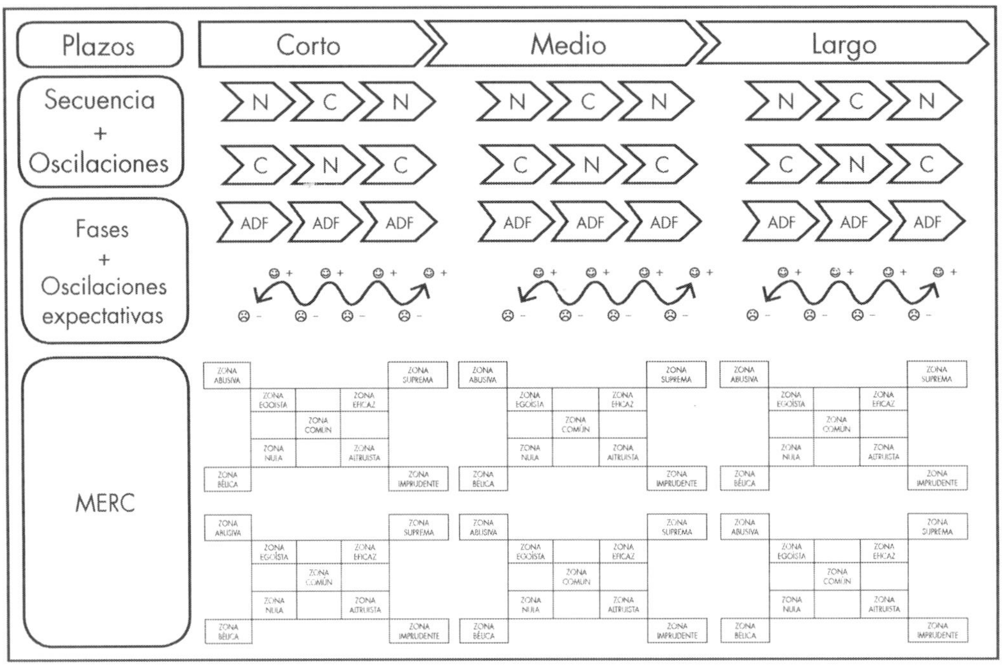

Figura 78. **Plazos y secuencias negociación-conflicto, conflicto-negociación, para cada uno de las fases, MERC, expectativas, y sus respectivas oscilaciones.**

En la figura 78, se puede apreciar los plazos, en donde de cada plazo pueden darse un conflicto-negociación y viceversa, con distintas oscilaciones, que además, en éstas, se pueden dar todas las fases con sus distintas oscilaciones, conjuntamente con las expectativas y el MERC y sus respectivas oscilaciones. Lógicamente, esta figura es la más compleja de todas ya que recoge la suma total de todos y cada uno de los procesos. Eso no significa que se tengan que dar en este orden, ni tampoco en su totalidad, si bien es cierto, que podría ocurrir. De ahí la importancia que le damos a la visión global y conjunta del conflicto y la negociación.

Por lo que al final, se entiende que ese solapamiento, conflicto-negociación, tiene que ser tratado de la misma forma, sin olvidarnos de que, tanto el conflicto como la negociación, pueden tratarse de forma distinta y diferenciadora. O dicho de modo, cada situación es distinta de las anteriores aunque tengan patrones parecidos. De forma que ningún conflicto-negociación es idéntico o igual.

No se puede tratar un conflicto-negociación de igual modo que otro conflicto-negociación parecido, de ahí la importancia de tener la visión global para apreciar los elementos comunes y los diferentes matices para tratar el conflicto-negociación de forma diferente.

Para entender lo que estamos diciendo, podemos poner el siguiente ejemplo: "ninguna operación de corazón es idéntica, aunque el cirujano, en todas las operaciones utilice la misma técnica", de la misma forma, "ningún conflicto-negociación es idéntico, aunque el experto, en todos los conflictos-negociaciones utilice el mismo modelo (MERC)". Lo que significa que existen unos patrones de comportamiento repetitivos pero no idénticos, es el experto en gestionar conflictos el que sabe diferenciar esos pequeños matices que como decimos, son parecidos pero no idénticos.

Bibliografía

Ander-Egg, E. (1995). *Técnicas de investigación social.* Buenos Aires: Lumen.

Alonso, A. & Becerro de Bengoa, B. (2006). Cap. La resolución de conflictos y su gestión. En Molina, J.D, y Andrade, C., *Aspectos psiquiátricos-legales de problemas laborables en la consulta de atención primaria.* (21-26). Madrid. Alter.

Alzate, R. (1998). *Análisis y resolución de conflictos: una perspectiva psicológica.* Bilbao. Universidad del País Vasco.

Appelbaum, S.H., Audet, L. & Miller, J.C. (2003). "Gender and leadership? Leadership and gender? A journey through the landscape of theories", *Leadership & Organization Development Journal, Vol. 24* No. 1, pp. 43-51.

Bach, G.R. & Wyden, P. (1969). *The intimate enemy.* New York: Morrow.

Bartunek, J. M., Kolb, D. M & Lewicki, R. (1992). Bringing conflicto out from behind the scenes. En D. M. Kolb y J. M Bartunek (Eds.), *Hidden conflict in organizations: Uncovering behind-the-scenes disputes* (pp. 209-228). Newbury Park: Sage.

Bisquerra, R. (2000). *Educación emocional y bienestar.* Praxis. Barcelona.

Borisoff, D. & Victor, D. A. (1991). *Gestión de conflictos.* Ed. Díaz de Santos. Madrid.

Bronowski, J. (1973). *The Ascent of Man.* Boston: Little, Brown, and Company, 95-96.

Brown, L. D. (1983). *Managing conflicto at organizational interfaces.* Reading, MA: Adisson-Wesley.

Bruce, V. & Green, P. R. (1994). *Percepción visual.* Barcelona. Paidós.

Burguet, M. (1998). *Discursos sobre la pau en una societat plural: gestió de conflictos i el seu tractament pedagògic,* tesis doctoral, Barcelona, Universitat de Barcelona, Facultat de Pedagogía, Biblioteca.

Cantillon, R. (1755). *Essai sur la Nature du Commerce au General.*

Capra, F. (1999). *La trama de la vida. Una nueva perspectiva de los sistemas vivos.* Anagrama. Barcelona.

Carneiro, M. (2007). *Prevención, gestión y resolución de conflictos.* Business Pocket. La Coruña.

Carnevale, P. J. (1991). Cognition and affect in coopetation and conflicto. Comunicación presentada a la *Annual Conference of the International Association for Conflict Management,* Den Dolder, The Netherlands. Junio.

Clark, A. & Mc Cabe, S. (1970). Leadership beliefs of Australian managers. *Journal of Applied Psychology, 54*, 1-6.

Condon, J. C., Jr. (1965). *Semantics and Communication.* New York: Macmillan.

Corwin, R. G. (1969). *Patterns of organizational conflicto.* Administrative Science Quarterly, 14, 507-520.

Coser, L.A. (1956). *The funtions of Social Conflict.* New York. Free press.

Coser, L.A. (1967). *Nuevos aportes a la teoría del conflicto social.* Buenos Aires, Amorrortu.

Chusmir, L.H. & Mills, J. (1989), "Gender differences in conflict resolution styles of managers: At work and at home", *Sex Roles, Vol. 20* No. 3-4, pp. 149-163.

Dachrodt, H. G. (1976). *Management und Menschenführung.* Köln: Bund.

Day, D.R. & Stogdill, R.M. (1972). Leader behaviour of male and female supervisors: A company study. *Personnel Psychology,* 25, 353-360.

Degelmann, A. (1972). (Ed.) *Organisationsleiter-Handbuch* (2nd ed.) München: Verlag Moderne Industrie.

Deustch, M. (1971). Toward an understanding of conflicto. *International Journal of Group Tensions.* 1, pp.42-54.

Deustch , M. (1973). Conflicts: productive and destructive. In *Conflict Resolution Through Communication.* F.E. Jandt, ed. New York: Harper & Row, (a).

Deustch , M. (1973). *The Resolution of a Conflict: constructive and Destructive Processes.* New Haven: Yale University Press, (b).

Deutsch, M. (1949). A theory of cooperation and competition. *Human Relations,* 2, 129-151).

Deutsch, M. (1980): « Fifty years of Conflict», en L. Festinguer (ed.): *Retrospection and Social Psychology,* Nueva York, Oxford University Press.

Drucker, P. (2002). *Drucker esencial.* Ed. Sudamericano y Edhasa. Barcelona.

Druckman, D. (1977): *Negotiations: Social Psychological Perpectives,* Beverly-Hills, Sage.

Farré, S. (2009). *Gestión de conflictos: taller de mediación.* Ariel. Barcelona.

Fiedler, F.E., Chemers, M. M. & Mahar, L. (1976). *Improving Leadership effectiveness: The Leader match concept.* New York: Wiley.

Filley, A.C. (1975). *Interpersonal Conflict Resolution.* Glenview, IL: Scott, Foresman & Co.

Filley, A.C. (1977). Conflict Resolution: the ethic of the good loser. In *Readings in Interpersonal and Organizational communication,* 3rd ed. R. Huseman, C. Logue & D. Freshley, eds. Boston: Holbrooke Press, pp. 234-252.

Fisas, V. (1987). *Introducción al estudio de la paz y de los conflictos.* Barcelona. Lerna.

Fisher, R. & Ury, W. (1981). *Getting to Yes: Negotiating Agreement Without Giving In.* Boston: Houghton Mifflin.

Fisher, S. (1986). *Stress and anxiety.* London, England: Earlbaum.

Folger, J. P. & Poole, M. S. (1984). *Working Through Conflict: A Communication Perspective.* Glenview, IL: Scott, Foresman & Co.

Galtung, J. (1998). *Tras la violencia, 3r: reconstrucción, reconciliación, resolución.* Bakeaz y Gernika Gogoratuz. Bilbao.

Gibb, J. (1961). Defensive communication. *Journal of Communication.* 11, pp. 141-148.

Goffman, E. (1959). *The Presentation of Self in Everyday Life.* Garden City, NY: Doubleday Anchor Books.

Green, S.G. & Mitchell, T.R. (1979). Attributional processes of leaders in leader-member interactions. *Organizational Behavior and Human Performance,* 23, 429-458.

Hay Group et al (2003). *Factbook Recursos Humanos.* Aranzadi & Thomson. Navarra.

Hersery, P., Blanchard, K. & Johnson, D. (1998) *Administración del comportamiento organizacional.* Prentice-Hall Hispanoamericano. México.

Holt, J.L. & DeVore, C.J. (2005), "Culture, gender, organizational role, and styles of conflict resolution: A meta-analysis", *International Journal of Intercultural Relations, Vol. 29* No. 2, pp. 165-196.

House, R.J., Filley, A.C. & Kerr, S. (1971). Relation of leader consideration and initiating structure to R and D subordinate´s satisfaction. *Administrative Science Quarterly,* 16, 19-30.

Infante, E. (1998). Sobre la definición de conflicto interpersonal: aplicación del cluster análisis al estudio semántico. *Revista de psicología Social, vol. 13,* nº 3, págs. 485-493.

Johnson, A. K. (1997). Conflict-handling intentions and the MBTI®: A construct validity study. *Journal of Psychological Type, 43*, 29-39.

Johnson, D. W. y Johnson, R. T. (1989). *Cooperation and competition: Theory and research.* Edina, MN: Interaction Book.

Kelly, F.A. (1995). *The Psychology of personal constructs,* 2 vols., Nueva York, Norton, reimpreso en Londres, Routledge and Kegan Paul, (trad. Cas.: Psicologia de los constructos personales: textos escogidos, Barcelona, Paidós, 2001.

Kenneth, W.T. & Thomas, G. F. (2008). Estilos de Conflicto en los hombres y mujeres en Seis niveles de la Organización. Número especial sobre los estilos de conflicto en la *Revista Internacional de Gestión de Conflictos, vol. 14,* No. 2.

Kilmann, R. H. & Thomas, K.W. (1977). Developing a forced-choice measure of conflict-handling behavior: The "mode" instrument. *Educational and Psychological Measurement, 37*(2), 309–325.

Knapp, M.L. (1980). *Essentials of Nonverbal Communication.* New York: Holt, Rinehart & Winston.

Launer, V. (2007). *"Coaching. Un camino hacia nuestros éxitos"*. Ed. Pirámide.

Lederach, J.P. (1989). *Elementos para la resolución de conflictos.* México, D.F., Servicio de Paz y Justicia.

Lederach, J.P. (1995). *Preparing for Peace: Conflict Transformation Across Cultures,* Syracuse University Press, Nueva York.

Leung, K. (1997). Negotiation and reward allocation across cultures. En P.C. Early y M. Erez (Eds). *New Perspectives on International Industrial/Organizational Psychology* (Págs. 641-675). San Francisco: Dexington Press.

Levi, L. (1981). *Preventing work stress.* Reading, MA: Addison-Wesley.

Mann, F.C. (1965). Toward an understanding of the leadership role in formal organization. In R. Dubin, G.C. Homans, F.C. Mann, & D.C. Miller (Eds.), *Leadership and productivity: Some facts of industrial life.* San Francisco, Ca.: Chandler.

Marina, J.A. (2004). *La inteligencia fracasada.* Ed. Anagrama. Barcelona.

McGregor, D. (1960). *The Human Side of Enterprise.* McGraw-Hill. Nueva York.

Hergert, M.L. & McManus, M.L. (1988). *Surviving Merger and Acquisition. (Eds.)Scott Foresman. Chicago.*

Mehrabian, A. (1972). *Nonverval Communication.* Chicago: Aldine-Atherton.

Mitchell, T.R. & Green, S.G. (1978). Leader responses to poor performance: An attributional analysis. Paper presented at the *National Meetings of the American Psychological Association,* Toronto, Canada, September.

Mitchell, T.R. & Wood, R.E. (1980). Supervisor's responses to subordinate poor performance: A test of an attribution model. *Organizational Behavior and Human Performance,* 25, 123-138.

Munduate, L., de Cisneros, I.F.J., Dorado, M.A. & Medina, F.J. (1999). Evolución de la gestión del conflicto y la negociación en España. Factores interpersonales y culturales. *Papeles del Psicólogo.* Febrero, nº 72

Munduate, L. & Martínez, J.M. (2004). *Conflicto y negociación,* 2ª edición. Pirámide. Madrid.

Munduate, L. & Medina, F.J. (2006). *Gestión del conflicto, negociación y mediación.* España. Pirámide.

Munduate, L. (1992): *Psicología de las relaciones laborales,* Barcelona, PPU.

Munduate, L.; Ganaza, J. & Alcaide, M. (1993). Estilos de gestión del conflicto interpersonal en las organizaciones. *Revista de Psicología Social,* 8, 47-68.

Nemeth, C. J. & Staw, B. M. (1989). The tradeoffs of social control and innovation in groups and organizations. En L. Berkowitz (Ed.), *Advances in experimental social psychology,* 22 (pp. 175-210). San Diego, CA: Academic Press.

Pruitt, D. G. & Carnevale, P. J. (1993). *Negotiation in social conflicto.* California: Books/Cole.

Puchol, L. (2007). *El libro de la negociación.* España. Diaz de Santos (2ª ed).

Rahim, M.A. & Bonoma, T.V. (1979). Managing Organizational Conflict: A Model for Diagnosis and Intervention. *Psychological Report,* 16, 143-155.

Rahim, M.A. (1992). *Managing conflict in organizations* (2ª ed.). Westport, CT: Praeger.

Rahim, M.A. (1983). "A measure of styles of handling interpersonal conflict", *Academy of Management Journal,* Vol. 26, pp. 368-376.

Redorta, J. (2007). *Cómo analizar los conflictos. La tipología de conflictos como herramienta de mediación.* Paidós Ibérica. Barcelona. (a).

Redorta, J. (2007). *Entender el conflicto.* Paidós. Barcelona. (b).

Redorta, J., Obiols, M. & Bisquerra,R. (2006). *Emoción y conflicto. Aprenda a manejar las emociones.* Ed. Paidós Ibérica S.A. Barcelona.

Rice, R.W., Richter-Bender, L. & Vitters, A.G. (1980). Leader sex, follower attitudes towards women, and leadership effectiveness: A laboratory experiment. *Organizational Behavior and Human Performance,* 25, 46-78.

Robbins, S. P. (1987). *Comportamiento Organizacional,* México, Prentice-Hall (3ª ed.).

Robbins, S.P. (1998). *Organizacional behaviour.* New Jersey: Simon and Schuter.

Rogers, C. (1961). *On Becoming a Person.* Boston: Houghton-Mifflin.

Rogers, R. W. & Prentice-Dunn, S. (1981). «Deindividuation and anger-mediated aggression: Unmasking regressive racism», *Journal of Personality and Social Psychology,* 41: 63-73.

Rohmert, W. (1971). (Ed.) *Probleme der Menschenführung in der Industrie: Schriftenreihe, "Arbeitswissenschaft und Praxis"* (Bd.20). Berlin: Beuth-Vertrieb.

Rubin, J., Pruitt, D. & Hee, S. (1986). *Social conflict: escalation, stalemate and settlement.* Nueva York. McGraw-Hill.

Sandole, D. (1987). Conflict management: elements of generis theory and process», en D. Sandole e I. Sandole-Staroste (comps.), *Conflict management and problem solving: Interpersonal to internacional applications.* Londres. Frances Pinter.

Sardar, Z. & Abrams, I. (2006). *Caos para todos.* Paidós. Barcelona.

Say, J.B. (1803). *Traite d'Economie Politique,* 2 vols. París: chez Deterville.

Serrano, G. (2005). Prólogo. En Munduate, L. y Medina, F.J. *Gestión del conflicto, negociación y mediación.* (17-21). Madrid. Pirámide.

Schutz, W. (1958). *Firo: A Three Dimensional Theory of Interpersonal Behaviour.* Nueva York, Rinehart and Company.

Serrano, G. & Remeseiro, C. (1987). Actitudes ante la negociación colectiva. *Boletín de Psicología,* 14, 79-108.

Sherif, M. (1958). «Superordinate goals in the reduction of intergroup conflict», *The American Journal of Sociology,* 63: 349-356.

Sherif, M. (1966). *In common predicament.* Boston, MA: Houghton Mifflin.

Stephenson, G.M. (1981). «Intergroup barbaining and negotiation»,en J. C. Turner y H. Giles (eds.): *Intergroup Behavior,* Chicago, University of Chicago Press.

Tajfel, H. & Billig, M. (1974). «Familiarity and categorisation in intergroup behavior», *Journal of Experimental Social Psychology,* 10: 159-170.

Thomas K.W. & Kilmann R. H. (1974). *Instrumento Thomas-Kilmann de modos de conflicto.* Palo Alto. CPP, Inc.

Thomas K.W. & Kilmann R. H. (1992). «Overview of Conflict and Conflict management», *Journal of Organizational Behaviour,* vol. 13, pág. 263-264.

Thomas, K. & Kilmann, R. (1977). Developing a forced-choiced measure of conflict hanlind behavior: the "mode" instrument. *Educational and Psychological Measurement.* 37, pp. 309-325.

Thomas, K.W. (1976). Conflict and conflict management. In the *Handbook of Industrial and Organizational Psychology*. M.D. Dunnette, ed. Chicago: Rand McNally, págs. 889-935.

Thomas, K.W. (2002). *Introduction to conflict management. Improving performance using the TKI*. Palo Alto. California.

Thomas, K.W., Merriam, J., Schaubhut, N., Donnay, D. & Thomas, G.F. (2006). More competitive at the top: A largesample study of organizational level, gender, and conflict styles. Paper presented at *the annual meeting of the Academy of Management*, Atlanta.

Thomas, M., Miles, G. & Fisk, P. (2007). *El directivo perfecto*. Gestión 2000. Barcelona.

Tjosvold, D. (1993). *El conflicto positivo en la organización*, Wilmington, Addison Wesley.

Van de Vliert, E. (1984). «Conflict: prevention and escalation», en J.D. Drenth, H. Thierry, P.J. Willens y C.J. De Wolff (eds.): *Handbook of Work and Organizational Phychology*, vol. 1, Nueva York, Wiley, pp, 521-551.

Van de Vliert, E. (1985). Escalative intervention in small-group conflicts. *Journal of Applied Behavioral Science*, 21, 19-36.

Van de Vliert, E. (1993). Paths to constructive conflict management in organizations, en L. Mundate y M. Barón (comps.): *Gestión de Recursos Humanos y Calidad de Vida Laboral*, Madrid, Eudema, pp. 13-29.

Van de Vliert, E. & K. W. de Dreu, C. (2006). *Gestión del conflicto, negociación y mediación*. Ed. Pirámide.

Van de Vliert, E. & Kabanoff, B. (1990). Toward theory-based measures of cognitive management. *Academy of Management Journal, 33* (1), 199-209.

Van de Vliert, E.; Euwema, M.C. & Huismans, S.E. (1995). Managing conflict with a subordinate or a supervisor: Effectiveness of conglomerated behavior. *Journal of Applied Psychology*, 80, 271-281.

Vinyamata, E. (2000). *La Conflictología. Conflictología*, vol. 1, págs. 3-5.

Vorwerg, G. (1971). *Die Führungsfunktion in socialpsychologischer Sicht*. Berlin: VEB Deutscher Verlag der Wissenschaft.

Vroom, V. H. (1988). *The new Leadership*. Estados Unidos. Prentice-Hall (2007).

Walton, R. (1998). *Conciliación de conflictos: Diálogo interpersonal y consultoría de mediadores*. Wilmintong, Del., Addison-Wesley.

Walton, R.E. (1969). *Interpersonal peacemaking: Confrontations and third party consultation.* Reading, MA: Addison-Wesley.

Watson, G. & Johnson, D. (1972). Social *Psychology: Issues and Insights.* Philadelphia: Lippincott.

Wedge, B. (1987). «Conflict management and problem solving: Interpersonal to international applications». En D. Sandole e I. Sandole-Staroste (comps.), *Conflict management: the state of the art,* Londres, Frances Pinter.

White, R.K. (1984). *Fearful warriors: A psychological profile of U.S.-Soviet relations,* Nueva York, Free Press.

Wren, D.A. (2008). *Historia de la gestión.* Ed. Belloch S.L, Barcelona.

www.rae.es. (2008).